राणाकालीन नेपालको प्रशासनिक, शैक्षिक र सामाजिक सुधारहरू

डा. राजेश गौतम
त्रि-चन्द्र बहुमुखी क्याम्पस

ADROIT
ADROIT PUBLISHERS
DELHI-110 002

Published by
ADROIT PUBLISHERS
4675/21, Ganpati Bhawan, Ansari Road,
Daryaganj, New Delhi-110 002
Phones : 23266030, 23242552

Distributors
AKHIL BOOK DISTRIBUTORS
e-mail: akhilbooks@yahoo.com
akhilbooks@hotmail.com

ISBN : 81-87392-60-6

Printed in India on behalf of M/s Adroit Publishers by
Arpit Printographers, B-7, Saraswati Complex,
Subhash Chowk, Laxmi Nagar, Delhi-110 092

मेरो भनाइ

इतिहासको आफ्नो एउटा भिन्दै विचित्रता हुन्छ। जसरी पर्वतबाट प्रवाहित एउटा सरिता भिन्नभिन्न आकार लिएर अग्रसर हुन्छ, त्यस्तैगरी पर्वतरूपी इतिहासको अङ्कबाट सरितारूपी मानव जीवनको कथा पनि देशकाल, परिस्थिति, प्रकृति भिन्नताले गर्दा भिन्नभिन्न भएर देखा पर्दछ। यस विचित्रताको मुख्य कारण देशकाल, अवस्था र भौगोलिक रूप या स्थिति नै देखिन्छ। नेपालको इतिहास पनि यस वैचित्र्यको दृष्टिबाट अपवाद छैन। अनेकौं राजनीतिक एकाइहरूको अस्तित्वले बाइसी, चौवीसी तथा उपत्यकाका राजाहरूलाई एक दोस्राप्रति ईर्ष्या-द्वेषको भावना राख्ने र आपसमा संघर्ष गर्ने मति प्रदान गऱ्यो र ठीक यसको विपरीत गोरखा राज्यलाई विभिन्न इकाइमा बाँडिएका हिमालमुनिका लघुराज्यहरूलाई एकीकरण गरी नेपाल राष्ट्र निर्माण गर्ने महान् भावना प्रदान गऱ्यो भने अर्को वैचित्र्यमा नेपाली भारदारहरू शक्तिका लागि लोभी हुँदा षड्यन्त्र, गुटबन्दी र हत्याको सुरु हुन पुगी कैयौं देशभक्त तथा इमान्दार व्यक्तिहरूको जीवन दयनीय बन्न पुगी समाप्तसमेत हुन पुग्यो। यस्तैगरी नेपाली जनता शक्तिका मात्र पुजक हुन पुगे। जसले गर्दा नेपालको इतिहास षड्यन्त्र र गुटबन्दी अनि हत्याको वरिपरि घुम्न थाल्यो भने त्यसबाट एक शताब्दीसम्म यो देश एक व्यक्तिको र परिवारको पेवा झैं नै रह्यो।

यसरी यी समयका घटनाहरू, यसका नेताहरू र उनीहरूले गरेका कार्यहरूका विषयमा लेखिएका अनेकौं पुस्तकहरूले वास्तविक तथ्यपट्टि ध्यान नदिइ खालि एकहोरो विचार व्यक्त गरेका छन् र शासकको पक्ष मात्र लिएको देखिन्छ। यसरी सच्चा इतिहास नै पथप्रदर्शक हो, जन्मभूमिलाई आलोकित गर्ने चिराग हो, अल्मलिएकालाई अनुशरण गराउने गोरेटो हो र रल्लिएकाहरूलाई प्रभावित पार्ने महान् स्रोत हो भन्ने कुरा प्रष्ट बुझी बुझिकन पनि इतिहासलाई केवल शासकवर्गहरूको कृति र जीवनमा मात्र निश्चित गरी जनताको जीवन कुन बेलामा कस्तो थियो, जनताको जीवनमा सुधार्न या बिगार्न शासक र तिनका परिवारको हात कति थियो, देशको वातावरणपट्टि उनीहरूको ध्यान कस्तो थियो, कुन आधारभूत सिद्धान्तहरूका आधारमा देश फस्टायो, फुल्यो र फल्यो, राजा या भारदार या प्रधानमन्त्री कस्तो दूराचार, भ्रष्टाचार र अत्याचारले मातृभूमिलाई आघात पुऱ्याएको हो प्रष्ट नहेरी आँखा चिम्लिनु वास्तविक इतिहासको हत्या गर्नु हो, देशभक्त भारदारहरूको क़दर नगर्नु हो र साँच्चै भन्ने हो भने मातृभूमिको नै अपहेलना गर्नु हो। त्यसैले इतिहासको रूप सिर्फ शिलालेख, ताम्रपत्र, अभिलेख, हस्तलिखितग्रन्थ, ठ्यासफु र विदेशी किताबमा मात्र सीमित रहेको सम्पूर्ण सामग्रीहरूको माध्यमबाट भएका घटनाहरूको, गरिएका कार्यहरूको

तुलनात्मक अध्ययन गरी जुन इतिहासको निर्माण अहिले भइरहेको छ त्यतिले नै सन्तोष मानी इतिहासको दोस्रो वैचित्र्यलाई कायम राख्नु इतिहासको र इतिहासको अध्ययन गर्ने मानिसहरूको कर्तव्य भने हैन। यसले इतिहासको लक्ष्य पूर्ण हुन सक्दैन। त्यसैले सत्य तथ्यहरूको विवेचनात्मक अनुसन्धान, विचारको सन्तुलन, ऐतिहासिक सामग्रीको परिश्रमपूर्ण सङ्कलन नगरी नेपाल जस्तो देशको इतिहास बन्न या निर्माण गर्न सकिदैन। त्यसकारण इतिहासको अध्ययन गर्ने विद्यार्थीहरूले सर्वप्रथम ऐतिहासिक घटनारूपी इँटको सङ्कलन गरी त्यसको निरीक्षण, परीक्षण र तुलनात्मक अध्ययन गरी, त्यसपछि ती इँटहरूलाई क्रमबद्ध रूपमा राख्नु पर्छ, तब मात्र वास्तविक इतिहासको वैचित्र्य देखा पर्दछ।

मैले यिनै उद्देश्य र नीतिलाई ध्यानमा राखी राणाकालसित सम्बन्धित त्यतिखेरको प्रशासन, शिक्षा र समाजसम्बन्धी प्रस्तुत पुस्तक पेश गरेको छु।

यो पुस्तक मेरो एम. ए. इतिहासको अध्ययन पूरा गर्दा लेख्नु पर्ने थेसिसका लागि लेखेको हुँ। अहिले आएर प्रकाशित गर्दा पनि मैले यसमा कुनै कुरा परिवर्तन गरेको छैन किनभने यसलाई मैले मेरो त्यतिखेरको बौद्धिकस्तरलाई प्रष्ट गर्ने आधार मानेको छु।

प्रस्तुत पुस्तकमा ५ अध्यायहरू छन्। प्रथम अध्यायमा ऐतिहासिक पृष्ठभूमि प्रस्तुत गरेको छु जसमा राणा शासनको सुरुवात हुनुभन्दा अगाडिको इतिहास र राणा शासन कसरी सुरु भयो वर्णन गरेको छु। यस्तैगरी दोस्रा अध्यायमा राणाकालीन प्रशासनिक एकाइहरू र पदहरूका साथै त्यतिखेरको प्रशासनको रूपरेखा र कार्यपद्धति कस्तो थियो भनी प्रष्ट गरिएको छ। तेस्रा अध्यायमा राणाकालमा शिक्षाको स्थिति कस्तो थियो र त्यसको विकास कसरी र कुन स्थितिमा भएको थियो प्रष्ट गरिएको छ। चौथा अध्यायमा दुई उप-अध्याय छन्। पहिलो उप-अध्यायमा जातिपाति छुवाछूतको विषयमा प्रष्ट गर्नाका साथै त्यसलाई कायम गर्न र हटाउन राणा शासकले केकस्ता नियम कानुनको व्यवस्था गरेका थिए वर्णन गरी दासदासी प्रथाको अन्त कसरी र कुन स्थितिमा भयो वर्णन गरिएको छ। दोस्रा उप-अध्यायमा 'राणाकालीन नेपालमा नारीको स्थान' भनी बालबिवाह, बहुविवाह, विधवा-विवाह र समाजमा उनीहरूको स्थान कायम गराउन केकस्ता राम्रानराम्रा कार्यहरू भए वर्णन गर्नाका साथै यसै अध्यायमा सती प्रथाको अन्त कसरी र कुन स्थितिमा भयो प्रष्ट गरिएको छ। अन्तिम अध्यायमा राणाकालीन प्रशासन, शिक्षा र समाजको उपसंहार शीर्षकमा उल्लेख गरिएको छ। अध्यायहरू पछि (अन्तिममा) यस पुस्तक प्रस्तुत गर्दा प्रयोग गरिएका अप्रकाशित पुस्तकहरू, डकुमेन्ट र रिपोर्टहरू, नेपाली भाषाका पुस्तकहरू, अङ्ग्रेजी भाषाका पुस्तकहरू र नेपाली र अङ्ग्रेजी भाषामा लेखिएका लेखहरू भिन्दाभिन्दै गरी क्रमश: नेपाली वर्णक्रमानुसार राखी ग्रन्थ-सूची प्रस्तुत गरेको छु।

यो पुस्तक विभिन्न विदेशी र स्वदेशी विद्वान्हरूद्वारा लेखिएका पुस्तकहरूको सहयोग लिई प्रस्तुत गरेको हुँदा यस पुस्तकलाई पूर्ण रूपले मेरो आफ्नो नै 'मौलिकता' हो भनी ढोङ्ग गर्न सक्दिन र चाहन्न पनि। यसमा पनि पुस्तकको दोस्रो अध्याय अर्थात् 'राणाकालीन नेपालको प्रशासनिक व्यवस्था' मा मेरो कुनै मौलिकता रहेको छैन। यसमा मैले पूर्ण रूपले 'सिजर एन्ड पेस्टिङ्ग' मेथड मात्र अपनाएको छु। त्यसैले सर्वप्रथम म तिनै विद्वान्हरूप्रति पूर्ण रूपले आभार व्यक्त गर्दछु, जसका पुस्तकहरूको आधारमा यो पुस्तक प्रस्तुत गर्न सफल भएको छु।

यो पुस्तक प्रस्तुत गर्दा विभिन्न किसिमको सुझाउ, सल्लाह र निर्देशन दिनु हुने आदरणीय गुरु प्रा. डा. त्रि-रत्न मानन्धर (त्रि. वि. के. क्या.), प्रति आभार व्यक्त गर्दछु। त्यस्तैगरी समय समयमा विभिन्न सुझाउ र निर्देशन दिइरहनु हुने आदरणीय गुरूहरू प्रा. डा. माधवराज पाण्डे (त्रि.वि. के. क्या.),प्रो. डा. तुलसीराम वैद्य (त्रि. वि. के. क्या.), श्री गुणदेव भट्टराई (त्रि-चन्द्र ब. क्याम्पस), श्री कृष्णबहादुर 'उदय' (त्रि-चन्द्र व. क्याम्पस), प्रति पनि आभार व्यक्त गर्दछु। त्यस्तै विभिन्न सहयोग गर्ने मित्रहरू श्री अशोक थापा, श्री शिव ढकाल, श्री कृष्णमुरारी अधिकारी, श्री श्रीराम श्रेष्ठ, श्री मदन तुलाधर, श्री दिनेश प्रधान, श्री विश्वम्भरलाल प्रधान, श्री विष्णुराज ओझा (त्रि.वि. पुस्तकालय), श्रीमती इला गौतम (ठमेल) तथा त्रि. वि. केन्द्रीय पुस्तकालय, त्रि-चन्द्र ब. क्याम्पस पुस्तकालय, राष्ट्रिय अभिलेखालय र ADROIT Publishers प्रति पनि म ज्यादै ऋणी छु।

अन्तमा पुस्तकमा भएका त्रुटि तथा आवश्यक सुझाउहरूतर्फ ध्यान आकर्षित गराउने जोसुकैप्रति पनि म कृतज्ञ हुनेछु।

२०५० भाद्र

राजेश गौतम
ठमेल

विषय-सूची

ऐतिहासिक पृष्ठभूमि

एसिया महादेशका प्राचीनतम देशहरूमध्ये एक मानिएको 'नेपाल' एउटा सानो पहाडी मुलुकका रूपमा एसियाको केन्द्रमा स्थित छ। गोरखाका राजा पृथ्वीनारायण शाहले हिमालयको काखमा साना-साना रजौटाको रूपमा छरिएका राज्यहरू जितेर एक-सूत्रमा बाँधेका थिए। त्यसभन्दा अघि नेपाल भन्ने संज्ञा काठमाडौं उपत्यकाको लागि मात्र प्रयोग गरिन्थ्यो।[१]

प्राचीनकालमा नेपालको सिमाना काठमाडौं उपत्यकाभन्दा बाहिर पनि फैलिएको देखिन्छ र कहिलेकाहीं यसको सीमा आजको 'नेपालको' जस्तै विशाल रहेको प्रमाणहरू पनि पाइन्छन्। तर, केन्द्रमा कमजोर शासक रहेको बेलामा स्थानीय शासकहरू स्वतन्त्र भइहाल्थे। यसरी विशाल नेपालमा शासन गर्ने शासकहरूमा मानदेव, अंशुवर्मा, यक्षमल्ल आदिका नाम उल्लेखनीय छन्। यक्षमल्लको मृत्युपछि अन्तिमपटकको रूपमा नेपाल साना-साना राज्यहरूमा विभाजित भएको थियो। स्वयम् काठमाडौं उपत्यकामा मात्रै चारवटा राज्यहरू देखापरेका थिए।[२] वेलायत, फ्रान्स आदि युरोपेली मुलुकहरू उपनिवेशको खोजीमा अरू देशमा आधिपत्य जमाउन आफ्नो अभियान प्रारम्भ गरिसकेका थिए, यतिखेर भारतको कैयौं भागमा उनीहरूले कब्जा गरी सक्दा पनि नेपालका राज्यहरूको स्थितिमा कुनै प्रकारको परिवर्तनको सङ्केत देखापरेको थिएन। भारतमा अङ्ग्रेजी साम्राज्यको विस्तारको खतरावाट अनभिज्ञ नेपाली राजाहरू आपस-आपसमा लडेर आफ्नो शक्ति व्यर्थैमा खर्च गरिरहेका थिए। वास्तवमा कुनै पनि राज्य त्यति शक्तिशाली थिएन, जसले नेपालका सवै राज्यहरूलाई जितेर एक विशाल राज्य खण्ड गर्न सकोस्।

यस्तो परिस्थितिमा गोरखामा पृथ्वीनारायण शाहको उदय भयो। उनले नेपालको एकीकरण गर्ने भीष्म सङ्कल्प गरी अघि सरे।[३] उनले आफ्नो सम्पूर्ण जीवन

---

१. वालचन्द्र शर्मा- नेपालको ऐतिहासिक रूपरेखा, (वाराणसी, दूध विनायक, कृष्णकुमारी देवी, वि.सं. २०२६), पृष्ठ १६

२. पर्सिवल लन्डन- नेपाल भाग १, (काठमाडौं, नेपाल, रत्नपुस्तक भण्डार, ई. सं. १९७६), पृष्ठ ३९

३. वावुराम आचार्य- श्री ५ वडामहाराजाधिराज पृथ्वीनारायण शाहको संक्षिप्त जीवनी, भाग १, (काठमाडौं, नेपाल, श्री ५ महाराजाधिराजको प्रमुख सम्वाद सचिवालय, राजदरवार, वि.सं. २०२४), पृष्ठ १३२-१३३

युद्धमा बिताएर काठमाडौं उपत्यकामा आफ्नो अधिकार गर्नाका साथै पूर्वी नेपालका रजौटाहरूमाथि पनि आफ्नो अधिकार कायम गरे।[४] हुन त वर्तमान समयमा, पृथ्वीनारायण शाहको विजयलाई गोरखा राज्यको विस्तार मान्ने कि नेपालको नै एकीकरण मान्ने ? भन्ने विषयमा बहस चलन सक्दछ तर एक दुई कुरा यस्ता छन् जसले पृथ्वीनारायण शाहको उद्देश्य गोरखा राज्यको विस्तार गर्नु नभई नेपालको नै एकीकरण गर्नु रहेको देखाउँछ।

पृथ्वीनारायण शाहले गोरखालाई नै राजधानी बनाउने प्रयास गरेनन्। नुवाकोटमाथि विजय प्राप्त गर्ने बित्तिकै आफ्नो राजधानी नुवाकोटमा सारेका थिए।[५] र, पछि काठमाडौं विजयपछि नुवाकोटबाट पनि राजधानी हटाइ काठमाडौं ल्याएका थिए[६] यस कार्यले गर्दा उनको राज्य गोरखाको साथै नेपाल पनि कहलिन लाग्यो र यस्तै गरी पृथ्वीनारायण शाहलाई “गोरखाधिपति” का साथै नेपालका राजा भनी सम्बोधन पनि गरिन लाग्यो।[७] यदि पृथ्वीनारायण शाह एक साम्राज्यवादी भएको भए गोरखा भन्ने नाम नै लोप हुने कार्य गर्ने थिएनन् होलान् र राजधानी सार्ने काम कदापि गर्ने थिएनन् भन्न सक्दछौं।

पराजित राज्यका जनताहरूसित पनि पृथ्वीनारायण शाहले राम्रो व्यवहार गरेका थिए। वेलकोटको विजयपछि जयन्त रानाको छाला काढ्ने र कीर्तिपुरका जनताको नाक, ओठ काट्ने जस्ता एक दुई उदाहरणवाहेक पृथ्वीनारायण शाहले विजित जनतामाथि क्रूर व्यवहार गरेका थिएनन्।[८] आफ्नो राज्यले स्थायित्व प्राप्त गरोस् भनी विजित प्रदेशका विभिन्न जातिका जनताहरूले पराधीनताको अनुभव नगरून भन्ने उद्देश्यले पृथ्वीनारायण शाहले सबै जनतालाई समान मानेर “मेरो दुःखले आर्ज्याको मुलुक होइन सबै जातको फूलवारी हो” भन्ने घोषणा गरेका थिए।[९] यसरी

---

४. वालचन्द्र शर्मा, माथि उल्लिखित पाद टिप्पणी नं. १, पृष्ठ २३४

५. धनवज्र वज्राचार्य र टेकवहादुर श्रेष्ठ- नुवाकोटको ऐतिहासिक रूपरेखा, (कीर्तिपुर नेपाल, त्रिभुवन विश्वविद्यालय, वि.सं. २०३२), पृष्ठ ७०

६. वावुराम आचार्य- नेपालको संक्षिप्त वृत्तान्त- (काठमाडौं नेपाल, प्रमोदशमशेर र नीरविक्रम प्यासी, वि.सं. २०२२), पृष्ठ ४५

७. ढुण्डीराज भण्डारी- नेपालको आलोचनात्मक इतिहास, (काठमाडौं : नेपाल, प्रकाश प्रकाशन, वि.सं. २०२७), पृष्ठ १०९

८. वावुराम आचार्य- माथि उल्लिखित, पाद टिप्पणी नं. १, पृष्ठ १२ र ३४

९. योगी नरहरिनाथ- दिव्यउपदेश-पृथ्वीको अर्ती, सातौं प्रकाशन, (वाराणसी काशी, योग प्रचारिणी महासभा, वि.सं. २०१६), पृष्ठ १४

पृथ्वीनारायण शाहले आफ्नो शेषपछि पनि नेपालमा विजयी र पराजित जनताको बीच भेदभाव नहोस् भन्ने चाहेका थिए भन्ने कुरा माथि उल्लिखित दिव्यउपदेशको उदाहरणले स्पष्ट गर्दछ।

त्यसै नेपाल राष्ट्रको जग मजबुत पार्न गोरखा राज्यअन्तर्गतको मुलुक होइन भन्ने भावना सबै प्रदेशका जनतामा फैलियोस् भन्ने उद्देश्य लिई पृथ्वीनारायण शाहले गोरखाको आफ्नो परम्परागत पूर्वजहरूको झण्डालाई त्यागेर नयाँ नेपालको आफ्नो राज्यको लागि भक्तपुरको पुरानो चन्द्र-सूर्य अङ्कित ध्वजालाई केही परिवर्तनका साथ ग्रहण गरेका थिए।[१०] यसरी गोरखाली झण्डा प्रयोग गर्दा सबै जातका तथा प्रदेशका जनताले भित्री हृदयदेखि कहिल्यै स्वीकार्दैनन् भन्ने कुरा बुझेका पृथ्वीनारायण शाहले सबैले सम्मान र इज्जत गर्न अस्वीकार नगर्ने झण्डामुनि नेपालीहरूलाई एकताको सूत्रमा बाँध्ने प्रयत्नको फलस्वरूप विशाल नेपाल राष्ट्रको प्रादुर्भाव भएको थियो। यसरी पृथ्वीनारायण शाहले जीवनभर युद्धमा लागेर अथक परिश्रम गरेर रजौटा युगबाट नेपाललाई आधुनिक युगमा पदार्पण गर्न सहयोग पुऱ्याएका थिए। त्यसै कारणले त उनलाई "आधुनिक नेपालका निर्माता भनिएको छ"।[११]

पृथ्वीनारायण शाहले आधुनिक ढाँचाको एक राष्ट्र खडा गर्न सफलता प्राप्त गरेता पनि दरबारका भारदारहरूलाई बदल्न सकेका थिएनन्। उनका भारदारहरू गोरखा राज्यको राजगद्दीको साथमा उत्तराधिकारमा प्राप्त गरिएका थिए। "जब कि ती भारदारका पूर्खाको सहयोगले नै गर्दा पृथ्वीनारायण शाहको पूर्खा द्रव्य शाहले गोरखा राज्य हासिल गरी गोरखामा शाहवंशको संस्थापक बनेका थिए"।[१२]

ती द्रव्य शाहलाई मद्दत गर्ने भारदार र त्यस वंशका भारदारहरू 'थर घर' कहलिएका थिए र अरूभन्दा बढी सम्मानित तथा प्रभावशाली भएका थिए।[१३] यस ऐतिहासिक कारणले गर्दा गोरखा दरबारमा भारदारहरू विशेष रूपले शक्तिशाली थिए र विभिन्न खलकका भारदारहरू समूहसमूहमा विभाजित थिए। यसरी विभाजित भारदारहरू आ-आफ्नो समूहको प्रभाव र शक्ति बढाउन आपस-आपसमा झगडा गरिरहन्थे।

---

१०. बावुराम आचार्य- माथि उल्लिखित पाद टिप्पणी नं. ३, भाग ३, पृष्ठ ५१९

११. वालचन्द्र शर्मा- माथि उल्लिखित पाद टिप्पणी नं. १, पृष्ठ १ र ३२

१२. भीमवहादुर पाण्डे- राष्ट्रभक्तिको झलक, (काठमाडौं, नेपाल, रत्नपुस्तक भण्डार, वि.सं. २०३४), पृष्ठ ४९५

१३. ढुण्डीराज भण्डारी- माथि उल्लिखित पाद टिप्पणी नं. ७, तृतीय खण्ड, पृष्ठ ४

विशेषगरी नरभूपाल शाहका पालामा पृथ्वीनारायण शाहलाई जेठो मान्ने कि वृन्दकेशर शाहलाई जेठो मान्ने भन्ने कुरामा झगडा आरम्भ हुँदा भारदारहरू दुई खेमामा विभाजित भएको प्रष्ट नै छ।[१४] तर, पनि वृन्दकेशर शाहको मृत्युपछि पृथ्वीनारायण शाहको व्यक्तित्वले गर्दा भारदारहरूको बीचको मतभेदले पनि कुनै गम्भीर रूप लिन सकेन। तैपनि पृथ्वीनारायण शाहले आफूले मन पराएको व्यक्ति विराज वखतीलाई काजी पदमा नियुक्ति गर्न सकेनन् र त्यसको ठाउँमा कालु पाण्डेलाई नियुक्ति गर्न विवश भएका थिए।[१५] हुन त यसको कारण भारदारहरूको नै दवाब हो भनी भन्न सकिदैन। किनभने, पहिलोपल्ट नुवाकोट उपरको आक्रमणमा गोरखाली सैनिकहरूको हार हुनासाथ त्यसको दोष पाण्डे, भारदार र सैनिकहरूले मगरहरूले राम्ररी सहयोग नगरेर नै हो भनी राना मगरहरूमाथि नै लगाए। तत्कालीन राजा नरभूपाल शाहले पनि यस कुरामा विश्वास गरी गोरखा दरबारका पुराना मगरहरूको देशभक्ति र राजभक्ति उपर ध्यानै नदिएर उनीहरू उपर नराम्रो व्यवहार गरे र राना मगरका मुख्य मान्छे जयन्त रानालाई पदवाट निकाली दिए। जसले गर्दा गोरखा दरवारमा खस क्षेत्री त्यसमा पनि पाण्डेहरूको चकचकी बढ्न थाल्यो।[१६] त्यसकारण त्यसबेला कालु पाण्डेको पछाडि भारदारहरूको एक गुटको समर्थन रहेको कुरामा शङ्का रहँदैन। यो कुरा कालु पाण्डेलाई काजी पद दिंदा कालु पाण्डेले "जहाँसम्म हाम्रा सन्तानले गाथको सोझो गरिन्ज्यालसम्म र काज चलाउन सकिन्ज्यालसम्म कजाइँ मान पाण्डेले खानु भनी वन्देज गरिबक्सनु भएमात्र कजाइँ खान्छु अब जवाफ पाउँ" भनी पृथ्वीनारायण शाहलाई दवाब हालेकोले प्रष्ट गर्दछ।[१७] यसरी परेको दवाब अनुरूप पृथ्वीनारायण शाहले उनलाई काजी पद वाध्य भएर दिनु परेको थियो। जसले गर्दा जनतामा उनको अभिमान बढ्न गएको थियो। यसैले गर्दा दरबारमा अरू भारदारहरू दविन थाले र पाण्डे परिवारको जगजगी वढ्न थालेको थियो। तर यसरी गुटबाजीमा फँसिरहेको भएता पनि भारदारहरू पृथ्वीनारायण शाहको नेपाल विजय अभियानअन्तर्गत चलिरहेको युद्धमा व्यस्त रहनु परेकाले आपसको मतभेद तथा विवाद

---

१४. वावुराम आचार्य- माथि उल्लिखित पाद टिप्पणी नं. ३, भाग १, पेज ९४

१५. डिल्लीरमण रेग्मी- "मर्डन नेपाल", भाग १, (कलकत्ता, फिर्मा कं. एल. मुखोपाध्याय दोस्रो प्रकाशन ई. सं. १९७५), पृष्ठ १००

१६. वालचन्द्र शर्मा- माथि उल्लिखित पाद टिप्पणी नं. १, पृष्ठ २१५

१७. भीमवहादुर पाण्डे- माथि उल्लिखित पाद टिप्पणी नं. १२, पृष्ठ १९-२०

बिर्सेर एक भएर कान गर्दै थिए। तर, पृथ्वीनारायण शाहको मृत्युपछि भने सो मतभेद र विवाद प्रस्ट रूपमा नेपालको रानजीतिमा देखा पर्न थाल्यो।

ई.सं. १७७५ मा पृथ्वीनारायण शाहको मृत्यु भएपछि परम्परानुसार उनका जेठा छोरा प्रतापसिंह शाह नेपालको राजगद्दीमा बसे। उनी धार्मिक प्रवृत्तिका व्यक्ति थिए। त्यसको विपरीत पृथ्वीनारायण शाहका कान्छा छोरा बहादुर शाह बाबुका सुयोग्य बहादुर छोरा थिए। यिनी बाबु भैं महत्त्वकाङ्क्षी थिए।[१८] बाबुको नेपालको एकीकरण गर्न पश्चिमी नेपालको विजय गर्ने जुन अधुरो अभिलाषा थियो, त्यो पूर्ण गर्ने क्षमता यिनमा थियो र यिनी सो पूरा गर्न पनि चाहन्थे। यस परिस्थितिमा नै भारदारहरूमा रहेको पुरानो मतभेदको बीज अङ्कुरित भयो र कसैले बहादुर शाहको समर्थन तथा कसैले प्रतापसिंह शाहको समर्थन गर्न लागे। यसरी "भारदारी प्रथाले गर्दा दुई राजपुतहरूको बीचको मेल धेरै दिनसम्म टिक्न सकेन र बहादुर शाह निष्काशित भए र पूर्णियामा बस्न बाध्य भए"।[१९]

प्रतापसिंह शाहको मृत्यु नहुन्जेलसम्म बहादुर शाह विदेशमा नै बसिरहेको हुनाले दरबारमा शान्ति छाइरह्यो, तर प्रतापसिंह शाहको असामयिक निधन पछि अढाइ वर्षका बालक रणबहादुर शाह नेपालका राजा भए र उनको नायवी राजमाता राजेन्द्रलक्ष्मीले नै लिइन् र राज्य शासन गर्न लागिन् यसै समयमा निर्वासित बहादुर शाह पनि स्वदेश फर्केर आए। अनि दुवै देवर-भाउजू मिलीजुली रणबहादुर शाहका नाममा शासन चलाउन लागे। तर, यो स्थित धेरै दिनसम्म लम्बिन सकेन र देवर-भाउजूका बीच मनोमालिन्य बढ्दै गयो"।[२०] भारदारहरूमा पनि गुटबन्दी थियो नै, त्यसमा राजपरिवार पनि मुछिए। दरवारलाई षड्यन्त्रको अखडा बनाउन पुगेका थिए। यस प्रकार पृथ्वीनारायण शाहको पालामा देखा परेको भारदारी एकता पूर्ण रूपले समाप्त भइ घातप्रतिघातको सिलसिला सुरु हुन थाल्यो।[२१] जसलाई राजपरिवार बीचको शक्तिको भगडाले भन् उग्र बनाउँदै लग्यो। यस प्रकारको भगडाको सुरुमा राजेन्द्र पक्षमा भारदारहरू शक्तिशाली भएर निस्केका थिए। तर, राजेन्द्रलक्ष्मीको मृत्युले गर्दा केही समयका लागि नेतृत्वको अभावमा निस्क्रिय भएर बस्न विवश भए। बहादुर

---

१८. वावुराम आचार्य- माथि उल्लिखित पाद टिप्पणी नं. ६, पेज ७१

१९. उलियम कर्कप्याटिक- एन एकाउन्ट अफ द किंगडम अफ नेपाल, पहिलो रिप्रिन्ट, (न्यु दिल्ली, एसियन पव्लिकेसन सर्भिस ई. सं. १९७५), पृष्ठ २७१-२७२

२०. चितरन्जन नेपाली- रणवहादुर शाह, (काठमाडौं नेपाल, श्रीमती मेरी राजभण्डारी, वि.सं. २०२०), पृष्ठ ३-५

२१. भीमवहादुर पाण्डे- माथि उल्लिखित पाद टिप्पणी नं. १२, पेज ७८

शाहको समर्थक भारदारहरूको दवदवा वढ्यो तापनि वास्तवमा विरोधी गुटको शक्ति पूर्णरूपले नष्ट भने हुन सकेको थिएन।[२२]

पछि रणवहादुर शाहले यौवनावस्था प्राप्त गरी सकेपछि वहादुर शाहका विरोधी गुटका भारदारहरू सक्रिय हुन लागे र वहादुर शाहको पतन गराइ छाडे। दरवारका शक्तिशाली भारदारहरू वहादुर शाहको उन्नति रुचाउन्नथे। यो कुरा कर्कप्याट्रिकले पनि वताएका छन्।[२३] बहादुर शाहको पतन पछि नै नेपालको इतिहासमा दुई प्रमुख प्रतिद्वन्द्वी भारदार खलक पाण्डे र थापा खलक देखा परेका थिए।[२४] यी दुई खलकहरू एकले अर्कोलाई निचा देखाउन विभिन्न षड्यन्त्रहरू रचिरहन्थे। आफ्नो विपक्षीको पतन गराउन जस्तोसुकै जघन्य कार्य गर्न पनि हिच्किचाउँदैनथे भन्ने कुरा पाण्डे खलक र थापा खलकबीचको षड्यन्त्र र त्यसको वदलामा गरिने घात-प्रतिघातका घटनाले नै प्रष्ट गर्दछ।[२५] उदाहरणका लागि भीमसेन थापाको उदय र दामोदर पाण्डेको हत्या, रणजङ्ग पाण्डेको पतन (हत्या वा स्वाभाविक मृत्यु?) आदिलाई लिन सकिन्छ।

यस्तै हत्या प्रतिहत्याको सिलसिलामा माथबरसिंह थापाको हत्या उनका नै भानिज जङ्गबहादुरले गरे। जसले जङ्गबहादुरलाई शक्तिशाली हुन बढी महत्त्वाकाङ्क्षी वनायो। फलस्वरूप दरवारमा रहेका अर्का शक्तिशाली भारदार गगन सिंहको हत्याले कोतपर्वको सिर्जना गरायो। जुन कोतपर्वले नेपालको इतिहासमा क्रान्तिकारी मोड ल्याइदिएको छ। त्यसैले यो कोतपर्वको ठूलो महत्त्व छ। किनकि यसै पर्वमा द्रव्य शाहको पालादेखि शक्तिशाली भई राजालाई समेत बदाउन सक्ने प्रभाव भएका पुराना धेरैजसो भारदारहरूको खलकहरूको अन्त्य भएको थियो। त्यसैले यस कोतपर्वलाई अगाडिदेखि चलिरहेको भारदारहरूको बीचको संघर्षको नै रूप मान्न सकिन्छ। त्यसैले लेफ्टिनेन्ट टर्नर आफ्नो पुस्तकमा भन्दछन् कि "थापा र पाण्डेहरूको झगडा नै भीमसेन थापा र गगन सिंहको पतन हो र साथै यही नै कोतपर्वको मूल कारण हो।[२६] जेहोस कोतपर्वले गर्दाखेरि नै पुरानो भारदारी प्रथाको समाप्त भएको थियो र त्यसको

---

२२. चितरन्जन नेपाली- माथि उल्लिखित पाद टिप्पणी नं. २०, पृष्ठ ३-६

२३. उलियम कर्कप्याट्रिक- माथि उल्लिखित पाद टिप्पणी नं. १९, पेज H-II

२४. लिओ ई. रोज- नेपाली स्ट्याजीटी फर सर्भाइवल, (वम्वई, अक्सफोर्ड युनिभर्सिटी प्रेस, ई. सं. १९७१), पृष्ठ ७१

२५. भीमवहादुर पाण्डे- माथि उल्लिखित पाद टिप्पणी नं. १२, पृष्ठ ७८

२६. राजेश गौतम- 'नेपालको प्रजातान्त्रिक आन्दोलनमा नेपाल प्रजा परिषद्‌को भूमिका', (लेखक स्वयं, वि.सं. २०४४), पृष्ठ १४

ठाउँमा एउटा नयाँ राणा परिवारको नै "पारिवारिक प्रथा" को सुरुवात हुन गएको थियो। जसमा उनीहरूको शक्ति बढ्न गइ राणा शासन प्रारम्भ भएको थियो।

नेपालका शासकहरूमा सबैभन्दा चतुर कुटनीतिज्ञका रूपमा देखापरेका जङ्गबहादुरले प्रधानमन्त्री तथा सेनापतिको पद प्राप्त गर्नाका[२७] साथै नाटकीय तरिकाले तत्कालीन श्री ५ महाराजाधिराज सुरेन्द्रबाट लालमोहर प्राप्त गरी कास्की, लमजुङका राज्य हासिल गरी श्री ३ महाराजको पदमा आसीन भए।[२८] त्यसबाहेक अर्को लालमोहरअनुसार श्री ३ महाराजको पद र प्रधानमन्त्रीको पद वंशानुगत कारणले गर्दा राणा परिवारकै सदस्यहरूले पाउने निश्चित गरिएको थियो।[२९] यस कारणले गर्दा राणा परिवारको सामुन्ने अरू कुनै पनि भारदारले शक्ति सञ्चय गर्न सकेनन्। स्वयम् श्री ५ महाराजाधिराजको पनि श्री ३ महाराजको अगाडि केही चल्दैनथ्यो। त्यसबेलादेखि २००७ सालको क्रान्तिसम्म नेपालका श्री ५ नाम मात्रका शासकका रूपमा रहेका थिए।[३०] त्यसैले फ्रान्सिस टुकरले आफ्नो पुस्तकमा "एसियाका पिटर द ग्रेट झैं जङ्गबहादुर पनि सम्पूर्ण अधिकार र सार्वभौमसत्ताले विभूषित भएका थिए" भनी भनेका छन्।[३१]

यसरी जङ्गबहादुरले राणा शासनको स्थापना गर्नाका साथै पुरानो भारदारीमा र त्यसको झगडामा फसेर विकासको बाटामा पछि परेको नेपाललाई अगाडि बढाउने, आधुनिकतातिर लम्काउने कार्य गरेका थिए।[३२] हुन त जङ्गबहादुर स्वार्थी थिए। उनले आफ्नो र आफ्नो परिवारको स्वार्थलाई बढी महत्त्व दिएको देखिन्छ। तर, आफ्नो स्वार्थलाई नोक्सान नपुर्‍याउने खालका विकास कार्यहरू गरेका थिए। उदाहरणको लागि दरबार स्कुल खोलेको, प्रशासनिक सुधार आदि कार्यलाई लिन सकिन्छ। उनका उत्तराधिकारीहरूले पनि उनैको पद चिह्न अनुशरण गरी आफ्नो स्वार्थलाई हानि-नोक्सानी नपुर्‍याइकन सावधानीपूर्वक देशको उन्नति गर्दै गए।

---

२७. प्रमोदशमशेर राणा- राणा नेपाल इन इनसाइडर भ्यू, (काठमाडौं नेपाल, श्रीमती आर. राणा, ई. सं. १९७८), पृष्ठ २१

२८. पद्मजङ्ग राणा- लाइफ अफ महाराज श्री जङ्गबहादुर अफ नेपाल, (न्यु दिल्ली, मन्जुश्री पब्लिसिङ्ग हाउस, ई. सं. १९७१), पृष्ठ १९४

२९. पी. लन्डन- माथि उल्लिखित पाद टिप्पणी नं. २, पृष्ठ ५४, भाग २

३०. फ्रान्सिस टुकर- "गोरखा : द स्टोरी अफ द गोरखा अफ नेपाल", (लन्डन, कन्स्टेवल एन्ड कम्पनी लिमिटेड, इ. सं. १९५७), पृष्ठ १४९-५०

३१. ऐजन- पृष्ठ १५०

३२. जे. एस. प्रधान- "अन्डरस्ट्यानिङ नेपाल्स फरनपोलिसी", (काठमाडौं, नेपाल, ललिता प्रधान, ई. सं. १९६९), पृष्ठ ८-९

त्यसैले बालचन्द शर्मा आफ्नो पुस्तक नेपालको ऐतिहासिक रूपरेखामा भन्छन्-

"जङ्गबहादुरलाई हामी धेरैजसो पृथ्वीनारायण शाहसित दाँज्न सक्दछौं। पृथ्वीनारायण शाहले नेपालको वर्तमान भौगोलिक सीमारेखाभित्र विभाजित भएका सानातिना रजवाडाहरूलाई समष्टि रूपमा संगठित गर्ने प्रयत्नको प्रारम्भ गरे, जङ्गबहादुरले नेपाल दरबारभित्र विभिन्न व्यक्ति र दलहरूमा विभाजित शक्तिलाई आफूमा केन्द्रित गरे।"[33] यस्तै गरी उनी भन्छन्- "नेपालमा यस प्रकार नवीन शासन व्यवस्था कायम गर्नेको रूपमा जङ्गबहादुर पृथ्वीनारायण शाहपछि सर्वप्रमुख व्यक्ति भए। राजेन्द्रविक्रम शाहको दरबारको अतिमात्रामा पुगिसकेको अस्त-व्यस्थताको बीच उनीलाई ऐतिहासिक आवश्यकताको रूपमा ग्रहण गर्न सकिन्छ"।[34] वास्तविकमा शर्माजीको विचार र तर्क राम्रै देखिन्छ किनभने कोतपर्वभन्दा अघि देशको जुन नाजुक अवस्था थियो, अनिश्चितताको वातावरण थियो, त्यो समाप्त भई देशमा नयाँ व्यवस्था सुरु भई शान्ति स्थापना राणा शासनमा भएको थियो। देशमा विकास कार्य हुन नसकी अगति भइरहेकामा राणाहरूले गति प्रदान गरे राणाहरूको दोष यही थियो कि तिनीहरूले देशको विकासको गतिलाई कहिले पनि आफूलाई पछ्याउन सकिने गरी अनियन्त्रित रूपमा अघि बढ्न दिएनन् तर, पनि नेपालको इतिहासमा जङ्गबहादुर प्राचीन र नवीन व्यवस्था एवं मर्यादाका बीच एक सुदृढ र विशेष महत्त्वपूर्ण कडी भने सिद्ध पूर्णरूपले भए।

यद्यपि जङ्गबहादुरदेखि मोहनशमशेर जङ्गबहादुर राणासम्मका सबैजसो प्रधानमन्त्रीहरू निरङ्कुश शासक थिए। तर, तिनीहरूको स्वभाव तथा कार्य प्रणालीमा विभिन्नता पाइन्थ्यो। राणाकालमा वीरशमशेर जस्ता सम्पूर्ण रूपले निरङ्कुश तानाशाहहरूले पनि देशको शासन चलाए।[35] त्यस्तै देवशमशेर जस्ता उदारवादी शासक भए पनि चरित्रभ्रष्ट भएका शासक पनि देखा परे[36] भने जुद्धशमशेर जस्ता देशलाई औद्योगिकीकरणको लागि प्रयत्न गर्ने[37] राणा प्रधानमन्त्रीको हातमा पनि शासनको बागडोर परेको थियो।

यसरी राणाकालीन नेपालको स्थिति एकै नाशको रहेको थिएन र देशमा सरकारको मार्गदर्शन गराउन तथा विभिन्न शासकहरूको कार्य प्रणालीमा एकरूपता

---

३३. बालचन्द्र शर्मा- माथि उल्लिखित पाद टिप्पणी नं. १, पृष्ठ ३४३

३४. ऐजन

३५. प्रमोदशमशेर- माथि उल्लिखित पाद टिप्पणी नं. २७, पृष्ठ ८३-१०३ र ११७-१३०

३६. स. पं. राममणि आचार्य दीक्षित- पुराना सम्झना, (काठमाडौं, श्रीमती नलिनीदेवी आ.दी., वि.सं. २०२९), पृष्ठ १६६-१७१

३७. प्रमोदशमशेर- माथि उल्लिखित पाद टिप्पणी नं. २७, पृष्ठ

ल्याउन संविधान जस्तो कुनै वस्तु नभएको हुनाले शासकको परिवर्तनको साथै सरकारको नीतिमा पनि परिवर्तन हुन्थ्यो।[३८] तर धेरैजसो शासकहरूले राणा परिवारको स्वार्थको अवहेलना भने गरेनन्। देवशमशेर, पद्मशमशेरले राणा परिवारको स्वार्थलाई हानि पुऱ्याउने कार्य गरेको हुनाले निर्वासित हुनु परेको थियो।[३९] यस प्रकार विभिन्न क्षेत्रमा उतारचढाउ राणा शासनकालमा देखा परेता पनि अध्ययन गर्न सजिलो होस् भन्ने हेतुले राणाकालको स्पष्ट चित्र प्रस्तुत गर्ने प्रयत्न गर्दै राणाकालका विभिन्न स्थितिहरूको विषयअन्तर्गत वर्णन गरिन्छ।

---

३८. एच. एन. अग्रवाल- "द एडमिनिस्ट्रेसन सिस्टम अफ नेपाल", न्यु दिल्ली विकास पब्लिकेसन हाउस प्रा. लि., ई. सं. १९७६

३९. प्रमोदशमशेर राणा- माथि उल्लिखित पाद टिप्पणी नं. २७, पृष्ठ १५५-१६१

राणाकालीन नेपालको प्रशासनिक व्यवस्था

सन् १८४६ (इ.सं.) पछि नेपालले एक सबल सरकार प्राप्त गरेकोले विभिन्न पक्षमा क्रमबद्ध विकासको प्रारम्भ भयो। राणकालमा भए गरिएका काम कुराहरूको पछाडि जनहितको भावनाले पुष्टि पाएको थिएन होला र पनि उद्देश्यलाई बिर्सेर हेर्ने हो भने कमसेकम दैनिक जीवनयापनको लागि अत्यावश्यक प्रशासनिक सुरक्षाको प्रत्याभूति यस अवस्थामा विकास भयो। महाकालीदेखि मेचीसम्मको नेपाललाई एकात्मक शासन सूत्रमा आवद्ध गरी एकीकृत नेपाललाई एउटा सबल संगठनमा आबद्ध गर्न राणाकाल सफल भयो भन्नु अत्युक्ति हुने छैन। यस कार्यको आरम्भ निश्चय नै पहिलो राणा प्रधानमन्त्री जङ्गबहादुर राणाबाट नै भयो। सन् १८५१ मा बेलायतबाट फर्केपछि जङ्गबहादुरले "कौशल" नामको कानुन तर्जुमा गर्ने समितिको गठन गरी विभिन्न आदेश, लालमोहर र सनद्हरूमा छरिएका सबै ऐन, नियमलाई संयोजित गरी नेपालको लिखित कानुन तयार गराए।[1] यसरी कानुन तयार भएपछि त्यसको प्रयोग र रक्षाको लागि अड्डा अदालतहरूको आवश्यकता पऱ्यो। जसले गर्दा नयाँ प्रशासनिक निकायहरूको गठन र त्यसको कार्यविधिहरूको व्यवस्था पनि गर्नु पऱ्यो। जङ्गबहादुरले आफूपछि प्रधानमन्त्री हुनेहरूको रोलक्रम पनि निश्चित गरेका थिए। यी रोलवाला हकदारहरूलाई पनि कार्य विभाजन गर्नु परेको थियो। जसले गर्दा प्रशासनिक निकायको माथिल्लो पदाधिकारीहरू नै भविष्यका प्रधानमन्त्रीहरू हुने गर्दथे। सर्वोच्च तहमा प्रशासनिक, न्यायिक र सैनिक व्यवस्थाहरू प्रधानमन्त्री कै हातमा केन्द्रीकृत भए पनि पहिलोचोटि निजामती र सैनिक प्रशासन दुई भिन्न अङ्गबाट गरिन थालियो। चिफसाहेब निजामती प्रशासनको प्रमुख र लाठ साहेब सैनिक बन्दोबस्तका मुख्य अधिकृत तोकिए।[2]

सिद्धान्ततः जङ्गी र निजामती प्रशासनमा नेपालको प्रशासन विभाजन भएता पनि, वास्तावमा यी सबै क्षेत्रमा प्रधानमन्त्रीको फैसला नै अन्तिम हुन्थ्यो। निजामतीका

१. साम्वभक्त पन्त- "नेपालमा जन प्रशासन", (काठमाडौं, नेपाल, नैनादेवी पन्त, वि.सं. २०३३), पृष्ठ ९९

२. श्यामप्रसाद उपाध्याय- नेपालको प्रशासनिक व्यवस्था, (काठमाडौं, नेपाल, साझा प्रकाशन, वि.सं. २०२९), पृष्ठ ४७-४८

प्रमुख भएका चिफसाहेब वास्तवमा "कमान्डर इन-चिफ" र सैनिक प्रशासनपट्टि प्रमुख भएका लाठ-साहेब-सिनियर कमान्डिङ्ग (प.क.ज.) नै थिए। यिनीहरूको रोलक्रम क्रमश: दोस्रो र तेस्रो गियो। यसरी प्रधानमन्त्रीको मृत्यु भएको खण्डमा "कमान्डर इन-चिफ" प्रधानमन्त्री र सिनियर कमान्डिङ्ग जनरल (प.क.ज.) नै कमान्डर इन-चिफको रोल या स्थानमा पदोन्नति हुन्थे। त्यसकारण राणा राजनीतिक प्रणाली मिश्रित किसिमको थियो भनेर भन्न सकिन्छ। यस कुरालाई स्पष्ट गर्न प्रशासनिक अड्डा र अधिकृतहरूको विवरण नै प्रस्तुत गरिन्छ।

राणाकालीन समयको प्रशासनिक मर्यादाक्रमअनुसार सबैभन्दा माथि अर्थात् उच्चस्तरमा श्री ५ महाराजाधिराजको स्थान, त्यसपछि श्री ३ महाराजाको स्थान हुन्थ्यो। त्यसपछि कमान्डर इन-चिफ, सिनियर कमान्डिङ्ग जनरल (प.क.ज.), पू. क. ज., द. क.ज. र उ. क. ज. क्रमश पर्दथे। राणाकालीन प्रशासनमा यिनीहरूको स्थान कस्तो थियो र यिनीहरूका कार्यहरू के के थिए। तिनको वर्णन अगाडि गरिन्छ।

यसरी हेर्ने हो भने राणाकालीन प्रशासन उसैको नै वंशमा निर्धारित हुन्थ्यो। त्यसैले त्यतिखेर खोलिने नयाँ अड्डाहरू र सृजना गरिएका नयाँ पदहरूको अर्थ एउटै हुन्थ्यो- "शक्ति आफूमा निर्धारित गर्नु"। यसरी सम्पूर्ण अड्डा र सृजना भएका नयाँ पद र पुरानो कायम रहेका पदहरूमा राणाका नै आफन्तहरू नै नियुक्ति हुन्थे। त्यसैले के भन्न सकिन्छ भने राणाकालीन पूर्वको प्रशासन राणाकालीन प्रशासनमा यही फरक छ कि "अगाडि आफ्नो मान्छे र पछाडि आफ्नो वंशको नै मान्छेको नियुक्ति।"

श्री ५ महाराजाधिराजको स्थिति

पृथ्वीनारायण शाहको मृत्युपछि भएका करिव करिब सबै राजाहरू नाममात्रका राजा भएका थिए। कसैले पनि प्रत्यक्ष शासन गर्न सकेनन्। प्रतापसिंह शाह एक प्रभावशाली राजा थिएनन्, त्यसकारण भारदारहरूले शासनमा प्रत्यक्ष वा अप्रत्यक्ष रूपमा हस्तक्षेप गर्न थालेका थिए। उनी पछि राजा हुने रणबहादुर शाह नावालक भएको हुनाले नायवहरूको हातमा शासनाधिकार पुग्यो। रणबहादुर शाह वालिग भइसकेपछि पनि वास्तवमा आफैले प्रत्यक्ष शासन गर्न सकेनन्। भारदारहरूको जालमा फसेर रणवहादुर शाहको असमयमा नै राज्य त्याग गरी देश छोडी जान बाध्य भएका थिए। त्यसपछिका राजा गीर्वाणयुद्धविक्रम शाह पनि नाबालक भएको हुनाले राजाको सबै अधिकारको उपभोग दामोदर पाण्डे, भीमसेन थापा जस्ता भारदारहरूले गरे। राजेन्द्रविक्रम शाहको पालामा भीमसेन थापाको पतन भयो र राजाले गुमाइसकेको

शाही अधिकार आफ्नो हातमा आइसक्दा पनि त्यसको प्रयोग गरी शाहवंशको प्रतिष्ठाको पुनर्स्थापना गर्न सकेनन्। उसको असफलताका लागि केही हदसम्म राजेन्द्रविक्रम कै कमजोर स्वभावलाई उत्तरदायी मान्न सकिन्छ तापनि वास्तविक राणा भारदारहरूको षड्यन्त्र नै हो भनी भन्न सकिन्छ। जसले गर्दा शाही परिवारका सदस्यहरूमा समेत एकता आउन सकेन। त्यसको फलस्वरूप भारदारहरूको बीचमा षड्यन्त्रको युद्ध छिड्यो। आखिरमा त्यसै षड्यन्त्रको फलस्वरूप "कोतपर्व" भयो जसले गर्दा जङ्गबहादुरको उदय भयो र त्यसपछि २००७ सालसम्मको युग राणा शासन कहलियो, जबकि राणा शाहवंश कै थिए।

शक्तिको भोका राणा प्रधानमन्त्रीहरूले चाहेका भए राजालाई हटाएर आफै राजा बन्न सक्थे। तर, सारा शासनाधिकारमाथि आफ्नो कब्जा भएको र राजा त नाम मात्रका भएकोले उनीहरूले राजालाई हटाउने धृष्टता गरेनन्।

राणाकालीन राजाको स्थितिमा प्रकाश पार्दै सतीशकुमार लेख्नुहुन्छ-

> "राणाहरूले राजालाई एक आध्यात्मिक प्रमुखको रूपमा प्रचार गरे। त्यसबेलाका राजा भगवान् विष्णुको अवतार मानिथ्यो। अनि राजनीति र प्रशासनमा राणा प्रधानमन्त्री र उनको परिवारका सदस्यहरूको आधिपत्य थियो। राजाको राजनीतिमा कुनै वास्ता थिएन। विदेशी दूतहरूको ओहदाको प्रमाणपत्र ग्रहण गर्न वा सरकारी अध्यादेश कानुनमा सही गर्न मात्र राजालाई बोलाइन्थ्यो।"[३]

> "राजा नेपाली राजनीतिक जीवनदेखि टाढा राख्न राणा शासकहरूले युवराजधिराज छँदाखेरिदेखि नै राजालाई भोगविलासको जीवनमा भुलाएर राख्दथे।"[४]

राजा शिक्षित नहोस् भनेर राणाहरूले अनेक जुक्ति गर्दथे। त्यस कुरालाई स्पष्ट पार्ने एउटा घटना यहाँ प्रस्तुत गरिन्छ।

> "श्री ५ महाराजाधिराज त्रिभुवनलाई पढाउन दुईजना खटिएका थिए- बटु बाबु र तुलसीमान सिंह (काजी सदस्य- रोयल नेपाल एकेडेमी) एक दिन हामीहरू स्कुलमा पढ्दै थियौं। श्री ५ को

---

३. सतीशकुमार- राणा पोलिटी इन नेपाल, (बम्बई, एसिया पब्लिसिङ्ग हाउस, ई. सं. १९६७), पृष्ठ ५७

४. ऐजन

दरवारबाट बटु वाबु अकस्मात् हस्याङ्गफस्याङ्ग गर्दै त्यहाँ आइपुगे र सबै क्लासका मास्टरलाई आफू बसेको ठाउँमा बोलाएर लगे। एकछिन पछि उनी फेरि लम्केर सिंहदरबारतिर गए। हाम्रो क्लासमा शारदा बाबु फेरि फर्केर आइसकेपछि हामीले सोध्दा उनले भने- "महाराजाधिराजलाई तुलसीमानले पढाउनु नपर्ने अनेक कुरा पढाइ दिएछन्"। पछि धेरै जनासित बुझ्दा, सुन्दा पत्ता लाग्यो। श्री ५ त्रिभुवनलाई केवल अनेकानेक "प्रेम कथा", "अरबका रातहरू" र गुलिभरको भ्रमण जस्ता रमाइला कथाहरू, सिकार खेलहरूका वर्णन, पाकशास्त्र आदि पढाउनु भन्ने चन्द्रशमशेरको आज्ञा रहेछ तर तुलसीमानले आफ्ना राजालाई भूगोल, इतिहास, दर्शन र क्रान्तिकारी विचारधाराका कथाहरू पनि पढाइ दिएछन्। बटु बाबुद्वारा त्यो पत्ता लाग्यो उनले त्रिभुवनको अनुहारमा त्रिभुवनका अनेक प्रकाश फेला पारेर चन्द्रशमशेरलाई भनी दिए। तुलसीमान सिंहदरबारमा बोलाइए। राजाको आँखा खोलीदिनु उसबेला अक्षम्य अपराध थियो भन्ने बुझेर सुचतुर तुलसीमान चन्द्रशमशेरको अघिल्तिर बौलाउन लागे र महाराजालाई नचिने जस्तो गरेर तँ तँ, म म, भनेर मुख बिगार्न थाले। सब वहाना थियो, तर प्रत्युत्पन्नमति भएका उनी दण्डबाट उम्के।"[५]

तत्कालीन ब्रिटिस रेजिडेन्टको भनाइअनुसार जङ्गबहादुरको राजाप्रतिको व्यवहार राम्रो थिएन। यस विषयमा उनी लेख्दछन्-

"मेरा पूर्व पुरुषले लेखेका छन् कि राजा आफ्ना मन्त्रीको अघिल्तिर भयभीत भई झुकेर बस्छन् र मैले जङ्गबहादुरलाई राजासँग अनादरपूर्वक व्यवहार गरेको तथा आफ्नो कुरा मनाउन जोड गरेको देखेको छु। तर, जङ्गबहादुरको परिवारको राजाको परिवारसित वैवाहिक सम्बन्ध भइसकेपछि जङ्गबहादुरले देखावटका लागि शिष्ट व्यवहार गर्न थाले।"[६]

---

५. वालकृष्ण सम- मेरो कविताको आराधना, भाग १, (काठमाडौं, नेपाल, राजकीय प्रज्ञा प्रतिष्ठान, वि.सं. २०२३), पृष्ठ २७७

६. सतीस कुमार- माथि उल्लिखित पाद टिप्पणी नं. ३, पृष्ठ ५६

यस्तैगरी राणा शासनमा राजाको स्थान कस्तो थियो र राणा प्रधानमन्त्रीको राजाप्रतिको व्यवहार कस्तो थियो, भन्ने कुरामा चन्द्रशमशेरको पृथ्वी वीरविक्रम शाहदेवप्रतिको व्यवहारसम्वन्धी एक स्वदेशी तत्कालीन व्यक्ति आफ्नो पुस्तकमा लेख्छन्। जुन देवशमशेरलाई कैद गरिसकेपछि पदच्यूत गरिनु अघिको घटनासित सम्वन्धित देखिन्छ।

> "... श्री ५ महाराजाधिराज पनि सवारी आइपुगेछ सरकार, यहाँबाट
> (देवशमशेरबाट) राजकाज चलेन र खारेज हुनु भयो, सरकार के हुकुम हुन्छ भन्ने हुकुम भएछ। हुन्छ, मामा हुन्छ, मैले केही विरायाको छैन भनेर साह्रै डराइडराइ हडबडाइ हुकुम भएछ।"[७]

यसमा पनि राजा उपर बढी कडी कडाउ राजा त्रिभुवनको समयमा नै भएको देखिन्छ। किनभने राणा प्रधानमन्त्रीहरूमा जङ्गबहादुर पछि चतुर प्रधानमन्त्री चन्द्रशमशेर नै थिए भने शाह राजाहरूमा रणबहादुर शाहपछि चतुर शासक राजा त्रिभुवन नै थिए। अतः यिनीहरूले एक अर्कालाई दबाउने प्रयास भने भइरहेको कुरा राममणि आ.दी. को पुस्तकबाट प्रष्ट हुन्छ।[८] यसमा पनि रूपैयाँसम्बन्धी मामलामा त धेरै कडी कडाउ थियो। उनी भन्छन्-

> "श्री ५ महाराजाधिराजको रूपैयाँ चाहियो भन्ने खबर लैजाँदा मैले गाली पनि पाएको छु चाहिने कुराको वास्ता छैन यस्तै नचाहिने कुरा मात्र लिएर आउँछौ जाऊ अहिले। ... यस्तैमा कहिलेकाहीं श्री ५ लाई नै पनि अलि कडा चिठी पठाइबक्सन्थ्यो।"[९]
>
> "यस्तै गरी केही दिनपछि केही रूपैयाँ पुनः त्रिभुवनले मागिबक्स्यो। ... अस्ति भरखर रूपैयाँ टक्र्याएको हो त्यसको फेरिस्त हामीले पनि हेर्न पाउनु पर्छ जाऊ बिन्ति चढाऊ भनी श्री ३ चन्द्रशमशेरले भनेका थिए।"[१0]

---

७. काशीनाथ आचार्य दीक्षित- भएका कुरा, (काठमाडौं, नेपाल, 'शान्ति निकेतन' नरेन्द्रमणि आ. दी., वि.सं. २०३१), पृष्ठ २०४-२०५

८. राममणि आचार्य दीक्षित- पुराना सम्झना, (काठमाडौं, नेपाल, श्रीमती नलिनी देवी आ. दी, वि.सं. २०२९), पृष्ठ १३९-१४०

९. ऐंजन, पृष्ठ १४१-१४२

१0. ऐंजन

"त्यस्तै गरी चन्द्रशमशेरका राजा त्रिभुवनलाई पठाएको एक कडा चिठीको जवाफमा श्री ५ त्रिभुवनले बडो नम्रतापूर्वक लेखिबक्सेको थियो अबदेखि म यस्तो नचाहिँदो खर्च गर्दिन अहिले मलाई तिमी नरिसाइकन ८ वा १० हजार नाट दऊ।"[११]

यसरी राजाले खर्च गरेको फेरिस्त त श्री ३ सरकारले हेर्ने र उनले गर्नु चाहेको खर्चमा श्री ३ ले रोक लगाउने चलन थियो- तर श्री ३ ले गरेको खर्च उपर भने कसैको रोक लाग्न सक्दैनथ्यो। यी कुराले त्यसबेलाको श्री ५ को स्थिति र श्री ३ को स्थिति अर्थात् नेपालका दुई प्रमुख व्यक्तिको सम्बन्ध कस्तो थियो राम्ररी नै प्रष्ट हुन्छ भने राणाहरूले आफूलाई नेपालको वास्तविक शासकको रूपमा स्थापना गरिसकेका थिए भन्ने कुरा पनि प्रष्ट हुन्छ। यसरी राजा त्यतिखेर एक तस्वीरको रूपमा मात्र रहेका थिए। राजाको कुनै महत्त्व थिएन। राणाहरू आफूलाई जसरी मन लाग्यो त्यसरी नै राजालाई प्रयोग गर्दथे। राणा परिवारका बाहेक अरू सबै "थर घर" का भारदारहरूको नराम्रोसित दमन भइसकेको थियो। त्यसकारण राजाको साथ दिन कोही पनि बाँकी थिएनन्। यसरी हेर्ने हो भने राजा वास्तवमा एक राजनीतिक बन्दीको रूपमा थिए भनेर भन्न सकिन्छ। अझ भन्ने हो भने "राजा उनैको प्रधानमन्त्रीको एक कैदीको रूपमा थिए भन्न सकिन्छ। राजालाई कुनै पनि कार्य राणाहरूले दिएका थिएनन्। यस सम्बन्धमा एरीका ल्युस्टाग लेख्दछिन्- "मलाई अचम्म केमा लाग्यो भने श्री ५ ले केही पनि गर्नु पर्दैनथ्यो। सबभन्दा अल्छी शासक। मैले त के ठानेकी थिएँ भने अवश्य कागजपत्रहरूमा सही गरिबक्सँदो हो- तर मौसूफ यस्तो केही पनि गरिबक्सन्थ्यो।"[१२]

राजा के गरेर बस्दथे त ? भन्ने कुरा बारे एक एक विदेशी लेखकले लेखका छन्-

"हालका अधिनस्थ वा पराधीन राजा (त्रिभुवन) आफ्नो प्रधानमन्त्रीभन्दा केही मात्र कम विशिष्ट रूपको दरवारमा, राम्रा, सुन्दरी र सिगारिएका केटीहरूद्वारा घेरिएर बसेका हुन्थे

---

११. ऐजन

१२. (क) एरिका ल्युस्टाग- 'एरिक र श्री ५ त्रिभुवन', अनु. पासांग गोपर्मा, श्री ५ त्रिभुवन स्मृति ग्रन्थ, काठमाडौं, नेपाल, त्रिभुवन स्मारक समिति २०२७, पृष्ठ १६

(ख) यस्तैगरी त्रिभुवन उपर अरू वन्देजहरूको विषयमा जान्न चाहे एरिक ल्युस्टागको नै "उइथ ए किंग इन द क्लाउड" (लन्डन, ई. सं. १९५८ हेर्नोस।

या वस्दथे। जुन केटीहरूलाई राणा प्रधानमन्त्रीका नै व्यक्तिहरूले उनलाई सन्तुष्ट राख्न र भुलाउन सहरमा खोजी खोजी छानेका हुन्थे।"[१३]

यस्तैगरी राजनीतिवाट पर राख्न "उनलाई नशामा राख्न मङ्गोलियाको मिठो र अति राम्रो अफिम उनको नै प्रेमिका, रखौटी र उनको पारिवारिक डाक्टर वैद्यद्वारा नै लिन सल्लाह दिन लगाउँदथे, दिलाउँदथे पनि ...। यसरी राजालाई एक सानो बालकको रूपमा राखी उनको मन सुरा, सुन्दरी र नशालु पदार्थमा भुलाइ नेपालको राजनीतिक व्यवस्थावाट हटाइ राखेका थिए, हटाइ राख्न चाहन्थे, जसबाट उनीहरूलाई फाइदा हुन्थ्यो।"[१४] यस कुरालाई राममणि आ. दी. को "पुरानो सम्झना" मा श्री ५ अधिराज पृथ्वी वीरविक्रम शाह र गाँजा शीर्षकले झन प्रष्ट गर्छ।[१५]

यसरी के प्रष्ट हुन्छ भने राजाको दिनचर्या खान, पिउन र विलासमा नै सीमित थियो। त्यसैले राणाकालीन राजालाई त्यो पिंजराको सिंहसित तुलना गर्न सकिन्छ, जसको पिंजराभित्र खानेकुराको कुनै कमी छैन र साधनको लागि दर्जनौं सिंहनीहरू पनि छन् तर गर्नको लागि केही पनि काम छैन।

राजाको परम्परागत स्थितिमा कुनै परिवर्तन आएको थिएन। त्यसबेला पनि राजा देशको सर्वोच्च पदमा आसिन थिए। सारा नेपालीहरूका लागि श्रद्धाका पात्र थिए। तर राजारूपी सूर्यलाई राणारूपी राहुद्वारा ग्रसित भई निस्तेज र निस्क्रिय रहनु परेको थियो। पाँच रूपैयाँभन्दा बढी कसैलाई बकस दिनु पऱ्यो भने प्रधानमन्त्रीसँग सोधेर उनले हुन्छ भनेपछि मात्र श्री ५ त्रिभुवनले दिन पाउँथे रे भनिन्थ्यो। अहिले यो सुन्दा अतिशयोक्ति जस्तो देखिन्छ।[१६] १९८० साल आश्विन २९ गते श्री ५ बाट १० हजार रूपैयाँ महाराजासँग मागिबक्सेको थियो। सो विन्ती गर्दा "फटाहाहरूलाई दिनलाई हो" यिनीहरूलाई म पुरन सक्दिन ...।"[१७]

यसमा तथ्य अवश्यै होला। राणा सरकारको विरुद्ध राजाले कुनै संगठन गर्न नसकोस् भन्ने उद्देश्य लिई राजालाई एक्लो पार्न बाह्य सम्पर्कबाट वञ्चित गरिएको थियो। तर, यसको विपरीत त्रिभुवन आफ्नो गरिब कर्मचारी उपर दयाको भाव राखी

---

१३. ह्यासोल्डर डेभिस- नेपाल ल्यान्ड अफ माइस्ट्री, (लन्डन, ई. सं. १९२३)

१४. एंजन

१५. रामणि आ. दी.- माथि उल्लिखित पाद टिप्पणी नं. ८, पृष्ठ ११-११९

१६. दाताराम शर्मा- "प्रजातान्त्रिक नेपालको जग", गोरखापत्र, वर्ष ७०, अङ्क २१८, (काठमाडौं, नेपाल, गोरखापत्र कर्पोरेसन, वि.सं. २०२७, पौष १ गते, पृष्ठ ४

१७. राममणि आ. दी.- माथि उल्लिखित पाद टिप्पणी नं. ८, पृष्ठ १४२

बक्सिस दिन्थे। त्यसलाई राणा प्रधानमन्त्रीले अर्को रूपबाट हेरे। जसले गल्ती गर्छ ऊ नै बढी डराउँछ भन्ने झैं चन्द्रशमशेरले त्रिभुवनको सो कार्यलाई आफ्नो प्रभाव बढाइ राणा विरुद्धको संगठन या भावना प्रचार गर्न खोजेको देखे। त्यसैले राजाको वरिपरि आफ्नो मात्र गुण र वफादारी पिताउने व्यक्तिहरू राख्ने कार्यमा यतिखेर राणा प्रधानमन्त्रीले असफलता प्राप्त गरेको कुरा प्रष्ट हुन आउँछ। नत्र आफ्नो नै व्यक्तिहरू भए उनीहरूलाई बक्सिस दिन रोक्नु नपर्ने र फटाहाहरूको दर्जा दिनु नपर्ने देखिन्छ। अत: यहाँ ती फटाहाहरू त्रिभुवनका वफादारी व्यक्तिहरू नै देखिन्छन्। यसरी त्रिभुवनले आफ्नो कार्य गर्न थाले पनि पूर्ण रूपले सफलता प्राप्त भने गर्न सकेनन्। प्रधानमन्त्रीको बन्देज लागि रह्यो नै ...।

यी माथिका केही तथ्य भनाइले यो कुरा प्रष्ट गर्छ कि “जङ्गवहादुर पछि चन्द्रशमशेर नै त्यस्ता व्यक्ति थिए, जसले राजालाई तन र मनवाट कमजोर गरी जनता, राजनीति र सरकारबाट पर राखी आफ्नो उद्देश्यलाई सफल गरे र राजालाई दरबार र नाचघरमा कैद गर्न सफल भएका थिए।”

यस्तैगरी राजा उपर प्रधानमन्त्रीले अरू बन्देजहरू पनि लगाएका थिए। राजाको इच्छा भए पनि प्रधानमन्त्रीको अनुमतिविना एकान्तमा भेट गर्ने अधिकार नेपाली नागरिकलाई थिएन। विदेशीसँग राजाले भेट गर्ने कुरा त परै रहोस्।[१८] यसरी राणा प्रधानमन्त्रीद्वारा घेरिएर, छेकिएर देशका सर्वशक्तिमान राजा विवश भई राणालाई शासन गर्न दिन विवश थिए।

त्यसकारण राजाको नाममा वास्तविक शासन गर्ने व्यक्ति-वंश परम्परागत तरिकाबाट प्रधानमन्त्रीको तथा श्री ३ महाराजको पदमा आसिन हुने राणा नै हुन्थे।

जङ्गबहादुरले श्री ५ सुरेन्द्रबाट प्राप्त गरेको लालमोहर र सनदअनुसार राणा परिवारका सदस्यहरू सवैभन्दा जेठो व्यक्तिले नै प्रधानमन्त्री तथा श्री ३ महाराजको पद प्राप्त गर्दथे र उनीले नै सबै राजकीय अधिकारको उपभोग गरी नेपालको शासन चलाउँदथे। माथि उल्लेख भएझैं ...। त्यसै कारणले गर्दा त शाहवंशीय राजाको युगलाई पनि राणा शासनकाल भनेर भन्ने गरिन्छ।

श्री ३ महाराजास्थिति

राणाकालीन मर्यादाक्रममा श्री ५ महाराजाधिराजको स्थान पछि श्री ३ महाराजको हुन्थ्यो। तत्कालीन नेपालको कार्यपालिका, न्यायपालिका र व्यवस्थापिका यी तीनै अङ्गको सर्वेसर्वा राणा शासक श्री ३ महाराज प्रधानमन्त्री हुन्थे।

---

१८. दाताराम शर्मा- क्रान्तिकारी राजा श्री ५ त्रिभुवन स्मृति ग्रन्थ, (काठमाडौं नेपाल, त्रिभुवन स्मारक समिति, वि.सं. २०२७), पृष्ठ २०८

उपलब्ध ऐतिहासिक सामग्रीको आधारमा यो भन्न सकिन्छ कि नेपालको इतिहासमा पहिलोपटक "प्राइमिनिस्टर" भन्ने सम्बोधन कार्यपालिकाको अध्यक्षका लागि प्रयोग गर्ने चलन राणाकालमा भएको थियो पछि गएर यसमा श्री ३ महाराजाको पद पनि जोडिएको थियो।[१९] श्री ३ महाराजको स्थान, सरकारी शरीरको ढाँचामा सबै भन्दा उच्च हुनाको साथै केन्द्रविन्दु पनि थियो। उनी नेपालको राजनीतिक अधिकारको मुख्य स्रोत थिए।

एक तत्कालीन विदेशी लेखकले लेखेका छन्,

> "नेपालमा राजा जस्तै एक महाराज छन् जो खास गरी प्रधानमन्त्री हुन्। राजाको खास उपाधि महाराज या अधिराजा भएता पनि इटालीका राजा झैं अधीनस्थ या पराधीन छन्। यसरी श्री ३ महाराजको हातमा झन्डै तानाशाहीको शक्ति छ। देशको सम्पूर्ण राजश्व उनका हातमा आउँथ्यो र उनको इच्छाअनुसार खर्च गर्दथे। यसरी उनी संसारका सबैभन्दा धनीहरूमध्ये एक हुन्, यसमा शङ्का छैन।"[२०]

राणा प्रधानमन्त्री कार्यपालिकाको अध्यक्षको हैसियतमा सबै निजामती तथा सैनिक कार्यालयहरूका संरक्षक हुन्थे। उत्तराधिकारको रोल र पजनीरूपी दुई साधनको प्रयोग गरी सारा कर्मचारीहरूमाथि नियन्त्रण राखिन्थ्यो।[२१]

यस "पजनी" प्रथालाई धेरैले आफ्नो आफ्नो किसिमले व्यवस्था गरेका छन्। यसलाई लोकसेवाको पुनर्गठन गर्ने कार्य हो, जहाँ सरकारका सबै विभागहरूलाई जाँच्ने र पुनरगठन गरिने कार्य गरिन्छ।[२२] सबै कर्मचारीहरूको नियुक्तिहरूलाई नवीकरण गर्नु,[२३] कार्य गरेको अनुपातमा राज्यका माथिल्लो स्तरदेखि तल्लो

---

१९. एच. एन. अग्रवाल- द एडमिनिस्ट्रेसन सिस्टम अफ नेपाल, (न्यु दिल्ली विकास पव्लिसिङ्ग हाउस प्रा. लि., ई. सं. १९७६), पृष्ठ २७-२८

२०. ह्यासोल्ड डेभिस- माथि उल्लिखित पाद टिप्पणी नं. १३, पृष्ठ २०१

२१. एच. एन. अग्रवाल- माथि उल्लिखित पाद टिप्पणी नं. १९, पृष्ठ २८

२२. पद्मजङ्ग राणा- लाइफ अफ महाराज जङ्गवहादुर अफ नेपाल, (न्यु दिल्ली, मन्जुश्री पव्लिसिङ्ग हाउस, ई. सं. १९७१), पृष्ठ ८१

२३. पर्सिवल लन्डन- नेपाल, दोस्रो प्रकाशन (काठमाडौं, नेपाल, रत्न पुस्तक भण्डार, ई. सं. १९७६), पृष्ठ १५९

स्तरसम्मको कर्मचारीहरूलाई छान्नु, नव नियुक्ति गर्नु, परिवर्तन गर्नु[२४] छानविन गर्ने योजना[२५] भनी भनेका छन्।

यो पजनी वर्षको एकपटक मात्र हुन्थ्यो। तर, वर्षेनी हुने पजनीको चलनको अर्थ यो कदापि होइन कि राणा प्रधानमन्त्रीले वर्षको बीचमा नियुक्ति र बर्खास्त गर्न सक्दैनन्। वास्तवमा उनले पजनीमा बाहेक पनि कुनै पनि बेला कसैलाई पनि कारण दिइ, अथवा नदिइ बर्खास्त गर्न सक्थे। यस्तो व्यवस्थालाई 'ठाडो खोसुवा' भनिन्थ्यो।[२६] जुन प्रधानमन्त्रीले नै गर्दथे। प्रधानमन्त्रीले गर्ने नियुक्ति सम्बन्धी एक नेपाली इतिहासकार भन्छन्-

> "कुनै पनि अड्डामा वैधानिक रूपले कसैलाई भर्ना गर्नु परेमा पिउनसम्म पद प्राप्त गर्ने व्यक्तिलाई पनि प्रधानमन्त्रीको समक्ष उपस्थिति गराइन्थ्यो र उनीद्वारा नै नियुक्ति दिइन्थ्यो। यसबाट नै प्रष्ट हुन्छ कि प्रशासनउपर उनको अधिकार कति थियो भन्ने कुरा ...।"[२७]

परम्पराअनुसार राजाले उपभोग गर्दै आएको विधायिनी अधिकार पनि राणा प्रधानमन्त्रीको हातमा थियो। हुन त कानुन बनाउन बेलायतको संसदसित मिल्दोजुल्दो "कौशलको" संगठन गरिएको थियो। उक्त कौशलका सबै सदस्यहरू राणा प्रधानमन्त्री कै मानिसहरू हुन्थे। कुनै पनि कौशलले पास गरेको कानुन लागु हुन प्रधानमन्त्रीको स्वीकृतिको आवश्यक हुन्थ्यो। हुन त, प्रधानमन्त्रीको खड्गनिशानाका साथै राणाको छाप, लालमोहरको पनि आवश्यक हुन्थ्यो तर लालमोहर राजाको हातमा नरही राणाहरूकै हातमा हुन्थ्यो र उनीहरूले स्वतन्त्रतापूर्वक प्रयोग गर्न सक्थे। त्यसकारण राजाको विरोधको कुनै अर्थ हुँदैनथ्यो। सबै कानुन राजाका नाममा लागु गरिन्थ्यो। तर, वास्तवमा यस विषयमा पनि राजाको कुनै अधिकार थिएन। अर्कोतिर राणा प्रधानमन्त्री कानुन बनाउने र बदर गर्ने कार्यमा सर्वेसर्वा थिए। उनी आफूले चाहेको जस्तो कानुनलाई लागु गर्न सक्षम थिए।[२८]

---

२४. अनिरुद्र गुप्ता- पोलिटिक्स इन नेपाल, (वम्वई, एलाइड पब्लिसर्स प्रा. लि., ई. सं. १९६४), पृष्ठ १४

२५. लिओ इ. रोज र भुवनलाल जोशी- डेमोक्रेटिक इनोभेन्सन इन नेपाल, (वकली युनिभर्सिटी अफ क्यालिफोर्निया प्रेस, ई. सं. १९९६), पृष्ठ ३८

२६. सतीसकुमार- माथि उल्लिखित पाद टिप्पणी नं. ३, पृष्ठ ८३

२७. डिल्लीरमण रेग्मी- "ए सेन्चुरी अफ फेमली अटोक्रेसी इन नेपाल", (नेपाल, द नेपाल नेसनल काङ्ग्रेस, ई. सं. १९५८), पृष्ठ ७

२८. सतीसकुमार- माथि उल्लिखित पाद टिप्पणी नं. २, पृष्ठ ८४

सरकारको न्यायिक अङ्गको पनि राणा प्रधानमन्त्री नै सर्वेसर्वा थिए। कानुनको निर्माण र निश्चित रूप अझ राम्ररी कायम भएको थिएन। धर्मशास्त्र र मनुस्मृति नै कानुनका मुख्य आधार थिए। यिनै पुस्तकका कुराहरू नै धर्माधिकारी र उच्च गुरु पुरोहितद्वारा उनीहरूको इच्छा र विचार अनुरूप व्याख्या गर्दथे। तर, यसको राणा प्रधानमन्त्रीलाई कुनै असर र प्रभाव पर्दैनथ्यो। यो देखावटी मात्र थियो। अन्तिममा राणा प्रधानमन्त्रीले आफ्नो नै किसिमले र इच्छा र विचार अनुरूप निर्णय गरी दिन्थे।

देशको सर्वोच्च न्यायाधीश प्रधानमन्त्री नै थिए। उनले गरेको निर्णय अन्तिम हुन्थ्यो। उनले कुनै पनि मुद्दा हेर्न सक्थे। जनताहरूका तर्फबाट आएको हरेक किसिमको विन्तिपत्रको बारेमा विचार गर्न नियमित रूपमा एक किसिमको विन्तिपत्रको बारेमा विचार गर्न नियमित रूपमा एक किसिमको दरबारको आयोजना गरिन्थ्यो। ती विन्तीपत्रहरू सरकारी अड्डाहरूका विरुद्ध अथवा तल्लो अदालतको फैसलाको विरुद्धको अपिल पनि हुन सक्थे।[२९] जुद्धशमशेरको पालामा ई. सं. १९३९ जुन २६ मा स्वतन्त्र न्यायपालिकाको व्यवस्था गर्ने भनी उच्च अदालत खडा गरिएको थियो तर व्यवहारमा न्यायिक शक्ति अन्तिम रूपमा प्रधानमन्त्रीको हातमा राखिएको थियो।

राष्ट्रको सम्पूर्ण राजस्वमाथि राणा प्रधानमन्त्रीको नियन्त्रण थियो। प्रधानमन्त्रीको स्वीकृतिविना कौशी तोषाखानाबाट एक पैसा पनि खर्च गर्न सकिदैनथ्यो। बजेट बनाउने चलन थिएन र वर्ष दिनमा खर्च गरी बाँकी रहेको मुलुकी खानाको रकम राणा प्रधानमन्त्रीको खल्तीमा जान्थ्यो। करिब सबै राणा प्रधानमन्त्रीले राजस्वको करिब २५ प्रतिशतदेखि ३० प्रतिशतसम्म खान्थे।[३०]

सङ्कटकालीन अवस्थामा खर्च गर्न बनाइएको विशेष कोष भण्डारखाल ढुकुटीमा पनि प्रधानमन्त्रीको पूर्ण नियन्त्रण थियो। उक्त कोषबाट धन निकाल्न प्रधानमन्त्रीको स्वीकृति अनिवार्य थियो।[३१]

सेनामा प्रधानमन्त्रीको अप्रत्यक्ष रूपमा नियन्त्रण थियो। जङ्गीलाठले सैनिक नियुक्ति र बढुवा प्रधानमन्त्रीको स्वीकृति लिएर मात्र गर्दथे। कास्की र लमजुङका रेजिमेन्टहरू प्रधानमन्त्रीअन्तर्गत राखिन्थ्यो।

यसरी राणा प्रधानमन्त्री सबैभन्दा शक्तिशाली व्यक्तिको रूपमा रहेका हुन्थे। उनले आफ्नो स्वार्थपूर्तिको लागि जुनसुकै कार्य गर्न सक्थे। उनको पूर्व स्वीकृतिविना देशभित्र कुनै पनि महत्त्वपूर्ण कार्य सम्पन्न गर्न सकिदैनथ्यो। उनी राजनीति र सरकारी क्षेत्रको साथसाथै सामाजिक तथा धार्मिक क्षेत्रका पनि प्रधान थिए।

---

२९. एच. एन. अग्रवाल- माथि उल्लिखित पाद टिप्पणी नं. १९, पृष्ठ ३०

३०. सतीसकुमार- माथि उल्लिखित खनं. ३, पृष्ठ ८७

३१. ऐजन, पृष्ठ ८८

त्यसकारण राणा प्रधानमन्त्रीलाई राज्य र समाजका केन्द्रविन्दु थिए भन्न सकिन्छ। उनी एक तानाशाह थिए जोदेखि सबै डराउँथे। अनि जसको आदेश मान्नु पर्थ्यो। कुनै पनि हालतमा उनको आलोचना गर्न सकिदैनथ्यो। उनी जनताको जीवनको र प्रतिष्ठाको मालिक अर्धईश्वर थिए।[३२]

राणाकालीन प्रधानमन्त्रीको पद राणा परिवारका सदस्यले बाहेक अरू कसैले प्राप्त गर्न सक्दैनथ्यो। उक्त पदमा कुन व्यक्तिको शेषपछि, कसले पाउने भन्ने नियम बनाइ राखिएको थियो, जसलाई रोलक्रम भनिन्थ्यो।[३३] उनीहरूको परिवारका सदस्यहरूमध्ये ज्येष्ठ भ्राता प्रधानमन्त्री हुन्थे र त्यसपछिका भाइ कमान्डर इन-चिफ, त्यस पछिका भाइ पश्चिम कमानडिङ्ग जनरल, त्यस्तै पूर्वी कमान्डिङ्ग जनरल, दक्षिणी कमानडिङ्ग जनरल, त्यस्तै उत्तरी कमानडिङ्ग जनरल आदि पदहरूमा क्रमानुसार नियुक्त हुन्थे। भाइहरूको पिंढी पनि छोराहरू तथा भतिजाहरूको स्थान हुन्थ्यो। प्रधानमन्त्रीको मृत्यु भई वा राजिनामा दिई राज्य त्याग गरी स्थान खाली भएमा कमान्डर इन-चिफ स्वतः प्रधानमन्त्री बन्न पाइन्थ्यो। अनि उनले गर्दा खाली भएको स्थान भर्न त्यस मुनिका भाइको स्वतः बढुवा हुन्थ्यो। यसरी सबै रोलवालाहरूको एक एक तह बढुवा गरी सबै स्थान भरिन्थ्यो।

यसरी तल्लो तहदेखि प्रधानमन्त्रीको पदसम्मका सबै पदहरूमा राणा परिवारका सदस्यहरूले नियन्त्रण गरेर बसेका हुन्थे। त्यसकारण राणा सरकारलाई पल्टाउने षड्यन्त्र भारदारहरू बीच कहिल्यै जन्मिन सकेन, त्यतिखेर ....। राजपरिवारका तर्फबाट कैयौंपटक प्रयास भएको थियो, तर भारदार र जनताको समर्थन प्राप्त नभएको हुनाले सफल हुन सकेन।[३४] यसको अर्को परिणाम स्वरूप राणाहरूले शासन मनपरी चलाउन लागे। सार्वजनिक भलाइलाई एकातिर पन्छाएर उनीहरूको आफ्नो स्वार्थका लागि प्रशासन चल्दथ्यो। नेपाल राज्य नै राणा परिवारको पेवा थियो। सरकारी ढुकुटी, राणा प्रधानमन्त्रीको व्यक्तिगत ढुकुटी थियो। एक लेखक लेख्दछन्-

> "... त्यस समयदेखि नै राज्यको ढुकुटी र प्रधानमन्त्रीको ढुकुटीको बीच कुनै फरक थिएन, छुट्याउने केही चिन्ह थिएन। प्रधानमन्त्री नै राज्यको ढुकुटीका मालिक थिए। उनको इच्छा बेगर राज्यको ढुकुटी (कौशी) बाट १ पैसा पनि झिक्न सकिदैनथ्यो।[३५]

---

३२. सतीसकुमार- माथि उल्लिखित पाद टिप्पणी नं. ३, पृष्ठ ८९

३३. ऐजन, पृष्ठ ८१

३४. अगाडि हेर्नोस्

३५. एच. एन. अग्रवाल- माथि उल्लिखित पाद टिप्पणी नं. १९, पृष्ठ ३१

श्री ३ महाराज प्रधानमन्त्रीको स्थितिवारे वर्णन गर्दै सतीसकुमार भन्छन्-

> "यो पद एक प्रधानमन्त्री र राजाको संयुक्त रूप थियो। राजा झैं नेपालको एक भागमाथि (कास्की र लमजुङ) उनको सार्वभौमसत्ता सम्पन्न आधिपत्य कायम थियो। अनि नेपाल अधिराज्यको बाँकी सम्पूर्ण भागमाथि राजाको साथै संयुक्त रूपमा उनको पनि आधिपत्य थियो। उक्त श्री ३ महाराज प्रधानमन्त्रीको पदमा बस्ने व्यक्तिले चाहेको खण्डमा राजालाई Over Shadow गर्न सक्थ्यो।"[३६]

साधारण व्यक्तिले प्रधानमन्त्री र महाराजलाई "श्री ३ सरकार भन्दथे। तापनि चल्तीमा "प्रभु" भनी सम्बोधन गर्दथे। राणा परिवारका सदस्यहरूले उनलाई "हजुर" भनी सम्वोधन गर्दथे।

राणा प्रधानमन्त्री र महाराजाको आफ्नै झण्डा र श्रीपेच थियो। उनले १९ तोपको सलामी पाउँथे। तर पछि मोहनशमशेर प्रधानमन्त्री र श्री ३ महाराजा भएपछि २१ तोपको चलन चलाए।[३७] यसरी के भन्न सकिन्छ भने आफ्नो नै झण्डा, श्रीपेच र तोपको सलामी दिने चलन चलाई राणा प्रधानमन्त्रीले आफूलाई राजा जस्तै या राजा र आफूमा भिन्नता नदेखिने स्थितिको सृजना गर्न खोजेका थिए। यसरी झन् १९ तोपको सलामीलाई बढाएर २१ तोपको चलनले त उनीले आफूलाई श्री ५ युवराजाधिराजको स्तरमा राख्न सफल भए।

यस प्रकार राणा प्रधानमन्त्रीले नेपाल राज्यमा उच्च शक्ति प्राप्त गरेका थिए। "यसरी राणाकालीन नेपालको राजनीति, सरकारको रूप, प्रशासनिक रूप, संस्कृति र समाजलाई हेर्दा पश्चिमी युरोपको सामन्ती प्रथाको प्रतिनिधित्व गरे जस्तो लाग्छ भनी एक लेखकले भनेका छन्।"[३८]

> "यसरी नै राणा प्रधानमन्त्री र महाराजाको शक्ति र उनको राजा उपरको दवावलाई हेर्ने हो भने उनी जर्मनका हिटलर र इटालीका मुसोलिनी झैं देखिन्छन् र उनको शासन व्यवस्था

---

३६. सतीसकुमार- माथि उल्लिखित पाद टिप्पणी नं. ३, पृष्ठ ६३

३७. साम्वभक्त पन्त- माथि उल्लिखित पाद टिप्पणी नं. १, पृष्ठ ७८

३८. ई. हिम्सओर्थ- 'द फिजिक्स सिस्टम अफ नेपाल', ए रिपोर्ट टू हिज मेजेष्ट्री गभरमेन्ट, (काठमाडौं, टेक्निकल एसिस्टेन्ट अर्गनाइजेसन, युनाइटेड नेसन्स, ई. सं. १९५९), पृष्ठ १, प्यारा २

उनीहरूको नै निरङ्कुश शासन व्यवस्था भन्दा कम थिएन भनी डिल्लीरमण रेग्मी भन्छन्।"[३९]

मेरो आफ्नो दृष्टिकोणमा राणा शासनलाई नकारात्मक दृष्टिकोणले मात्र नहेरी सकारात्मक दृष्टिकोणले पनि हेर्ने हो भने र मूल्याङ्कन गर्ने हो भने एक शासन व्यवस्थासित दाँज्न सकिन्छ। त्यो हो जापानमा चलेको "शोगुन शासन" होइन भने त्यस्तो शासनको उदाहरण विश्वको इतिहासमा नै पाइँदैन।

कमान्डर-इन-चिफ

राणाकालीन एकतन्त्रीय शासन व्यवस्थामा प्रधानमन्त्री श्री ३ महाराजाको पदको र व्यक्तिपछि दोस्रो शक्तिशाली व्यक्ति कमान्डर-इन-चिफ नै हुन्। श्री ३ महाराजको उत्तराधिकारीका रूपमा यिनी रहन्थे। अत: श्री ३ महाराजको स्थान रिक्त भएको खण्डमा कमान्डर-इन-चिफ स्वत: उक्त पदमा आसिन हुन्थे।

नेपालमा यिनीलाई "मुख्तियार" भन्ने चलन थियो। तर प्रचलित भाषामा "चिफ साहेब" भनिन्थ्यो। यसरी महाराजको उत्तराधिकारीका रूपमा रहेकोले नेपालको निजामती र सैनिक अधिकारहरू श्री ३ महाराजपछि यिनैमा प्रतिस्थानमा गरिएको हुन्थ्यो।[४०] राणाकालमा कमान्डर-इन-चिफलाई मुख्तियार भनिन थाल्नाको कारण वि.सं. १८२५ देखि १९०३ सम्मको शाहकालीन मुख्तियारको स्थानसँग दाँज्नलाई राखिएको हो कि भनी शङ्का गर्न सकिन्छ।

कमान्डर-इन-चिफ भन्ने शब्दले सैनिक प्रशासन सञ्चालन गर्ने कुरा प्रष्ट भएता पनि, यो कार्य सिनियर कमान्डिङ्ग जनरल (प.क.ज.) को अधीनमा राखिएको थियो। अत: कमान्डर-इन-चिफ, सेनाको निरीक्षण गर्ने, सैनिक अधिकृतहरूको र सिपाहीहरूको नियुक्तिलाई स्वीकृति गर्ने, सैनिक योजना बनाउने इत्यादि कार्य मात्र गर्दथे।[४१] त्यसैले के भन्न सकिन्छ भने यिनमा देशको साथसाथै क्षेत्रीय अखण्डताको सुरक्षा गर्ने पुरापूर जिम्मा दिइएको थियो। आवश्यक परेको खण्डमा, देशलाई युद्धको डर भएमा वा लडाईं लड्नु परेमा प्रधानमन्त्रीले झैं युद्धमा यिनले पनि सेनाको नेतृत्व गर्दथे।

---

३९. डिल्लीरमण रेग्मी- माथि उल्लिखित पाद टिप्पणी नं. २७, पृष्ठ ७

४०. एच. एन. अग्रवाल- माथि उल्लिखित पाद टिप्पणी नं. १९, पृष्ठ ३२

४१. ऐजन

यसरी निजामतीतर्फका प्रमुख भएता पनि यिनी वास्तविक 'जनप्रशासन' का प्रमुख थिए र यिनले प्रशासनको नै रेखदेख गर्नु पर्दथ्यो।[४२] त्यसैले यस पदलाई बढी आकर्षित गराउन चन्द्रशमशेरले आफ्नो समयमा १५ वटा मुख्य अड्डा, विभाग र ५७ वटा साधारण अड्डा वा विभागको जिम्मा पनि कमान्डर-इन-चिफलाई नै दिएका थिए।[४३] जसमा धेरैजसो साधारण कर्मचारी राणा वर्गहरू थिए। त्यसैले के शङ्का गर्न सकिन्छ भने यसरी अड्डाहरूलाई कमान्डर-इन-चिफको अन्तर्गत राख्नाको अर्थ उनको पदलाई आकर्षित बनाउनु र अड्डाहरूलाई आकर्षित गराउनु भन्दा पनि बढी चन्द्रशमशेरको 'सुरक्षात्मक नीति' थियो कि ? किनभने उनको समयमा राणा विरोधी भावनाको जागृत हुन थालिसकेको थियो। जुन भावनाले नेपाली जनताहरूलाई पनि प्रभाव पार्न थालिसकेको थियो। अत: त्यस किसिमको भावना अड्डा अदालतमा पनि प्रचार नहोस् भनी, हुन नसकोस् भनी त्यस प्रकारको व्यवस्था गरेको हुन सक्दछ ? त्यसैले के भन्न सकिन्छ भने कमान्डर-इन-चिफको सैनिकमा भन्दा बढ्ता प्रशासनिक क्षेत्रमा उत्तरदायित्व थियो।

यिनले रेखदेख गर्ने मुख्य अड्डा वा विभागहरू मुलुकी अड्डा (गृह तथा साधारण), कुमारी चोक (लेखा तथा लेखा परीक्षण), ऐन खाना (कानुन), कौशल (भारदारी), तोषाखाना, कितावखाना (निजामती तथा सैनिक दर्ता), मुलुकी खाना र कौषी (राष्ट्रिय ढुकुटी), विन्तीपत्र निक्सारी अड्डा, मुलुक बन्दोबस्त अड्डा इत्यादि हुन्।[४४]

कमान्डर-इन-चिफ नै प्रधानमन्त्रीको अनुपस्थितिमा कार्यवाहक प्रधानमन्त्री भई देशमाथि शासन गर्दथे। अरू अधिकृतहरूलाई झैं यिनलाई पनि वार्षिक ५० देखि ६० हजारको जागिर दिइन्थ्यो।[४५] यसैगरी राणा अधिकृतहरू झैं यिनले पनि आगामी प्रधानमन्त्रीको हैसियतले सम्पूर्ण आवश्यक सुविधाहरू नि:शुल्क प्राप्त गर्दथे- राज्यका तर्फवाट ...।[४६]

कमान्डर-इन-चिफले १७ तोपको सलामी पाउने गर्दथे। तर पछि श्री मोहनशमशेर आफू प्रधानमन्त्री भएपछि आफूलाई २१ तोपको सलामी दिने चलन

---

४२. ऐजन

४३. ऐजन, पृष्ठ ३२

४४. साम्वभक्त पन्त- माथि उल्लिखित पाद टिप्पणी नं. १, पृष्ठ ८६

४५. सतीसकुमार- माथि उल्लिखित पाद टिप्पणी नं. ३, पृष्ठ ९६

४६. एच. एन. अग्रवाल- माथि उल्लिखित पाद टिप्पणी नं. १९, पृष्ठ ३३

चलाए र कमान्डर-इन-चिफ बबरशमशेरलाई एन्ड कमान्डर-इन-चिफको पदवी दिएर २९ तोप दिने चलन चलाए।[४७] यसरी के भन्न सकिन्छ भने राणा शासनमा श्री ३ महाराजपछि दोस्रो शक्तिशाली व्यक्ति कमान्डर-इन-चिफ नै थिए।

सिनियर कमान्डिङ्ग जनरल (प.क.ज.)

राणाकालीन प्रशासनमा कमान्डर-इन-चिफमुनि र प्रधानमन्त्री श्री ३ महाराजको रोलक्रममा रहेका तेस्रो व्यक्तिलाई सिनियर कमान्डिङ्ग जनरल भनेर भनिन्थ्यो। यिनलाई पश्चिमतर्फका सिनियर कमान्डिङ्ग जनरल भनेर पनि भनिन्थ्यो। किनभने यिनी नेपालको पश्चिमपट्टिको फौजमा मुख्य कमान्डिङ्ग जनरल पनि थिए। यसरी नै पूर्व, दक्षिण र उत्तरपट्टिका अरू कमान्डर जनरलहरूमध्ये यिनलाई विशेष अधिकार प्रदान गरिएको थियो।[४८] जसले गर्दा यिनमा सैनिकहरूको र सैनिक प्रशासनको बढी उत्तरदायित्व बहन गराइएको थियो भनेर भन्न सकिन्छ। यिनी उपर 'नेपाली सेना' को खास उत्तरदायित्वको जिम्मा थियो।[४९]

यिनलाई छोटकरीमा प. क. ज. (पश्चिमतर्फका कमान्डिङ्ग जनरल) भनेर भनिन्थ्यो। तर वास्तवमा यिनी 'लाठ साहेब' ले प्रसिद्ध थिए। किनभने उनले देशको सैनिक कार्यपट्टिको प्रशासन चलाउँदथे र सैनिकका यिनी मुख्य हाकिम थिए। कमान्डर-इन-चिफको अनुपस्थितिमा उनले सो पदको काम पनि सम्हाल्ने गर्दथे। यिनको मुख्य काम सैनिकको राम्रो व्यवस्था मिलाउन जो चाहिने आदेश, स्वीकृति वा निर्णय श्री ३ महाराजबाट लिने गर्दथे र सोही बमोजिम कार्य गर्दथे।[५०]

नेपाली सेनाको खास उत्तरदायित्व यिनी उपर नै रहेकाले, देशको रक्षा गर्ने कार्यको जिम्मा र सैनिक संगठनको कार्य गर्ने जिम्मा यिनलाई नै थियो। सैनिक प्रशासन चलाउनको निम्ति नै यिनलाई 'जङ्गी अड्डा' को प्रमुख बनाइएको थियो।

जङ्गी अड्डाको प्रमुख भएको नाताले यिनले प्रधानमन्त्री श्री ३ महाराज र कमान्डर-इन-चिफको स्वीकृतिबमोजिम जङ्गीपट्टिका सर्भे, अफिसर र सैनिकहरूको नियुक्ति, भर्ना र बढुवा गर्ने कार्य गर्दथे र अफिसर र सैनिकहरूलाई दिनु पर्ने मान

---

४७. साम्वभक्त पन्त- माथि उल्लिखित पाद टिप्पणी नं. १, पृष्ठ ८६

४८. एच. एन. अग्रवाल- माथि उल्लिखित पाद टिप्पणी नं. १९, पृष्ठ ३३

४९. ऐजन

५०. ऐजन

पदवी, तक्मा आदिको लागि यिनले श्री ३ महाराजमा सिफारिस गर्दथे।[५१] यिनले सैनिक वर्गलाई पर्न गएको पीरमर्का, विन्तिपत्र, रिपोर्ट सुन्ने गर्दथे। आफूलाई दिएको अधिकार भित्रका कुराको निर्णय दिनाका साथै आफूले निर्णय गर्न नहुने कुरा कमान्डर-इन-चिफ वा श्री ३ महाराजसँग सोधेर जो चाहिने निर्णय दिन्थे। यस बाहेक जङ्गीतर्फका कर्मचारीहरूलाई विरामी विदा, घर विदा र अरू प्रकारको छुट्टि दिने अधिकार पनि यिनलाई नै थियो।[५२]

यसरी कार्य गरे वापत यिनलाई पनि वार्षिक ५० हजार जतिको जागिर दिएको हुन्थ्यो। यसका साथै आवश्यक सुविधाहरू निःशुल्क राज्यतर्फबाट प्राप्त गर्दथे।[५३] यिनलाई १५ तोपको सलामी दिने चलन थियो।[५४]

तीन-पूर्वी, दक्षिणी र उत्तरी कमान्डिङ्ग जनरलहरू

सिनियर कमान्डिङ्ग जनरल अर्थात् प. क. ज. पछिको पद पूर्वी कमानडिङ्ग जनरल, त्यसपछि दक्षिणी कमान्डिङ्ग जनरल र त्यसपछि उत्तरी कमानडिङ्ग जनरलको स्थान हुन्थ्यो।

यी कमार्नडिङ्ग जनरलहरूले आफ्नो पद अनुरूप नेपालको पूर्व, दक्षिण र उत्तर पट्टिको सैनिक प्रशासनको हेरचाह गर्नाको साथसाथै त्यस ठाउँको साधारण प्रशासनको कार्यहरूलाई पनि हेर्नु पर्दथ्यो।[५५]

श्री ३ महाराजको ज्यादै विश्वास हुन गएकामा यिनीहरूलाई 'तैनाथ वाल' को उपाधि दिई केही प्रशासनिक विभागको प्रमुख बनाइ दिन्थे। यस्तोमा दिइने विभागहरू हुलाक, टेलिफोन, जङ्गल, काठ गोदाम, म्युनिसिपलिटी इत्यादि हुन्थे।[५६]

यिनीहरूको कार्यालय साधारण तथा तिनीहरूकै निवासस्थानमा हुन्थे। सैनिक कमान्डरको हैसियतले उनको मातहतमा रहेको या पर्न गएको सैनिक उत्सवहरू निजहरूको आदेशमा हुने गर्दथ्यो।[५७]

---

५१. सतीसकुमार- माथि उल्लिखित पाद टिप्पणी नं. ३, पृष्ठ ९८

५२. एच. एन. अग्रवाल- माथि उल्लिखित पाद टिप्पणी नं. १९, पृष्ठ ३३

५३. ऐजन

५४. साम्वभक्त पन्त- माथि उल्लिखित पाद टिप्पणी नं. १, पृष्ठ ८७

५५. सतीस कुमार- माथि उल्लिखित पाद टिप्पणी नं. ३, पृष्ठ ९८

५६. एच. एन. अग्रवाल- माथि उल्लिखित पाद टिप्पणी नं. १९, पृष्ठ ३३

यिनीहरूलाई पनि अरू अधिकृतहरूलाई झैं सैनिक उपाधिहरू दिनाको साथै वार्षिक ४० हजारको जागिर तोकिएको थियो। यी बाहेक आवश्यक सुविधाहरू निःशुल्क राज्यबाट प्राप्त गर्दथे।[५८]

नेपालको पूर्वी, दक्षिणी र उत्तरी भागका सैनिक कमान्डिङ्ग जनरल भएको नाताले यिनीहरूले १३ तोपको सलामी पाउने गर्दथे।[५९]

यी माथि उल्लेख गरिएका पदहरू र व्यक्तिहरू राणाकालीन एक तन्त्रीय शासनको मुख्य पद र व्यक्तिहरू हुन्। यसरी राणा शासन एक गुटमा आधारित भएको देखिन्छ।

माथि उल्लिखित पद र व्यक्तिहरू पछि क्रमिक रूपमा जनरलहरू, लेफ्टिनेन्ट जनरल, मेजर जनरल, कर्णेल र लेफ्टिनेन्ट कर्णेलहरू हुन्थे। यी पदहरूमा सत्र भाइ राणाहरूको नै परिवारहरूले प्राप्त गर्दथे। यिनीहरूले प्रत्येक दिन टुँडिखेलमा हुने सैनिक परेडमा हाजिर हुनु पर्दथ्यो र श्री ३ महाराजबाट तोकिदिएको अड्डामा काम गर्नु पर्दथ्यो।[६०] यसमा पनि श्री ३ महाराजलाई विश्वास लागेको व्यक्तिलाई डाइरेक्टर पदमा नियुक्ति गरेर निश्चित कार्य सुम्पेको हुन्थ्यो। उदाहरणका निम्ति चन्द्रशमशेरको समयमा यिनीहरूमध्ये केहीलाई शिक्षाको अनेकौं शाखा अङ्ग्रेजी, संस्कृत, नेपाली टेक्निकल इत्यादिको डाइरेक्टर जनरल बनाइएको थियो। जुद्धशमशेरको समयमा यिनीहरूलाई अरू ठाउँ जस्तो घरेलु उद्योग, वाणिज्य, पुलिस र स्वास्थ्यमा पनि नियुक्ति दिइएको थियो।[६१]

यिनीहरूमध्ये आर्थिक रूपले केही कमजोर भएकाहरूलाई वर्षको एकपटक जाने गरेको दौडाहा दलमा मुख्य हाकिम या व्यक्ति बनाएर पठाउने गर्दथे।[६२] यो दौडाहा प्रथा वीरशमशेरले चलाएका हुन्। यस प्रथाले जिल्ला प्रशासनमा केही सुधार गरेता पनि यस प्रथालाई राणा प्रधानमन्त्रीले आफ्नो मान्छेलाई धन कमाउन दिने साधनको रूपमा देखेका थिए र प्रयोग पनि त्यस्तै रूपमा गरेका थिए।

---

५७. साम्वभक्त पन्त- माथि उल्लिखित पाद टिप्पणी नं. १, पृष्ठ ८८

५८. एच. एन. अग्रवाल- माथि उल्लेखित पाद टिप्पणी नं. १९, पृष्ठ ३३

५९. साम्वभक्त पन्त- माथि उल्लेखित पाद टिप्पणी नं. १, पृष्ठ ८८

६०. ऐजन

६१. एच. एन. अग्रवाल- माथि उल्लिखित पाद टिप्पणी नं. १९, पृष्ठ ३४

६२. साम्वभक्त पन्त- माथि उल्लिखित पाद टिप्पणी नं. १, पृष्ठ ८८

माथि उल्लिखित पद प्राप्त गरे वापत निजहरूले वार्षिक २५००।- देखि १८००।- सम्मको जागिर पदअनुसार प्राप्त गर्दथे।[६३]

निजामती भारदारको सर्वोच्च पदको अधिकार श्री ३ महाराज प्रधानमन्त्रीको थियो। त्यसपछि उच्च निजामती पदहरूमा राणाका भाइ, छोरा र नातिहरूको रोलक्रमको आधारमा एकाधिकार गरिएको थियो।[६४]

त्यसपछि निजामती सेवातर्फका विभिन्न पदहरू निम्न प्रकारका थिए-

बडा गुरुज्यू, गुरुज्यू, चौतरिया, काजी, पुरोहित, खजान्ची, सरदार, कपरदार, मीर सुब्बा, मुलुकी सुव्वा, सुव्वा अमिर सुब्बा, सुब्बा वैद्य, नौसो खान्य वैद्य (?), खरदार, नायव खरदार, डिठ्ठा, नायव डिठ्ठा, वैद्य, पुरानो पुरोहित, मुखिया, नायव मुखिया, विचारी, राइटर, नायव राइटर, वहिदार, नौसिन्दा, चोवेदार, तहवीलदार, कोतवाला, मुन्सी, ढोका द्वार्य (?) थिए। यस बाहेक ज्यादै तल्लो तहका पाले, सिपाही आदि थिए।[६५]

यी समयका कर्मचारीहरूको पदलाई हेर्दा मोगल र पेशवा शासनको छाप परेको देखिन्छ।

राणाकालीन प्रशासनिक कार्यालयहरू

वि.सं. १९०३ मा प्रधानमन्त्री जङ्गबहादुरको अभ्युदयदेखि सुरु भएको राणा शासनको व्यवस्था पारिवारिक शासन व्यवस्था थियो भन्ने कुरा हामीले माथि नै वर्णन गरिसकेका छौं। जङ्गवहादुरको समयदेखि समयसमयमा प्रशासनमा सुधार ल्याउन राणा शासकले या प्रशासनले प्रयत्न गरेका थिए। खासगरी श्री ३ महाराज जङ्गबहादुरले ब्रिटेनको भ्रमण गरेपछि ब्रिटिस शासन प्रणालीद्वारा निक्कै प्रभावित भएर नेपालमा प्रशासन सुधार गर्नपट्टि ध्यान दिए। यस अनुसार नेपालमा 'मुलुकी ऐन' र अरू धेरै सनद सवाल तयार गरी प्रशासनलाई नयाँ मोड दिन खोजेको पाइन्छ।

वि.सं. १९०३ देखि वि.सं. २००१ सालसम्मको प्रशासन व्यवस्थामा नेपालको निजामती सेवा र प्रशासन व्यवस्थामा क्रमिक विकास हुँदै आएको पाइन्छ। यसै समयदेखि संगठित रूपमा अड्डाखानाहरूको स्थापना हुन थाल्यो। उनीहरू त्यति

६३. एच. एन. अग्रवाल- माथि उल्लिखित पाद टिप्पणी नं. १९, पृष्ठ ३४

६४. ऐजन

६५. सतीसकुमार- माथि उल्लिखित पाद टिप्पणी नं. २, पृष्ठ ९९ र साम्वभक्त पन्त- माथि उल्लिखित पाद टिप्पणी नं. १, पृष्ठ ८९

शिक्षित नभएता पनि समयानुसार बुद्धिमान र राजनीतिज्ञ थिए। आफ्नो शासनको जग बसिसकेकाले राणाले यस्त प्रकारको प्रशासन व्यवस्था मिलाउन सफल भएको पाइन्छ। यसरी शासन व्यवस्थामा पनि नियमानुसार सामयिक सुधार ल्याउने प्रयत्न गरे।

राणाकालको प्रशासनिक कार्यहरू संगठित रूपमा हुँदैनथ्यो। अधिराज्यको शासन केन्द्रीकरण गरिएको थियो। सारा शक्ति एउटै व्यक्ति प्रधानमन्त्री श्री ३ सरकारको हातमा भएकाले गर्दा सबै महत्त्वपूर्ण काम राजधानीमा नै हुन्थ्यो। सबै प्रमुख अड्डाखानाहरू राजधानीमा नै थिए। तर, ती विभिन्न सरकारी निकायहरूको बीचमा समन्वय ल्याई सुचारु रूपले प्रशासनिक कार्य चलाउन कुनै केन्द्रीय सचिवालयको अस्तित्व थिएन। ती अड्डाहरू रोलवाला राणाहरूको निवासस्थानमा स्थापना गरिएका थिए।[६६]

पछि चन्द्रशमशेरले आफ्नो समयमा एक दरबार बनाइ (सिंहदरबार) त्यही दरबारमा नै केन्द्रीय प्रशासन कार्यालय खोलेका थिए।[६७] यहीबाट प्रधानमन्त्रीले अड्डा अदालत नियन्त्रण गर्ने निर्देशन दिने र प्रशासनको विभिन्न शाखाहरूको बीच समन्वयता ल्याउने काम गर्दथे।

राणाकालीन प्रशासन उनको नै वंशमा निर्धारित भएकोले त्यतिखेर खोलिने नयाँ अड्डाहरू र सिर्जना गरिएका नयाँ पदहरूको अर्थ एउटै हुन्थ्यो- "शक्ति आफूमा निर्धारण गर्नु" हो भनी भन्न सकिन्छ। त्यसैले राणाकालीन पूर्वका प्रशासन र राणाकालीन प्रशासनमा यही फरक थियो कि "अगाडि आफ्नो मान्छे मात्रको नियुक्ति हुन्थ्यो या गरिन्थ्यो भने पछाडि आफ्नो नै वंशको मान्छेलाई नियुक्ति गरिन्थ्यो।"

अतः राणा शासकहरूले पूर्व राणाकालीन समयमा यस देशमा प्रशासन सञ्चालन गर्न खडा गरिएका मुख्य मुख्य अड्डाहरू यथावत् नै राखी जनसाधारण प्रशासनलाई सुचारु रूपले सञ्चालन गर्न विभिन्न अड्डाखानाहरू खडा गरे। जुन यस प्रकार छन्।

खड्ग निशाना अड्डा

जुन प्रकारले श्री ५ महाराजाधिराजको लालमोहर नलागेमा कुनै प्रकारको मान, पदवी, अड्डा जागिर ऐन र सवाल आदिले कानुनी रूप प्राप्त गर्न सक्दैन त्यस्तै प्रकारले राणाकालीन समयमा श्री ३ महाराजको खड्ग निशाना नलागेमा कुनै कुराको

---

६६. एच. एन. अग्रवाल- माथि उल्लिखित पाद टिप्पणी नं. १९, पृष्ठ ३५

६७. एच. एन. अग्रवाल- माथि उल्लिखित पाद टिप्पणी नं. १९, पृष्ठ ३५

पनि मान्यता हुँदैनथ्यो। राणा प्रधानमन्त्रीहरूले यसलाई लालमोहरको दाँजोमा ल्याउन खोजेका थिए।

खड्ग निशाना भन्नाले एउटा कुनै निर्णय गरेको कागतको शिरमा प्रधानमन्त्री श्री ३ महाराजले आफ्नै हातले खड्गको निशाना लगाएर त्यसभन्दा मुन्तिर आफूले आफ्नो नामका सहिछाप गर्ने गर्दथे र प्रमाणको लागि कमान्डर-इन-चिफदेखि खड्ग निशाना अड्डाका हाकिमलगायतले पुछारमा सही या छाप गरेको वा लगाएको हुन्थ्यो।[६८]

यस खड्ग निशाना अड्डाको स्थापना कहिले भयो भन्ने विषयमा भिन्दाभिन्दै विचारहरू देखा पर्छन्।

वडाकाजी माणिकलालको भनाइअनुसार यसको स्थापना ई. सं. १९१७ मा चन्द्रशमशेरले गरेका हुन भन्ने छ,[६९] अर्का एक लेखकका भनाइअनुसार यसको स्थापना श्री ३ महाराज वीरशमशेरको पालामा उनले नै गरेका थिए। तर ई. सं. १९१७ मा चन्द्रशमशेरले छाप निकालेका हुन भन्ने छ।[७०]

तर वास्तविकतामा वीरशमशेरले कुनै पनि विवरण लेखिएको कागतमा दस्तखत गर्ने चलन चलाएका थिए र यसको लागि एक अड्डा पनि स्थापना गरेका थिए। यस प्रथालाई देवशमशेरले कायमै गरेपछि चन्द्रशमशेरले ई. सं. १९१७ मा सही गर्दा छाप लगाउने चलन पनि चलाए। सो छापको चिह्न खड्ग भएकाले खड्ग निशाना भनियो र जुन अड्डा मार्फत् यी कार्य गरिन्थ्यो त्यसलाई नै निशाना अड्डा भनिन थालियो। यसरी अगाडि वीरशमशेरले जुन अड्डा मार्फत् विवरण लेखिएका कागतमा दस्तखत गर्ने गर्थे, त्यही अड्डाको नाम पछाडि खड्ग निशाना अड्डा भनिन गएको थियो।

खड्ग निशाना अड्डा प्रधानमन्त्री श्री ३ महाराजको मातहतको एक मुख्य अड्डा थियो। प्रशासनिक दृष्टिकोणबाट हेर्दा यस अड्डालाई प्रशासनको अङ्गमा सबैभन्दा माथिल्लो प्रशासनको यन्त्र मान्न सकिन्छ।[७१] यसै अड्डाको नियन्त्रणमा नेपाल अधिराज्यको सारा प्रशासन सञ्चालन गरिएको थियो। यो अड्डा खडाभएदेखि केन्द्रीकरण र साधारण प्रशासनलाई झन् बढी केन्द्रीकरण गर्‍यो।

---

६८. वडाकाजी माणिकलाल- राणाहरूको निजामति शासन प्रणाली- (अप्रकाशित), पृष्ठ ३

६९. ऐजन, पृष्ठ ७-८

७०. साम्वभक्त पन्त- माथि उल्लिखित पाद टिप्पणी नं. १, पृष्ठ १०१

७१. एच. एन अग्रवाल- माथि उल्लिखित पाद टिप्पणी नं. १९, पृष्ठ ३५

यस अड्डाले नेपाल अधिराज्यको सारा अड्डा खानालाई खड्ग निशानाद्वारा प्राप्त भएको सनद र सवालको आधारमा काम गर्ने “सर्वोपरी आदेश” मान्नु नै पर्दथ्यो।[७२]

यस अड्डाद्वारा कानुन लागु गर्ने, संशोधन गर्ने र कानुन खारेज गर्ने, अधिकार सदर गर्ने, मुख्तियारलाई अधिकार प्रदान गर्नु, विर्ता दिनु, जुवा खेल्नु हुकुम दिनु र सबै नियुक्ति, बढुवा र पजनी गर्नु आदि सबै कुराको निर्णय (यसै अड्डाद्वारा) श्री ३ महाराजको हुकुमबमोजिम खड्ग निशाना लागि जान्थ्यो। जसमा कमान्डर-इन-चिफको पनि साक्षी अनुरूप सही हुन्थ्यो।[७३] जुन नेपाल अधिराज्यभर लागू हुन्थ्यो।

यस अड्डामा एक हाकिम, एक काजी, एक सरदार, एक सुब्बा, एक साधनी र अरू कर्मचारीहरू रहन्थे।[७४] यसका नामी हाकिमहरूमा काजी नारायणभक्त माथेमा, वडाकाजी रत्नमान सिंह, सरदार भूपध्वज कार्की, मो: सु. मदनकृष्ण श्रेष्ठ, सरदार उपेन्द्रपुरुष ढकाल जस्ता व्यक्तिहरू थिए।

विन्तिपत्र निक्सारी अड्डा

यो अड्डा श्री ३ महाराज प्रधानमन्त्री श्री चन्द्रशमशेरले स्थापना गरेका हुन्।[७५] वास्तविक रूपमा यो एक उच्च अदालत हो जहाँ सुरुको मुद्दा र अपिल गरिएको दुवै प्रकारको मुद्दा हेरिन्थ्यो। तापनि यसलाई त्यतिखेर ‘कोर्ट अफ अपिल’ (Court of appeal) भनी भनिन्थ्यो। यसले साधारण तथा फौजदारी दुवै प्रकारको मुद्दा हेर्दथ्यो।[७६]

यो अड्डा प्रधानमन्त्रीको नियन्त्रणमा या मातहतमा रहेको न्यायपालिकातर्फको उच्च अड्डा हुन गयो। जसले गर्दा देशभरिको न्याय प्रशासनलाई क्रमबद्धताको आधारमा स्वतन्त्र राखिने व्यवस्था गरियो।[७७]

यो अड्डा प्रारम्भिक र अपिल क्षेत्र दुवै हुनाले यो नै अन्तिम निर्णय दिने अड्डा भयो। यसबाहेक आफूमाथि अन्याय पर्न गएको उजुरीलाई लिएर तल्ला तहका कर्मचारीहरूवाट साधारण जनताले चढाएको विन्तिपत्र उजुरीलाई बुझ्ने सवैभन्दा माथिल्लो तहको अड्डा थियो। यस्तै गरी यस अड्डाले सम्बन्धित अड्डा वा

---

७२. वडाकाजी माणिकलाल- माथि उल्लिखित पाद टिप्पणी नं. ६८, पृष्ठ ३

७३. ऐंजन

७४. ऐंजन

७५. ऐंजन

७६. ऐंजन

७७. ऐंजन

अदालतको हाकिम वा सम्वन्धित व्यक्तिसँग पर्न गएको अपिल बारे स्पष्टीकरण माग्नाको साथै प्राप्त भएको स्पष्टीकरणको आधारमा आफ्नो राय प्रकट गरी विन्तिपत्रका साथै श्री ३ महाराजमा जाहेर भएपछि "महाराजको निर्णय नै अन्तिम निर्णय मानिन्थ्यो।"[७८]

यो अड्डा खोलिनाको मुख्य कारण के थियो भन्ने विषयमा अग्रवालले वि.सं. १९६४ भाद्र २३ को एक खड्ग निशाना सनदलाई अगाडि राखेका छन्। जसमा भनिएको छ।

> "जनताले (दुनियाँ) विन्तिपत्र चढाएर पनि धेरै समयसम्म अलमलिनु परेकाले यस्ता कुराको तुरुन्तै निर्णय गर्न चिफसाहेवले (कमान्डर-इन-चिफ) पर्न आएका सबै विन्तिपत्रहरूलाई दोहऱ्याएर जो चाहिने गर्न आदेश दिनाका साथै महाराजको जुनाफमा जाहेर गरी हुकुम बक्सेबमोजिम खड्ग निशाना लगाएर पठाउनु"।[७९]

यस्तैगरी विन्तिपत्र निक्सारी अड्डाको प्रशासन चलाउन निश्चित नियम वि.सं. १९६४ कार्तिक १३ गतेको खड्ग निशानअनुसार सनदद्वारा निश्चित गरिएको थियो। जस्मा भनिएको छ,

> "... विन्तिपत्र सबैभन्दा पहिले श्री ३ को जुनाफमा जानु पर्दछ। जसमा श्री ३ महाराजको तोक छाप लागेपछि त्यो विन्तिपत्र तोकिएको अड्डामा छानविन गर्न र सूचना दिन पठाइन्छ। त्यसपछि चिफ साहेबले सम्बन्धित अड्डाले रोकेको छ/छैन हेर्नु पर्दछ। सम्बन्धित अड्डाले तुरुन्त भएको व्यहोरा लेखी तोक लगाएर पठाउनु पर्छ। चिफ साहेबले आफ्नो तोक छापलगाएर जुनाफमा पठाउनु पर्दछ। विन्तिपत्र निक्सारी अड्डाबाट जुनाफको निर्णय भएपछि ती निर्णयहरूमा अन्तिम कार्यका लागि श्री ३ महाराजको खड्ग निशाना छाप लाग्नेछ।"[८०]

यस्तै प्रकारका विन्तिपत्रहरूको निर्णय र चलानी गर्ने अवधि ७ दिनदेखि ३५ दिनको म्याद राखिएको हुन्थ्यो।[८१] बाबुराम आंचार्यका भनाइअनुसार,

---

७८. एंजन, पृष्ठ ३६

७९. एंजन

८०. एच. एन. अग्रवाल- माथि उल्लिखित पाद टिप्पणी नं. १९, पृष्ठ ३६-३७

८१. एंजन

"बिन्तिपत्र श्री ३ महाराज प्रधानमन्त्री वा चिफ साहेब (कमान्डर-इन-चिफ) कसैलाई पनि" बिन्तिपत्र निसानी अड्डा मार्फत् दिन सकिन्थ्यो। त्यतिखेर दिइने बिन्तिपत्रहरू १ रुपैयाँ जाने खाममा राख्नु पर्दथ्यो। तर पछाडि गएर २ प्रकारका मुद्दाहरू छुट्याई खाली महत्त्वपूर्ण मुद्दाहरू श्री ३ महाराजमा र अरू चिफ साहेब कहाँ जाने गराएका थिए।[८२]

यसको अड्डा सञ्चालन गर्न एकजना कर्णेल, जो राणा मात्र हुन्थे। यी वाहेक अरू राणाबाट एकजना सरकारलगायत सुब्बा, डिट्टा र विचारीहरू हुन्थे।[८३] यस अड्डाका नामुद हाकिमहरूमा जज अनगमान,क क. शमशेरविक्रम राणा, क. कृष्णविक्रम राणाहरू थिए।

चन्द्रशमशेरपछि प्रधानमन्त्री श्री ३ महाराज भीमशमशेरले यस अड्डाको नाम "अपिल निक्सारी अड्डा" राखे। नेपालका विभिन्न अदालतहरूवाट अपिल गरेको विन्तिपत्र र कुनै व्यक्तिवाट ठाडो चढाएको बिन्तिपत्र पनि हेर्ने चलन चलाए।[८४]

मुलुकी बन्दोबस्त अड्डा

"मुलुकी अड्डा" मेदिनीप्रसाद राजभण्डारीका अनुसार श्री ३ महाराज जङ्गबहादुरको समयमा स्थापना गरिएको थियो।[८५] तर पछाडि गएर यसैको नाम चन्द्रशमशेरले "मुलुकी वन्दोबस्त अड्डा" राखे।[८६]

यसले नेपालका प्रधानमन्त्री श्री ३ महाराजसमक्ष राज्यको प्रशासन सुचारु रूपले सञ्चालन गरिने सदन, सवाल, सरकारी कर्मचारीका लागि प्रदान गरिने कानुन, नियम, सनद र सवालका साथै जनताले पालन गर्नुपर्ने कानुनहरू निकाल्न सिफारिस गर्दथे र श्री ३ महाराजले स्वीकार गरेका यस्ता कानुन नियम, सनद र सवालहरू नेपाल अधिराज्यभर लागू गर्ने कार्य पनि गर्दथ्यो।"[८७]

---

८२. ऐजन

८३. ऐजन

८४. ऐजन

८५. सतीस कुमार- मायि उल्लिखित पाद टिप्पणी नं. ३, पृष्ठ १०१

८६. एच. एन. अग्रवाल- माथि उल्लिखित पाद टिप्पणी नं. १९, पृष्ठ ३८

८७. सतीस कुमार- मायि उल्लिखित पाद टिप्पणी नं. ३, पृष्ठ १०१

जनताबाट पर्न आएको विन्तिपत्र र उजुरीपत्रहरू श्री ३ महाराजसमक्ष पेश पनि गर्दथ्यो।

यस अड्डाले विभिन्न जिल्लाहरूबाट प्राप्त भएको न्याय, शान्ति र सुव्यवस्था मालपोत आदिको बारेमा रिपोर्टहरू हेर्नाका साथै सम्बन्धित अधिकारहरूलाई जो चाहिने आदेशहरू पठाउने गर्दथ्यो।

यस अड्डाले विभिन्न जिल्लाहरूबाट आम्दानी भएको मालपोतको उठ्तीको जाँच गर्नाका साथै जम्मा भएका मालपोतको विवरणहरू राम्ररी राख्ने गर्दथ्यो। यस अड्डाको मुख्य काम खास गरेर मालपोतपट्टिको प्रशासन चलाउने देखिन्छ। पछि गएर यी कार्यहरू बढ्दै गएकाले मालपोत उठाउने कार्यलाई राम्ररी सञ्चालन गर्नको निम्ति यस अड्डा श्री ३ महाराज रणोद्वीप सिंहले 'पहाड बन्दोबस्त' र 'मधेश बन्दोबस्त' दुई विभागको स्थापना गरे।[८८] यसरी पहाडतर्फको मालपोत उठाउने र त्यससम्बन्धी विवरण 'मधेश वन्दोबस्त' अड्डाले राख्ने कार्य हुन थाल्यो।

पछाडि गएर दिनपर दिन बढ्दै गएको प्रशासनिक कार्यहरूले गर्दा र तिनीहरूलाई व्यवस्थित ढङ्गले चलाउन चन्द्रशमशेरले आफ्नो कमान्डर-इन-चिफ भएको समयमा र पछि प्रधानमन्त्री श्री ३ महाराज भएको समयमा नेपालको प्रशासनलाई पुनर्गठन गरी विभिन्न नयाँ अड्डाहरू स्थापना गरेका थिए।[८९]

यससम्वन्धी तत्कालीन ब्रिटिस रेसिडेन्ट जे. मेनर स्मिथको भनाइअनुसार चन्द्रशमशेरले आफ्नो प्रधानमन्त्री श्री ३ महाराज भएको समयमा यस अड्डाको पुनर्गठन गरी विभिन्न नयाँ शाखा अड्डाहरू यसै अन्तर्गत रहने गरी स्थापना गरेका थिए। उनी भन्छन्-

> "... चन्द्रशमशेरले प्रशासनलाई नयाँ रूप दिन काठमाडौं र काठमाडौं बाहिरका प्रशासनलाई सुचारु रूपले चलाउन, मालपोत सुव्यवस्थित रूपले उठाउन, यस अड्डालाई नयाँ प्रकारले गठन गरेका थिए।"[९०]

यसरी चन्द्रशमशेरको समयमा यस अड्डाको 'गृह' र 'सामान्य विभाग अन्तर्गत निम्न अड्डाहरूको स्थापना गरेका थिए।[९१]

---

८८. साम्वभक्त पन्त- माथि उल्लिखित पाद टिप्पणी नं. १, पृष्ठ ९७

८९. पर्सिवल लन्डन- माथि उल्लिखित पाद टिप्पणी नं. २३, भाग २, पृष्ठ ९८-९९

९०. एच. एन. अग्रवाल- माथि उल्लिखित पाद टिप्पणी नं. १९, पृष्ठ ३८

९१. ऐजन

१. ऐन-सवाल फाँट
२. मुलुकी अड्डा पुंजीफाँट
३. मुलुकी अड्डा रिपोर्ट निक्सारी फाँट
४. मधेश बन्दोबस्त फाँट
५. नेपाल पहाड बन्दोबस्त फाँट
६. मास्केवारी फाँट (यो फाँट जुद्धशमशेरले स्थापना गरेको भनेर पनि भनिन्छ)
७. रकम बन्दोबस्त फाँट, र
८. काठमहल निक्सारी फाँट थिए।

यसरी यस अड्डाअन्तर्गत जिल्लाजिल्लाबाट आएको कानुन तथा नियम विषयक प्रतिवेदनहरू माथि विचार गर्ने, तोक पठाउने कार्यहरू, जुन अगाडि 'कौशल' ले गर्दथ्यो, त्यो पनि यसैले गर्ने गराए। यसरी चन्द्रशमशेरले यसलाई (कौशल) 'गृह' विभाग अन्तर्गतका एक भाग बनाए।[१२]

यो विभाग मुख्तियार (कमान्ड़र-इन-चिफको) निगरानीमा हुन्थ्यो। दिनपरदिनको कार्य सञ्चालन गर्न यस अड्डाको हाकिम एक रहन्थ्यो, जसलाई मुलुकी सुब्बा भनिन्थ्यो। जसको स्तर 'मिर सुब्बा' को हुन्थ्यो। पछाडि जुद्धशमशेरको समयमा यसको हाकिम एक 'काजी' हुन थाल्यो।[१३] यस अड्डाका नामुद हाकिमहरूमा सुब्बा हृदयरत्न, सुब्बा कृष्णमान, सुब्बा तम्बुलाल, सुव्वा हीरालाल, सुब्बा तीर्थराज बडाकाजी रत्नमान सिंह, मीर सुब्बा सानुलाल, मिर सुब्बा, रामगोपाल आदि थिए।

जुद्धशमशेरको समयमा यस अड्डाको धेरै बोझ मुख्तियार (कमान्डर-इन-चिफ) मा मात्र रहेको कुरा महसुस गरी केही कार्य विभाजन गरी कमानडिङ्ग जनरलहरू (पू. क. ज.), (द. क. ज.) र (उ. क. ज.) लाई पनि जिम्मा दिइयो।[१४]

यस अड्डाले कहिलेकाहीं आफ्नो प्रशासनिक क्षेत्रबाट अर्को प्रशासनिक अड्डाको कार्यलाई हस्तक्षेपगरी कार्य गर्ने गर्दथ्यो। यस कुराको प्रमाण अग्रवालले आफ्नो पुस्तकमा दिएका छन्।[१५]

---

१२. ऐजन, पृष्ठ ३८

१३. ऐजन, पृष्ठ ४०

१४. ऐजन

१५. ऐजन, पृष्ठ ४०-४१

जे होस् यस अड्डाले विभिन्न ऐन, सवाल, कानुन र सनद प्रचार गरी देशको प्रशासन सुचारु रूपले चलाउने केही हदसम्म सफल भएको थियो भनी भन्न सकिन्छ।

कुमारी चोक

यो अड्डा पृथ्वीनारायण शाहले स्थापना गरेका थिए।[९६] यसको जुन प्रकारको कार्य थियो, सो पछि चन्द्रशमशेरको समयसम्म पनि यथावत् नै रहेको थियो। तर, चन्द्रशमशेरले भने यसलाई चार भागमा विभाजन गरेका थिए। यस्तै गरी पहिलोपल्ट वि.सं. १९६७ मा 'अडिटर' पदको स्थापना गरे।[९७]

सुरुमा यस अड्डाले विभिन्न हिसाब जाँच गर्नु थियो। यस्तैगरी विभिन्न ठाउँमा उठाइएको आम्दानीहरूको हिसाबकिताब पनि यसैले नै हेर्नु पर्दथ्यो। यस प्रकारका कार्यहरू गर्नका निम्ति यस अड्डाको त्यतिखेर ४ वटा विभागहरू थिए, भनी तत्कालीन अङ्ग्रेज रिसिडेन्टले बताएका छन्, ती हुन्-

(१) उपत्यका फाँट

(२) पहाड फाँट

(३) तराई फाँट

(४) तहविल फाँट[९८]

तर यिनीहरूले आफ्नो कार्य राम्ररी र सुचारूपूर्ण नै चलाएका थिएनन्। पछि जङ्गबहादुरले आफ्नो समयमा यस अड्डालाई कायम नै गरेर यसको स्थिति सपार्ने रणोद्दीप सिंहलाई यस अड्डाको हाकिम बनाएका थिए। रणोद्दीप सिंहले आफ्नो योग्यता अनुरूप यसलाई परिवर्तन गरी सुधारे। जसले गर्दा उनी कर्मचारीहरूका ज्यादै प्रसिद्ध भएका थिए र उनलाई कर्मचारीहरू 'ग्वा मर्द जर्नेल' (Moustacheless General) भनी भन्दथे।[९९]

पछि गएर चन्द्रशमशेरले वि.सं. १९८० पौष २३ गते, यस अड्डालाई नयाँ किसिमले पुनर्गठन गरे र पहिलेको तीन फाँट (उपत्यका, पहाड र तराई फाँट) लाई ६ भागमा विभाजन गरियो। अगाडि- अङ्ग्रेज राजदूतको भनाइ अनुसारको चौथो फाँटलाई त्यसबाट हटाइयो। यसरी खोलिएको ६ वटा फाँटहरू निम्न थिए-

---

९६. ऐजन, पृष्ठ ४६-४७

९७. ऐजन, पृष्ठ ४७

९८. ऐजन, पृष्ठ ४७

९९. प्रमोदशमशेर- राणा पोलिसी एन्ड इनसाइडर भ्यु, (नेपाल, ...), पृष्ठ ५०-५९

१. कुमारी चोक,उपत्यका, नेपाल

(क) कुमारी चोक नेपाल पहिलो फाँट र

(ख) कुमारी चोक नेपाल दोस्रो फाँट

२. कुमारी चोक, पहाड

(क) कुमारी चोक, पहाड, पहिलो फाँट र

(ख) कुमारी चोक, पहाड, दोस्रो फाँट

३. कुमारी चोक, मधेश

(क) कुमारी चोक मधेश, पहिलो फाँट र

(ख) कुमारी चोक मधेश, दोस्रो फाँट[१००]

यी फाँटहरू अड्डाको कार्य राम्ररी चलाउन निम्ति विभाजन गरिएको थियो। यसले उपत्यका र उपत्यका वाहिरको सरकारी अड्डाहरूको हिसाब हेर्ने, हिसाब गोलमाल भएको पाएमा त्यसको खबर प्रधानमन्त्री या कमाण्डर-इन-चिफ कहाँ गर्ने, राष्ट्रको आम्दानी उपर, जानेको हिसाबमा र पास भएकोमा खड्ग निशाना छाप लगाउन अनुरोध गर्ने, सम्पूर्ण हिसाबकिताब र पुराना रिकर्डहरू कुमारी चोक गोश्वारा तहविलमा राख्ने कार्य गर्ने र केन्द्रको र जिल्लाको ढुकुटी (उपर) लाई कन्ट्रोल गर्ने कार्य गर्नु पर्दथ्यो।[१०१]

त्यसरी चन्द्रशमशेरले ६ भागमा विभाजन गरेपछि त्यसको कार्य पनि विभाजन गरी दिएका थिए। जसको कार्य सम्वन्धी भीमबहादुरले लेखेका छन्,

> "नेपाल पहिलो फाँटले कौशी तोषाखाना, मुलुकी खाना, टेलिफोन अड्डा इत्यादिको हिसाब हेर्दथ्यो। यस्तै गरी दोस्रो फाँटले काठमाडौं उपत्यकाको आम्दानी र मालपोतको हिसाब हेर्नु पर्दथ्यो।"
>
> "पहाड पहिलो फाँटले पूर्वी नेपालको र दोश्रो फाँटले पश्चिम नेपालको आम्दानी हिसाव हेर्दथ्यो।"
>
> "मधेश पहिलो फाँटले पूर्वी तराईको र दोस्रो फाँटले पश्चिम तराईको आम्दानी हिसाव हेर्दथ्यो।"[१०२]

---

१००. एच. एन. अग्रवाल- माथि उल्लिखित पाद टिप्पणी नं. १९, पृष्ठ ४७

१०१. सरदार भीमवहादुर पाण्डे- माथि उल्लेखित पाद टिप्पणी नं. ८०, पृष्ठ २३-२४

१०२. ऐजन

"कुमारी चोक गोश्वारा तहविलले पुरानो नै कार्य अनुरूप राष्ट्रको सम्पूर्ण पुराना हिसावको रेकर्ड राख्ने, पुराना सवाल, सनद र ऐनहरू राख्ने कार्यहरू गर्दथ्यो।[१०३]

यो अड्डा कमाण्डर-इन-चिफको अन्तर्गतमा थियो। तर, पनि दिन दिनका कार्यहरू भने राणा जर्नेलहरूले नै हेर्दथे। यिनीहरूलाई कार्य सञ्चालन गर्न आवश्यक कर्मचारीहरू प्राप्त थिए। यसरी राणा हाकिमबाहेक अरू राणाहरूमा उच्च हाकिम भने खजान्ची हुन्थे।[१०४] यसका हाकिमहरूमा कर्णेल कीर्तिमान के.सी. र क.क डम्बरशमशेर थापा ज्यादै प्रसिद्ध थिए।

यसरी सुचारु, रूपले र ढङ्गले कार्य सञ्चालन गर्न राणा प्रधानमन्त्रीहरूले जस्तो नुकै प्रकारको यसको पुनर्गठन गरेता पनि त्यसबाट जनताहरूले कुनै फाइदा प्राप्त गर्न सकेका थिएनन्। अतः त्यस प्रकारको सुधारको कारण र त्यसबाट फाइदा राणा परिवार र शासकले नै प्राप्त गरेका थिए भन्न सकिन्छ। यो कुरा एक लेखकको भनाइले पनि प्रष्ट गर्दछ,

"....यस अड्डाले जुन प्रकारले लेखा परीक्षण गर्नु पर्ने हो, यसरी नै गर्दैनथ्यो। हिसावको फाइलहरू अफिसको एक कुनामा फ्याँकिएका हुन्थे। अड्डाका हाकिमहरू अड्डामा केही समय मात्र आउँथे र यसमा पनि आफिनको कार्य केही समय मात्र गर्दथे। धेरै व्यक्ति तल्लो स्तरका कर्मचारीहरूको गल्तीले साधारण भुलमा पनि जेल गर्दथे र कैयौं परेका पनि थिए। जस सम्बन्धी महिनौं महिनासम्म वास्ता गरिदैनथ्यो।"[१०५]

यसरी नै अर्को एक लेखक भन्छन्,

"...कुमारी चोक अड्डाको नाउँबाट वही बुझाउने कर्मचारीहरू तर्सन्थे। आदिकवि भानुभक्त आचार्य पनि कुमारी चोकको चङ्गुलमा परि कैद बनाइएको उदाहरण हाम्रो सामु छँदै छ।"[१०६]

---

१०३. ऐजन

१०४. सतीस कुमार- माथि उल्लिखित पाद टिप्पणी नं. ३, पृष्ठ १०२

१०५. प्रमोदशमशेर- माथि उल्लिखित पाद टिप्पणी नं ९९, पृष्ठ ५०

१०६. मेदिनीप्रसाद शर्मा- नेपालको आधुनिक इतिहास, भाग २, (विराटनगर, नेपाल, जानुका प्रकाशन, दोस्रो प्रकाशन २०३५), पृष्ठ ५६

त्यसैले के भन्न सकिन्छ भने यस अड्डाको मुख्य उत्तरदायित्व राजस्वको चुहावटलाई पूर्णरूपले रोकी राष्ट्रको ढुकुटी (जुन अहिले राणा प्रधानमन्त्रीको नै ढुकुटी भएको छ)[१०७] मा धनको सङ्ख्या बढाउने कार्य गर्नु नै थियो। त्यसैले यस अड्डालाई सुधारको नाममा जति पुनर्गठन राणा शासकले गरे त्यसको कारण आफ्नो नै फाइदा गराउनु थियो, जनताको फाइदा र सेवा गराउनु र गर्नु हैन भन्ने कुरा माथिका दुई लेखको भनाइ र यसको कार्यहरूलाई हेर्दा भन्न सकिन्छ।

मुन्सी खाना (परराष्ट्र)

यस अड्डाको स्थापना वाबुराम आचार्यका भनाइअनुसार पहिलोपल्ट भीमसेन थापाले आफ्नो समयमा गरेका थिए।[१०८] जुन राणाहरूको पनि परराष्ट्र अड्डा (वैदेशिक अड्डा) थियो। जुन पूर्णरूपले राणाकालीन समयभर, राणा प्रधानमन्त्रीको नै अन्तर्गत रहिरहयो।

यस अड्डाका कार्यहरू बेलायत, भारत चीन र तिब्बतसित कस्तो वैदेशिक सम्बन्ध कायम गर्ने हो तयार गर्नु र कार्यान्वयन गर्नु, वैदेशिक नीति सो सम्बन्धी आज्ञाहरू, सवालहरू सिमानास्थित प्रशासनिक अड्डाहरूलाई पठाउनु त्यस अनुरूप कार्य गर्न लगाउन, जैसी कोठा मार्फत् तिव्वत र चीनसँग पत्र व्यवहार गर्नु र इलाइची कोठा मार्फत भारत र बेलायतसित व्यापारिक सम्वन्धलगायत अरू कार्यहरू पत्र व्यवहार गर्नु, सिमानासम्बन्धी समस्या समाधान गर्नु, सिमानामा घटेको घटनाको समस्या समाधान गर्नु, विदेशसम्वन्धी पत्र व्यवहार र विवरणलाई जम्मा गर्नु, प्रष्ट गर्नु र विदेश जाने नेपालीहरूलाई राहदानी दिने कार्यहरू गर्नु थियो।[१०९]

कौशी तोषाखानाको सुव्वा गोपालदास वैद्यको भनाइअनुसार यस मुन्सी खाना र मुलुक बन्दोबस्त अड्डाको वीच राम्रो सम्वन्ध थियो, किनभने यसको कर्मचारीहरूको नियुक्ति मुलुक बन्दोवस्त अड्डाले नै गर्दथ्यो भन्नेछ।[११०]

जे होस र यस्ता जति र जस्तासुकै कार्यहरू हुन, ती खास गरी यस अड्डाको दुई विभागले नै गर्दथ्यो। जस्तो (क) मुन्सी खानाले बेलायत र भारतसँगको सम्बन्ध

---

१०७. पछाडि हेर्नोस्

१०८. सतीसकुमार- माथि उल्लिखित पाद टिप्पणी नं. ३, पृष्ठ १०३

१०९. एच. एन. अग्रवाल- माथि उल्लिखित पाद टिप्पणी नं. १९, पृष्ठ ४१-४२ र साम्वभक्त पन्त- माथि उल्लिखित पाद टिप्पणी नं. १, पृष्ठ १०३

११०. एच. एन. अग्रवाल- माथि उल्लिखित पाद टिप्पणी नं. १९, पृष्ठ ४२

कायम गर्ने, नीति बनाउने र लागू गर्ने गर्दथ्यो। यस्तै गरी (ख) जैसी कोठाले चीन र तिव्वती मामलासम्बन्धी कार्य गर्ने र त्यससम्बन्धी प्रमुख किसिमको पत्रहरूको अनुवाद गर्नु थियो।[११] यसले भोटसँगको सिमाना समस्या र मुद्दा र व्यापारसम्वन्धी पत्र व्यवहार गरी, सो प्रधानमन्त्री र मुख्तियार (कमाण्डर-इन-चिफ) समक्ष पठाउँथ्यो।[११२] यसले मुस्ताङसँग राजा सम्वन्धीको मुद्दा (घटना?) बारे पनि निर्णय गर्ने अधिकार १९७४ वि.सं.को मुन्सी खाना जैसी कोठा सवालले दिएको थियो।[११३] त्यसैले यसको काल गर्ने भिन्दै एक सुब्बा हुन्थ्यो, जसलाई 'भोट सुब्बा' भनेर भनिन्थ्यो।[११४]

मुन्सी खानाले सबैभन्दा पहिले आफ्ना पत्रहरू ठिकठाक गरेपछि कमाण्डर-इन-चिफ कहाँ मुलुक बन्दोबस्त अड्डामार्फत् पठाउनु पर्दथ्यो र यसपछि मात्र प्रधानमन्त्रीलाई खड्ग निशाना अड्डामार्फत् पठाउनु पर्दथ्यो। यसरी अन्तमा मुख्तियार र महाराजाको सही त्यसमा भएपछि मात्र त्यसलाई आवश्यक वा सम्बन्धित ठाउँका लागि चलान गर्नु पर्दथ्यो।[११५]

यसरी के प्रष्ट हुन्थ्यो भने वैदेशिक नीति उपर जनता र मुन्सी खानाका कर्मचारीहरूको कुनै पनि विचार र नीतिलाई राणा शासकले मान्यता दिदैनथे। यसरी जसरी घरेलु नीतिलाई उनीहरू आफ्नो सुविधा र फाइदा हुनेअनुसार बनाउँथे र लागू गर्ने, ठीक त्यस्तै गरी वैदेशिक नीति पनि आफ्नो सुविधा र फाइदा प्राप्त हुने गरी लागू गर्थे। जुन कुरा नेपाल तिव्वतबीचको ई. १९५६ मा भएको सन्धिपत्रको दोस्रो धारा ख्याल नगरी 'योंग हसव्यान्ड मिसन' लाई मद्दत गरेबाट नै प्रष्ट थाहा हुन्छ।

यस्तैगरी वैदेशिक नीतिसम्वन्धी मुन्सी खानाका कर्मचारीहरूको केही अर्थ थिएन भन्ने कुरा यस कुराले प्रष्ट गर्दछ।

"भोटमा योंग हसवैन्डको अभियान हुँदा वैदेशिक विभागका सुब्बा देवीप्रसाद सापकोटाले भोट र नेपालका बीच ई. सं. १९५६ मा भएका सन्धिपत्रको दोस्रो धारातिर चन्द्रशमशेरको ध्यान आकर्षित गर्दै उक्त अभियानमा नेपालले अङ्ग्रेजहरूको सहायता गर्नु अनुचित भएको कुरा प्रकट गर्दा उनले पनि चन्द्रशमशेरको कोपभाजन हुनु परेको थियो र काशी भाग्नु परेको थियो।[११६]

---

१११. साम्वभक्त पन्त- माथि उल्लिखित पाद टिप्पणी नं. १, पृष्ठ १०३

११२. एच. एन. अग्रवाल- माथि उल्लिखित पाद टिप्पणी नं. १९, पृष्ठ ४२

११३. ऐंजन, पृष्ठ ४३

११४. ऐंजन

११५. ऐंजन, पृष्ठ ४२

११६. वालचन्द्र शर्मा- नेपालको ऐतिहासिक रूपरेखा, वाराणसी, कृष्णकुमारी देवी, वि.सं. २०२६, तृतीय संस्करण, पृष्ठ ३६५

कर्मचारीहरूबारे वि.सं. १९७४ मा श्रावण १२ गतेको एक सनदले प्रष्ट गर्दछ कि "यसमा जम्मा ४० जना कर्मचारीहरू थिए, जसमा दशजना जैसी कोठाको लागि छुट्टाइएको थियो।[११७]" दिनपर दिनको प्रशासन चलाउनको निम्ति 'मिर मुन्सी' पद भएको एक कर्मचारी हाकिम हुन्थे, तर राणाकालमा खासगरी 'वडाकाजी' जो मुन्सी खलकको हुन्थे नै सो हाकिमको पदमा हुन्थे।[११८] मुन्सीखानाका हाकिमहरू धेरै समयसम्म मुन्सी लक्ष्मीदासका सन्तानहरू भएका थिए। जसमा ज्यादै प्रसिद्ध भएका काजी वलवान, वडाकाजी मरिचीमान सरदार नगेन्द्रमान सिंह र अन्तिम हाकिम सरदार नरेन्द्रमणि आ. दी. थिए।

मुलुकीखाना

यस अड्डाको नाम हेर्दा साथ यसको माने राष्ट्रको ढुकुटी हो, जहाँ देशको सवै सम्पत्ति रहन्छ भन्ने कुरा प्रष्ट हुन्छ।

मुलुकी खानाको स्थापना पहिलोपल्ट जङ्गवहादुरले गरेका थिए।[११९] यसको मुख्य काम देशभरिको आम्दानी रूपैयाँ वा जिन्सीको रूपमा उठाउनु थियो। यसको एक पैसा पनि प्रधानमन्त्रीको आदेशविना खर्च गर्न सकिदैनथ्यो।

पछाडि गएर जुद्धशमशेरले आफ्नो समयमा १९३३ वैशाख ७ गतेको सनदद्वारा 'तीन साँचो' को व्यवस्था गरी 'मुलुकी खाना' उपर महाराजा, मुख्तियार र जङ्गी लाठको जिम्मा राखे। नत्र यसभन्दा अगाडि जङ्गवहादुरको समयदेखि यो अड्डा र यसको प्रशासन कमाण्डर-इन-चिफ (मुख्तियार) को अन्तर्गत नै हुन्थ्यो।[१२०]

यस्तैगरी 'हजुरीया जर्नेल' लाई यस अड्डाको दिनपर दिनको प्रशासन चलाउने हाकिम र यसको सुरक्षा गर्ने जिम्मा दिइयो।[१२१] यसका प्रसिद्ध हाकिमहरूमा काजी नारायणभक्त माथेमा थिए। उनी धेरै वर्षसम्म यसका हाकिम भएका थिए। यस अड्डाको अन्तिम हाकिम गुरुज्यू क्षेत्रनाथ अधिकारी थिए।

जुद्धशमशेरले हुन सक्नेसम्म यस राष्ट्रको ढुकुटी उपर आफ्नो हात वा अधिकार कायम गरेका थिए।

यस्तैगरी राष्ट्रका लागि आवश्यक रकम छुट्टाइ साधारण ढुकुटीअन्तर्गत तुरुन्त खर्च गर्ने (चल्ती रकम) र तुरुन्त खर्च नगर्ने (वेचल्ती रकम) दुई ढुकुटी खोलिएको

---

११७. एच. एन. अग्रवाल- माथि उल्लिखित पाद टिप्पणी नं. १९, पृष्ठ ४३

११८. साम्वभक्त पन्त- माथि उल्लिखित पाद टिप्पणी नं. १, पृष्ठ १०३

११९. एच. एन. अग्रवाल- माथि उल्लिखित पाद टिप्पणी नं. १९, पृष्ठ ४८

१२०. ऐजन, पृष्ठ ४८-४९

१२१. ऐजन, पृष्ठ ५०

थियो। जसलाई 'एक साँचो ढुकुटी' (चल्ती रकमको ढुकुटीलाई) र 'तीन साँचो ढुकुटी' (वेचल्ती रकमको ढुकुटीलाई) भनिन्थ्यो।[१३२]

यो 'एक साँचो ढुकुटी' को साँचो 'तहविल डिठ्ठा' सित रहन्थ्यो र यस्तै गरी साधारण तीन साँचो ढुकुटीमा रकम (रुपियाँ) र जिन्सी सामान रहन्थ्यो। जसको तीन साँचोमध्ये एक खजान्ची (जो यस ढुकुटीको हाकिम पनि हुन्थे) सँग, एक तहविल डिठ्ठासँग र अर्को तहविलसित हुन्थ्यो।[१३३]

यसरी कुनै प्रकारले यी ढुकुटीबाट केही हराएमा अर्थात् एक साँचो ढुकुटीवाट केही हराए तहबिल डिठ्ठा नै त्यसको उत्तरदायित्व हुन्थे भने तीन साँचो ढुकुटीबाट केही हराए क्रमशः खजान्ची, तहविल डिठ्ठा र तहविल नै जिम्मेदारी हुन्थे तर मुख्य ढुकुटीवाट केही पनि कुरा हराए, त्यसको कुनै अर्थ हुँदैनथ्यो। यसबाट पनि प्रष्ट हुन्छ कि राष्ट्रको ढुकुटीलाई कुन रूपमा राणाहरूले राखेका थिए।

मुलुकी खानाबाहेक एउटा अर्को सरकारी ढुकुटी थियो। उक्त ढुकुटी "भण्डारखाल ढुकुटी' कहलिन्थ्यो। राष्ट्रिय सङ्कटको बेलामा मात्र यसवाट रकम निकालिन्थ्यो। यसको लागि पनि प्रधानमन्त्रीको स्वीकृति आवश्यक भने हुन्थ्यो नै।[१३४]

कमेन्डरी किताबखाना

यस अड्डाले श्री ३ महाराजदेखि तल्लो दर्जामा काम गर्ने सबै कर्मचारीहरूको नामावली तयार गर्नुभयो। चाहे जिल्लाको होस् या केन्द्रको। त्यसैले यसलाई किताबखाना वा 'का कि' भनिएको हो।[१३५] यसको स्थापना जङ्गबहादुरले गरेका थिए।[१३६]

यस अड्डाले प्रत्येक निजामती र सैनिक कर्मचारीहरूको नाम, पद र उनीहरूले काम गर्न थालेको मितिको विवरण र रिकर्ड राखेको हुन्थ्यो। यस्तैगरी कुनै पनि सरकारी कर्मचारीहरूले यस अड्डाको वार्षिक हिसाबबाट सफाइ नपाएसम्म तलव प्राप्त गर्न सक्दैनथे। यस्तैगरी यस अड्डाको पदमा कसैलाई पनि भर्ना

---

१३२. साम्वभक्त पन्त- माथि उल्लिखित पाद टिप्पणी नं. १, पृष्ठ १००

१३३. एच. एन. अग्रवाल- माथि उल्लिखित पाद टिप्पणी नं. १९, पृष्ठ ४९

१३४. सतीस कुमार- माथि उल्लिखित पाद टिप्पणी नं. ३, पृष्ठ १०२

१३५. एन. एम. वुच एन्ड अदर्स- रिपोर्ट अफ द नेपाल एडमिनिस्ट्रेटिभ रिअर्गनाइजेसन कमिटी- (नयाँ दिल्ली गभर्नमेन्ट अफ इन्डिया मिनिस्टर अफ एक्स्टर्नल एफेयर्स, ई. सं. १९५२), पृष्ठ ८-९

१३६. एच. एन. अग्रवाल- माथि उल्लिखित पाद टिप्पणी नं. १, पृष्ठ ५२

गरिदैनथ्यो, जबसम्म सो पद खाली भएको घोषणा अड्डाले गर्दैन र सो व्यक्तिलाई सफाइ दिईदैनथ्यो।[127]

चन्द्रशमशेरले वि.सं १९७३ श्रावण १० गते यस अड्डालाई दुई भागमा विभाजन गरे र दुईजना हाकिम बनाए। जबकि यसभन्दा अगाडि एकजना हाकिम थिए। खोलिएका दुई विभाग वा फाँटहरू

(क) दर्शन फाँट,

(ख) दर्ता फाँट,[128]

दर्शन फाँटले सबैभन्दा पहिले श्री ३ महाराजको समक्ष दर्शन गराउने काम र कमाण्डर-इन-चिफको दर्शन गराउने काम गर्दथ्यो। दर्शन फाँटको काम सकिसकेपछि उक्त व्यक्तिलाई दर्ता फाँटमा पठाइन्थ्यो।[129] यसले के प्रष्ट गर्दछ भने दर्शन भेट नगरिन्जेलसम्म कुनै पनि व्यक्तिको नाम र पदको दर्ता गरिदैनथ्यो भन्ने कुरा ...।

यसरी यस अड्डाले प्रत्येक वर्ष पजनी विवरण तयार गरी सबै निजामती र फौजदारी कर्मचारीहरूको नामावली पद र कार्य गर्न थालेको मिति प्रष्ट गरी एकप्रति मुलुकी बन्दोवस्त अड्डामार्फत् मुख्तीयारलाई र अर्को एकप्रति जङ्गी बन्दोबस्त अड्डामार्फत् जङ्गी लाठलाई पठाउँदथ्यो। यसरी पाँच प्रकारले पजनी कार्य सम्पन्न हुन्थ्यो। उदाहरणका लागि भर्ना, सरुवा, बढुवा, खोसुवा र थमौति। यसरी पुनः नयाँ नामावली तयार गरी दर्शन गराई दर्ता गराउँथे। यो प्रत्येक वर्षको एकचोटि गरिन्थ्यो।[130]

यसरी यस अड्डाको तरिका र कार्यहरू हेर्दा पुरानो परम्परागतमा आधारित राणाहरूको व्यक्तिगत प्रशासन थियो भनेर भन्न सकिन्छ। किनभने यस अड्डाले दिनपर दिनको प्रशासनमा बाधा पुऱ्याइ प्रशासनलाई उग्ररूपले केन्द्रीकरण गरेको थिए। यसरी नै प्रशासनलाई स्वतन्त्ररूपले कार्य गर्न नदिइ कर्मचारीहरूलाई शोषण गर्ने मुख्य केन्द्र र माध्यम यस अड्डालाई बनाइरहेका थिए। यो कुरा बुच कमिटीको रिपोर्टले पनि प्रष्ट गर्दछ।[131]

---

१२७. बुच कमिटी- माथि उल्लिखित पाद टिप्पणी नं. १२५, पृष्ठ ९

१२८. एच. एन. अग्रवाल- माथि उल्लिखित पाद टिप्पणी नं. १९, पृष्ठ ५२

१२९. ऐजन

१३०. ऐजन, पृष्ठ ५२-५३

१३१. एन. एम. बुच कमिटी रिपोर्ट- माथि उल्लिखित पाद टिप्पणी नं. १२५, पृष्ठ ९

यस्तैगरी दर्शन भेट प्रथाले त झन यस कुरालाई प्रमाण पुऱ्याउँदछ। जहाँ एक पिउनसम्मले पनि प्रधानमन्त्रीसमक्ष उपस्थित हुनु पर्दथ्यो।[१३२]

यो अड्डा कमाण्डर-इन-चिफको मातहतमा हुन्थ्यो र मुलुक बन्दोबस्त अड्डाअन्तर्गत रही कार्य गर्दथ्यो।[१३३] यस अड्डामा धेरै वर्षसम्म मी. सु. दैवज्ञराज जोशी हाकिम भएर रहेका थिए।

ऐन-खाना तथा कौशल

कौशल सवैभन्दा पहिलो श्री ३ महाराज जङ्गबहादुर बेलायतबाट सन् १८५१ मा फर्केर आएपछि खडा गरेको अड्डा हो।[१३४] यस अड्डाले भएका कानुनहरूलाई सुव्यवस्थित गर्नाको साथै नयाँ ऐनहरूको तर्जुमा पनि गर्दथ्यो र गरेको पनि थियो।[१३५]

यस्तैगरी ऐनखाना पनि श्री ३ महाराज जङ्गबहादुरले १८५१-५४ सम्म कौशलद्वारा तयार गरिएको कानुनहरू प्रकाशनमा ल्याएपछि कानुनतर्फमा पर्न आउने कामका लागि यस अड्डाको स्थापना गरेका थिए। यो अड्डा खडा गर्नाको मुख्य ध्येय के थियो भने समयसमयमा देशको परिस्थितिअनुसार भएका कानुनलाई दोऱ्याउन वा हेरफेर गर्न खडा गरिएको थियो।

यसरी के भन्न सकिन्छ भने ऐन खानालाई आधुनिक कानुन मन्त्रालयसित तुलना गर्न सकिन्छ किनभने कानुनलाई लिखित रूप दिने, कानुन बनाउने, पुरानो कानुनको संशोधन गर्ने वा खारिज गर्ने नै यसका मुख्य काम थियो।[१३६] यसरी हेर्दा कानुनको कार्यमा यो ऐन खाना नै सर्वोच्च देखिएता पनि यसले मात्र नै सबै काम गर्दैनथ्यो। यसले बनाएको कानुन कमाण्डर-इन-चिफको समक्ष पेश गरी उनले कौशलमा पेश गर्दथे।

कौशल एक किसिमको संसदको रूपमा संगठन गरिएको हुन्थ्यो। यद्यपि यसको संसदसित थोरै मात्र समता रहेको देखिन्छ। जे होस् यसमा चिफ साहेब र आफ्ना मुख्य भाइ भारदार, गुरुज्यू, पुरोहित र कानुनका वेत्ताहरू पनि हुन्थे। ऐन खानाले बनाएको

---

१३२. डिल्लीरमण रेग्मी- माथि उल्लिखित पाद टिप्पणी नं. २७, पृष्ठ ७

१३३. एच. एन. अग्रवाल- माथि उल्लिखित पाद टिप्पणी नं. १९, पृष्ठ ५२

१३४. ऐजन, पृष्ठ ३८ (फुट नोट)

१३५. यसरी पहिलोपटक तयार गरेको ऐन "श्री ५ सुरेन्द्रविक्रम शाहदेवका शासन कालमा बनेको मुलुकी ऐन" नै थियो।

१३६. मनीसकुमार- माथि उल्लिखित पाद टिप्पणी नं. ३, पृष्ठ १०३

र कमाण्डर-इन-चिफले पेस गरेको कानुनलाई विभिन्न पक्षबाट विचार गरिसकेपछि प्रधानमन्त्रीको स्वीकृतिका लागि पठाइन्थ्यो। प्रधानमन्त्रीले चाहेको खण्डमा कौशलले पास नगरेको काननलाई पनि पास गर्न विवश गर्न सक्थे। अर्थात् प्रधानमन्त्रीले नचाहेको कुनै पनि कानुन बन्न असम्भव थियो, तर उसले चाहेको कानुन कुनै पनि हालतमा पास गराई लागु गर्न सक्दथे।

हुन त कुनै पनि कानुन श्री ५ महाराजाधिराजको नाममा लागु गरिन्थ्यो र कानुनले वैधानिकता प्राप्त गर्न श्री ५ को लालमोहरको पनि आवश्यकता थियो, तर त्यसमा श्री ५ को कुनै नियन्त्रण भने थिएन। ललामोहर राणा शासनको कब्जामा थियो र उनीहरू यसको स्वतन्त्रतापूर्वक प्रयोग गर्दथे। यसरी कानुन बनाउने र खारेज गर्ने विषयमा श्री ३ महाराज प्रधानमन्त्रीको पूर्ण नियन्त्रण थियो।

चन्द्रशमशेरको समयमा यस अड्डालाई मुलुकी बन्दोबस्त अड्डाको एक भाग जस्तो गरेका थिए। जसलाई ऐन सवाल फाँट भनिन्थ्यो।[१३७] तर भीमशमशेरले फेरि छुटाइ कौशल न खडा गरेका थिए।[१३८]

यी दुई अड्डा (ऐन खाना र कौशल) कमाण्डर-इन-चिफको मातहतमा हुन्थे।[१३९] र यिनैको माध्यमबाट प्रधानमन्त्रीले यी दुई अड्डा उपर नियन्त्रण गर्दथे। यसका मुख्य हाकिमहरूमा नाम चलेका मुरलीधर उप्रेती, अधिकृत थिए। अरू हाकिमहरूमा ख. रुद्रनान, सु. भद्रकाली, सरदार कालीदास कोइराला, क.क. डम्बरशमशेर थापा र काजी कृष्णबहादुर आदि थिए।

धर्म कचहरी

यो एक किसिमको विशेष अदालत थियो, जसले खाली राणा उच्च भारदारहरूको मुद्दा र उनीहरूसित सम्बन्धित भएर आएको मुद्दाहरू मात्र हेर्दथ्यो।

यस अदालतको स्थापना जङ्गबहादुरले ई. सं. १८७० मा गरेका थिए।[१४०] यस अदालतले श्री ३ महाराजदेखि, राणाजी भाइहरू, भतिजाहरू, भारदारहरू र निजामती र जङ्गी सबै कर्मचारीहरूले घुस खाएको मुद्दा भ्रष्टाचार, कुप्रशासन गरेमा, कानुन तोडेमा आएको मुद्दाको निर्णय गर्ने अधिकार पाएको थियो।

---

१३७. अगाडि हेर्नोस्

१३८. साम्वभक्त पन्त- माथि उल्लिखित पाद टिप्पणी नं. १, पृष्ठ ९९

१३९. एच. एन. अग्रवाल- माथि उल्लिखित पाद टिप्पणी नं. १९, पृष्ठ ३८

१४०. राजेश गौतम- 'जङ्गबहादुरद्वारा स्थापित धर्म कचहरी', रोलम्वा ललितपुर, जोशी रिसर्च इन्स्टिच्युट, भोलुम २, नम्वर ४, अक्टोवर-डिसेम्वर सन् १९८२, पृष्ठ १६-२१

यसको १ जना मुख्य हाकिम र ११ जना सदस्यहरू हुन्थे। जसको नियुक्ति सवै प्रधानमन्त्रीले नै गर्दथे।[१४१] यसमा मुख्य वढी अधिकार धर्माधिकारलाई नै हुन्थ्यो। जो वडा गुरुज्यू हुनाको साथै यस अदालतको मुख्य हाकिम हुन्थे। राणाकालीन न्यायिकसम्वन्धी कार्यहरू हेर्ने हो भने अरू ११ जना सम्बन्धी यो अड्कल काट्न सकिन्छ कि यसमा पनि गुरुज्यू, पुरोहित र राणा परिवारका नै बुढापाकाहरु थिए।

कानुनलाई जिब्रोमा राखी जङ्गवहादुरले यस प्रकारको कचहरी खोली जनताको आँखामा वफादारी र न्यायिक भएर देखाउने प्रयास गरेता पनि यसको भित्री उद्देश्य भने षड्यन्त्रकारी नै देखिन्छ किनभने जङ्गबहादुरको यो कचहरी स्थापना गराउनाको भित्री उद्देश्य आफूलाई मन नपर्ने भाइ, भतिजा र शक्तिशाली भारदारहरूलाई दोषी वनाउनु परे, यस कचहरीबाट मुद्दा चलाइ आफ्नो राजनीतिक चालबाजी सफल गराउनु थियो। यस कुरामा समसामयिक व्यक्ति काशीनाथ आचार्य पनि केही रूपमा सहमति भएका छन्।[१४२]

जङ्गवहादुर आफ्नो आखिरी समयतिर गएर आफ्ना भाइ र भतिजाहरूबाट केही रूपमा शक्ति हुन गएका थिए।

जङ्गबहादुर र आफ्नो अन्तिम समयतिर आफ्नो परिवारका सदस्यहरू उपर यस प्रकारले शक्ति भएका थिए भन्ने कुरासम्बन्धी एक घटना प्रस्तुत गर्न सकिन्छ,

> "एकपल्ट जङ्गबहादुरले आफ्नो उच्चस्तरका हाकिमहरूलाई थापाथली दरवारमा बोलाइ, आफ्ना भाइहरू र छोराहरूको नैतिकता विषयमा जान्न चाहेको कुरा बताइ उनीहरूले जनतालाई कति शोषण गरेका छन्, जनताबाट कति घुस खाने गरेका छन्,। यस सम्बन्धी गोप्य रिपोर्ट दिने अनुरोध गरेर त्यो रिपोर्ट गोप्य नै राख्ने कुरा पनि बताए।"
>
> "कालु स्वाँर भन्ने व्यक्तिले 'धीरशमशेर' को विरुद्ध घुस खाएको कुरा बताइ रिपोर्ट गरे। जङ्गबहादुरले उनलाई कचहरीमा उभ्याउन पनि सकेनन् र यो कुरा गोप्य राख्न पनि सकेनन्। जसले गर्दा त्यस दिनदेखि शमशेर खलकको लागि कालु स्वाँर काँडा बनेपछि शमशेर परिवार शक्तिमा आएपछि कालु

---

१४१. ऐजन

१४२. ऐजन

स्वाँरलाई गिरफ्तार गर्न पठाए, तर उनी भागिसकेका थिए। तर पनि स्वाँर भएकाले उनको वदला अरू स्वाँर परिवारलाई दुःख दिइयो र उनीहरूको जागिर खोसी सजायसमेत दिए...।"[१४३]

यसले के भन्न सकिन्छ भने जङ्गवहादुर अन्तिम समयतिर भविष्यमा हुने शक्तिको होडवाजीको विषयलाई लिएर आफ्नो सन्तान र परिवारको वीचमा हुने झगडाबाट पूर्व परिचित भैसकेका थिए। जसले गर्दा उनी मानसिक रोगले ग्रस्त थिए।

यसमा पनि जङ्गवहादुरले धीरशमशेरसित ज्यादै शङ्कित भएका थिए। त्यसैले यिनलाई जङ्गबहादुरले आफ्नो नै समयकालमा राज्यगत रूपले अपराधी वनाउने प्रयास गरेका थिए भन्ने कुरा काशीनाथ आ. दी. ले बताएका छन्।[१४४]

अतः जङ्गवहादुरले रणोद्दीप सिंह, जगतशमशेरको घुस मुद्दामा धीरशमशेरलाई पनि मुछ्ने विचार गरी, मुछी, त्यो मुद्दा यस धर्म कचहरीमा ल्याए। दुई भाइ रणोद्दीप सिंह र जगतशमशेर, त दोषी ठहरिए, तर धीरशमशेरलाई दोषी गराउन भने सफल भएनन्। यसले गर्दा जङ्गवहादुरको मन यस कचहरीबाट हट्न गएको कुरा पनि उक्त व्यक्तिले आफ्नो पुस्तकमा वर्णन गरेका छन्।[१४५]

वास्तविक यसो हेर्दा जङ्गबहादुरले जुन उद्देश्यले यस कचहरीलाई खडा गरेका थिए, त्यस प्रकारको काम गर्न धर्म कचहरी असफल भयो। फेरि यस कचहरीले गर्दा जङ्गबहादुरको सत्रु झन् बढ्न गएको थियो। किनभने जुन भाइहरूको आडमा जङ्गबहादुरले दूर शक्ति हत्याएका थिए, उनै उपरको मुद्दा हेर्न र उनीहरूलाई सजाय गर्न खडा गरिएको यस अदालतबाट उनका भाइ भतिजाहरू र उनैको सन्तान पनि सन्तुष्ट भने थिएन।

यही कुरा मनन गरी पछि रणोद्दिप सिंहले आफू प्रधानमन्त्री र श्री ३ महाराज भएपछि भाइ भाइमा खिचलो पर्न जानेदेखि सन् १८७७ मा जङ्गवहादुरको मृत्यु भएको तुरुन्तै नै पछि १८७८ मा त्यसलाई खारेज गरेका थिए।[१४६]

रणोद्दिप सिंह सोझा र सरल भएको मौकालाई राम्रो समय ठानी सम्भवत जङ्गबहादुरको मृत्युपछि उनका भाइ भतिजाले यस प्रकार आफ्नो नै विरुद्ध खडा गरिएको अदालत खारेज गराउन उनी उपर कर गर्न र दबाब दिन थालेकाले नै उनले

---

१४३. ऐजन

१४४. ऐजन

१४५. ऐजन

१४६. ऐजन

खारेज गरेको पनि हुन सक्छ। यो पनि हुन सक्छ कि एकपल्ट आफू पनि यस कचहरीवाट घुस मुद्दामा दोषी वनाइएको पनि, यसलाई आफू प्रधानमन्त्री र श्री ३ महाराज भएको तुरुन्त पछि यसलाई खारेज गरेका थिए।

यी माथिका दुई घटनाले यो कुरा प्रष्ट गर्दछ कि "यसको स्थापना जङ्गबहादुरले राजनीतिक हतियारको रूपमा आफ्नो चालबाजी सफल गराउन नै स्थापना गरेका भएता पनि यसलाई एक प्रजातान्त्रिक (संस्था) अङ्ग हो भनेर भन्न सकिन्छ। यसका कार्यहरू हेर्ने हो भने, यद्यपि सो नगरे तापनि ....।"

जङ्गी बन्दोबस्त अड्डा (रक्षा)

सिनियर कमान्डिङ्ग जनरल (प.क.ज.) लाठ साहेबको अधिनमा सब सैनिक कार्यहरू यस अड्डाले हेर्ने गर्दथ्यो।

वास्तवमा यस अड्डा श्री ३ महाराज जङ्गबहादुरले बेलायतबाट फर्केर आए पछि खडा गरेका हुन्।[१४७] पछि चन्द्रशमशेरले आफ्ना पालामा गएर यसको पुनर्गठन नगरी यसको नाम 'जङ्गी बन्दोबस्त अड्डा' राखी १३ फाँटमा विभाजन गरेका थिए।[१४८]

यसरी १३ फाँटमा विभाजन गरिएता पनि यसका कार्यहरूलाई ४ प्रकारले विभाजन गर्न सकिन्छ। ती हुन्-

१. सैनिक प्रशासन

२. सैनिक हातहतियार र सामानहरू इत्यादि

३. वारुदखाना

४. शस्त्रागार[१४९]

यसरी चार भागमा जङ्गी अड्डालाई विभाजित गरेता पनि यिनीहरूका कामहरू 'जङ्गी अड्डा', 'जङ्गी बन्दोस्त अड्डा' र 'मिलेसिया गोश्वाराले' गर्नु पर्ने कुरा प्रष्ट गरिएको थियो। यसरी 'जङ्गी अड्डा' ले सारा सैनिक प्रशासन हेर्ने, जङ्गी बन्दोबस्त अड्डाले सारा सैनिक संगठन, ड्रिल, अनुशासन र खरखजानाको हेरचाह गर्ने र मिलेसिया गोश्वाराले पूर्व पश्चिमका गडी, गैंडा र गोश्वारामा रहने मिलेसियाको भर्ना खांसुवा र सैनिक शिक्षा अभ्यास गराउने काम गर्दथ्यो।[१५०]

यसरी ३ मुख्य विभाग अन्तर्गत १२ वटा शाखाहरू थिए, ती हुन्-

---

१४७. ऐजन, पृष्ठ ९७

१४८. एच. एन. अग्रवाल- माथि उल्लिखित पाद टिप्पणी नं. १९, पृष्ठ ४३

१४९. ऐजन

१५०. माम्वभक्त पन्त- माथि उल्लिखित पाद टिप्पणी नं. १, पृष्ठ ९८

१. जङ्गवाली तलव- कौशी तोपाखानाबाट प्राप्त तलब सैनिकहरूलाई बाँड्ने कार्य यसको थियो।
२. रिकुटेखाना- सैनिकलाई तालिम दिने कार्य गर्दथ्यो।
३. बारुदखाना- यहाँ बारुद राखिन्थ्यो।
४. शिलखाना- यहाँ बन्दुक राखिन्थ्यो।
५. तैयारी असाफ्रखाना- यहाँ सैनिक कारखानाबाट तयार भएको सैनिक मालसामानहरू राखिन्थ्यो।
६. तोपखाना- यहाँ तोप र हातहतियार राखिन्थ्यो।
७. सैनिक अनुवादखाना- सैनिक प्रशासन सम्बन्धी अनुवाद गरिएका किताव र ऐनहरू राख्ने ठाउँ।
८. गठ्ठाघर- यहाँ सङ्गिन राखिन्थ्यो।
९. सर्भे कम्पास घर - यो सैनिक प्रशिक्षणको दृष्टिबाट राखिएको कम्पास ठाउँलाई भनिन्थ्यो।
१०. जङ्गी तहविल फाँट- यहाँ सैनिकसम्बन्धी अभिलेखहरू राखिन्थ्यो।
११. जङ्गी पोशाक फाँट- यहाँ सैनिकहरूका लागि तयार भएका लुगा र बुटहरू राखिन्थ्यो, र
१२. जङ्गी हाजिरी गोश्वारा- यहाँ सैनिकहरूले र अफिसरहरूले हाजिर गरेको रजिष्टरहरू राखिन्थ्यो।[१५१]

यसप्रकार १२ वटा शाखाहरूलाई काम गर्न सजिलो होस् भन्नाको निम्ति दुई भागमा विभाजित गरिएको थियो। ती हुन्-

१. वही बुझाउने फाँट र
२. चाँडो काम गर्ने फाँट

"वही बुझाउने फाँट" ले विभागहरूमा खाता राख्ने काम गर्दथ्यो र "चाँडो काम गर्ने फाँट" ले तुरुन्त दैनिक प्रशासनका कामहरू गर्दथ्यो।[१५२] यसरी काम गर्नेको निम्ति वही बुझाउने फाँटमा सुब्बा हाकिम हुन्थ्यो र चाँडो काम फाँटमा कर्णेल हाकिम हुन्थ्यो।[१५३] यसरी नै हरेक काम तालुकवालाको अधीनमा रहन्थ्यो र तालुकवालालाई काम गर्न पाचौं तहको अड्डामा विभाजित गरी माथि उल्लिखित सबै

---

१५१. १ नं. देखि १२ नं. सम्म नै- एच. एन. अग्रवाल माथि उल्लिखित पाद टिप्पणी नं. १९, पृष्ठ ४४

१५२. ऐजन

१५३. ऐजन, पृष्ठ ४४

कार्यको जिम्मा दिइएको थियो।[१५४] यस अड्डाका हाकिमहरूमा क. पुण्यबहादुर कार्की, क. धर्मबहादुर सिंह, वृ. ज. कुलविक्रम बस्न्यात, कर्णेल नरबहादुर बस्न्यात, कर्णेल इन्द्रबहादुर कार्की, क. नर्सिङ्गबहादुर बस्न्यात र क. डम्बरशमशेर थापा मुख्य थिए।

यी कार्यहरूबाहेक जङ्गी अड्डाअन्तर्गत रहेका सैनिकहरूले निजामतीतर्फको काममा बाटो बनाउने, विवाह ब्रतबन्धमा पुलिसलाई आवश्यक परेको बेलामा मद्दत दिने काम पनि गरेको देखिन्छ।[१५५]

यस अड्डा मार्फत् यसका राणा सैनिक अफिसरहरूले अर्थात् तालुकवाला जनरलहरूले सैनिकहरूलाई ५५।- रु. सम्म जरिवाना गर्न सक्ने ङ्गी लाठले ५०।- रु. सम्म र मुख्तियारले १००।- रु. सम्म जरिवाना गर्न सक्ने अधिकार दिइएको थियो। यस्तैगरी जङ्गी लाठलाई सैनिकहरूको 'विन्तीपत्र' लिन सक्ने अधिकार पनि दिइएको थियो। तर, सो विन्तिपत्र हेरी त्यसमा तोक छाप लगाइ 'कमाण्डर-इन-चिफ' र प्रधानमन्त्रीसमक्ष पठाउनु पर्दथ्यो। यस्तैगरी जङ्गी लाठले नै 'जङ्गी पजनी' कागज पनि तयार गर्नु पर्दथ्यो र त्यसलाई कमाण्डर-इन-चिफ र प्रधानमन्त्री कहाँ आफ्नो विचारसहित प्रष्ट गरी पठाउनु पर्दथ्यो।[१५६]

श्री ३ महाराज कतै भ्रमण वा सिकारमा गएको बेला जङ्गी लाठको आज्ञाअनुसार सैनिकलाई प्रयोग गर्नु पर्दथ्यो।[१५७]

यसरी चन्द्रशमशेरदेखि मोहनशमशेरसम्म (जङ्गी अड्डा वा जङ्गी बन्दोबस्त अड्डा) यस अड्डाको कार्यहरू धेरैजसो यिनै उल्लिखित विभाग र शाखाहरूबाट नै भइरह्यो र मुख्य सैनिक कार्यालय केन्द्रीकरण नै भइरह्यो। यस्तै नै गरी शान्ति सुरक्षाको कार्यहरू सैनिकहरूको मद्दतबाट र राणाहरूको इच्छाबमोजिम भइनै रह्यो।[१५८]

कौशी तोषाखाना

यस कौशी तोषाखानाको स्थापना सुब्बा गोपालदास वैद्यको भनाइअनुसार पृथ्वीनारायण शाहले नै गरेका हुन्।[१५९] यसले मलुकी खानासँग मिलेर काम गर्दथ्यो।

---

१५४. एंजन, पृष्ठ ४५

१५५. एंजन, पृष्ठ ४६

१५६. एंजन, पृष्ठ ४५-४६

१५७. एंजन, पृष्ठ ४६

१५८. एन. एम. वुच कमिटीको रिपोर्ट - माथि उल्लिखित पाद टिप्पणी नं. १२५, पृष्ठ ९५

१५९. एच. एन. अग्रवाल- माथि उल्लिखित पाद टिप्पणी नं. १९, पृष्ठ ५०

किनभने यस कौशी तोषाखानाको काम धन खर्च गर्नु थियो भने मुलुकी खानाको काम धन जम्मा गर्नु थियो।

कौशी तोषाखानाको काम राजकोषमा सम्पत्ति जम्मा गर्नाका साथसाथै निजामती र जङ्गी कर्मचारीहरूको तलब वितरण गर्नु थियो। यसै गरी कर्मचारीहरूलाई पेन्सन दिने, मन्दिरमा पूजा गर्नको लागि रकम दिने, प्रधानमन्त्री र अन्य राज्यहरूलाई आवश्यक पर्दा एकमुष्ट रकम उपलब्ध गराउने काम, सामग्री अड्डा अदालतका लागि आवश्यक सामान किन्नु परेमा रकम दिने काम गफी वैठकको खर्च हेर्ने काम, स्कुल तथा पाठशालामा विद्यार्थीहरूलाई पुरस्कार दिनु पर्दा रकम दिने काम र कुमारी चोकलाई मासिक र वार्षिक लेखा बुझाउने काम गर्दथ्यो। यसको लागि यस अड्डामा पेन्सनफाँट, क्वी तलवफाँट, पूजाफाँट, दर्ताफाँट, स्याहाफाँटहरू थिए।[१६०]

हाजिरी गोश्वारा

यस गोश्वाराको स्थापना वावुराम आचार्यका भनाइअनुसार वीरशमशेरले गरेका हुन्।[१६१] यसको मुख्य काम विभिन्न सरकारी अड्डा अदालतमा काम गर्ने कर्मचारीहरूको हाजिरी लिनु र राख्नु थियो।[१६२] यो राणा शासनकालको अन्त्यपछि पनि कायम नै रहेको थियो। यस गोश्वाराको कार्य पद्धति निम्न किसिमको थियो। यसका केही कर्मचारीहरू हुन्थे। उनीहरू विभिन्न अड्डा अदालतमा थाहा नदिइकन जान्थे र त्यहाँ उपस्थित नभएका कर्मचारीहरूको हाजिरीमा चिन्ह लगाउँदथे। त्यसो भए वापत् उक्त गयल भएको कर्मचारीको सो एक दिनको तलब काटिन्थ्यो।[१६३]

डाइरेक्टर जनरल अफिस

नेपालमा शिक्षाको काम गर्न र त्यसको विकास गर्न भनेर प्रधानमन्त्री चन्द्रशमशेरले यस अफिसको स्थापना गरेका हुन्।[१६४] यस अफिसको मुख्य हाकिनलाई

---

१६०. ऐजन, पृष्ठ ५१

१६१. एच. एन. अग्रवाल- माथि उल्लिखित पाद टिप्पणी नं. १९, पृष्ठ ५३

१६२. ऐजन

१६३. एन. एम. वुच कमिटीको रिपोर्ट- धारा १६, पृष्ठ ९

१६४. श्यामप्रसाद उपाध्याय- माथि उल्लिखित पाद टिप्पणी नं. २, पृष्ठ ६२

डाइरेक्टर जनरल भनेर भनिन्थ्यो। सुरुमा स्थापना गरेको डाइरेक्टर जनरलको पद र अड्डाले शिक्षाको मात्र काम गरेको थियो जसअन्तर्गत संस्कृत र नेपाली, अङ्ग्रेजी र टेक्निकल विषयहरू हेर्ने गरी तीनवटा विभागहरू थिए।[१६५] पछि गएर जुद्धशमशेरले अस्पताल, कृषि र घरेलु उद्योग हेर्ने अरू तीन वटा बेग्लाबेग्लै डाइरेक्टर जनरल अड्डाको व्यवस्था गरे।[१६६] भने पद्मशमशेरले पुलिसको लागि पनि डाइरेक्टर जनरलको व्यवस्था गरी अड्डा खोलेका थिए।[१६७] यस प्रकार राणा शासनकालको अन्तसम्ममा ५ वटा डाइरेक्टर जनरलको अफिस देखा परेको थियो।

यी डाइरेक्टर जनरलको पद प्राप्त गर्ने व्यक्तिहरू राणा परिवारका नै सदस्य र सैनिक सेवाका नै व्यक्तिहरू हुन्थे र उनीहरूलाई सैनिक सेवा र पदको हिसाबले नै तलव दिइन्थ्यो। सैनिक सेवामा रहेका जनरल कहिलेकाहीं कर्णेलसम्मले मात्र पद प्राप्त गर्न सक्दथे।[१६८]

श्रेस्ता अफिस

श्रेस्ता अफिस सर्वप्रथम ई. सं. १९१७ मा चन्द्रशमशेरले स्थापना गरेका हुन्।[१६९] चन्द्रशमशेरले श्रेस्ता कौशल र श्रेस्ता अदालतको स्थापना गरेका थिए भने पछि गएर जुद्धशमशेरले वि.सं. १९९९ मा श्रेस्ता अपिल अड्डाको स्थापना गरेका थिए।[१७०]

श्रेस्ता कौशल अड्डाले रिपोर्ट, सवाल, सनदहरू मुलुकी बन्दोबस्त अड्डा, इन्जिनियरिङ अड्डा, पुलिस सुपरिन्टेन्डेन्ट अफिस र अन्य अड्डाहरूका साथै जिल्लाहरूमा रहेका श्रेस्ता अड्डाहरूमा पठाउने काम गर्दथ्यो।[१७१] यस अड्डाले त्यस्ता रिपोर्ट, सवाल र सनदहरूलाई अनुवाद गर्ने काम पनि गर्दथ्यो।[१७२]

---

१६५. ऐंजन

१६६. ऐंजन

१६७. ऐंजन

१६८. मिरिल आर. गुडल "एडमिनिस्ट्रेटिभ चेन्ज इन नेपाल", राल्फा ब्रेलक्न्टी (ed) व्युरोक्रेटिभ सिस्टम इमरजेन्ट फ्रम द बिट्रिस इम्परल इन्योडिसनल, पृष्ठ ६११

१६९. एच. एन. अग्रवाल- माथि उल्लिखित पाद टिप्पणी नं. १९, पृष्ठ ५६

१७०. ऐंजन

१७१. ऐंजन

१७२. ऐंजन

श्रेस्ता अदालतले जरिवानाको रकम, बाँकी भएको राजस्वहरू उठाउने काम गर्दथ्यो।[१७३] यसले आफ्नो काम कुमारी चोकको रिपोर्टको आधारमा र त्यसको सहयोगमा गर्ने गर्दथ्यो। यो अदालत एउटै मात्र काठमाडौंमा नै थियो।[१७४]

श्रेस्ता अपिलले अपिल सुन्ने र त्यसको निर्णय गर्ने काम गर्दथ्यो।[१७५] र यी श्रेस्ता अफिसहरू कमान्डर-इन-चिफको अधीनमा हुन्थ्यो।[१७६]

घरकाज अड्डा

यसको स्थापना वीरशमशेरले आफ्ना छोराहरूको दरबार बनाउनको लागि गरेका हुन् भन्ने बाबुराम आचार्यको भनाइ रहेको छ।[१७७] यसलाई पछि चन्द्रशमशेर अरू व्यवस्थित गरी सोझै प्रधानमन्त्रीको नै मातहतमा रहने व्यवस्था गरेका थिए।[१७८]

यस अड्डाको मुख्य काम श्री ५, श्री ३ र तिनका छोराछोरीहरूको दरबारको साथसाथै पाहुना घरहरू निर्माण गर्नु थियो।[१७९] यो अड्डा एकजना राणा चिफ इन्जिनियरले रेखदेख गर्दथ्यो। उक्त इन्जिनियर सैनिक सेवाको वृगेडियर कर्णेल हुन्थ्यो।[१८०] चन्द्रशमशेरको समयमा यसको लागत र जाँच फाँट, नगदी फाँट, माल गोदाम, काठ गोदाम, बनाउने अड्डा गरी ५ वटा बेग्ला बेग्लै शाखाहरू थिए। पछि गएर बिजुली फाँट र फर्निचर फाँट पनि थपिएको थियो।[१८१]

यी माथि उल्लेख गरिएका अड्डाहरूबाहेक अरू विभिन्न अड्डाहरू पनि राणाकालीन समयमा स्थापना गरिएको थियो। जसलाई राणा शासनहरूले विभिन्न समयमा कामहरूलाई सुचारु रूपले चलाउनका निम्ति नै स्थापना गरेको देखिन्छ। जुन निम्न प्रकारका थिए,

---

१७३. ऐजन, पृष्ठ ५७
१७४. ऐजन
१७५. ऐजन
१७६. ऐजन
१७७. ऐजन
१७८. ऐजन
१७९. ऐजन, पृष्ठ ५८
१८०. ऐजन
१८१. ऐजन

१. **म्युनिसिपल गोश्वारा** : यसको स्थापना वि.सं. १९७५ मा चन्द्रशमशेरले गरेका थिए।[१८२] सुरुमा यसले भोटाहिटी टोलमा मात्र आफ्नो काम सुरु गरेको थियो। यो गोश्वारामा खरिदार, विचारी, नायव राइटर, नौसिन्दा, जाँचकी र इन्जिनियर कामदारहरू हुन्थे। यो कमान्डर-इन-चिफको मातहतमा रहेको थियो।

२. **पञ्चायत गोश्वारा** : यो गोश्वारा वि.सं. १९८७ मा भीमशमशेरले स्थापना गरेका हुन्।[१८३] यसको स्थापना गर्नाको मुख्य उद्देश्य काठमाडौं उपत्यकाको नौ ठाउँमा पञ्चायतलाई स्थापना गर्नु नै थियो।[१८४] यसको लागि आवश्यक पञ्चहरू सरकारले नै मनोनित गर्दथ्यो।[१८५] यो गोश्वारा पनि कमान्डर-इन-चिफको नै मातहतमा थियो।

३. **मोठ तहविल** : यो अड्डाको स्थापना ई. सं. १८४८ मा भएको थियो।[१८६] यसको मुख्य काम विर्तावालहरूसँग मालपोत उठाउनु नै थियो। यस अड्डाले विर्तावालहरूको रिकर्ड र सम्वन्धित कागजपत्रहरू पनि राख्दथ्यो।[१८७]

४. **हुलाक गोश्वारा** : वास्तविकतामा नेपालको एक कुनाबाट अर्को कुनामा समयमा नै चिठी पुगोस् भन्ने हेतुले हुलाक अड्डाको व्यवस्था भीमसेन थापा मुख्तियार भएपछि गरेका थिए। एक जिल्लाबाट अर्को जिल्लामा चिठी पुऱ्याउन हुलाकीको पनि व्यवस्था गरे जसले धुंगरा बजाउँदै चिठीहरू सरकारी अड्डादेखि जनताको घर दैलोसम्म पुऱ्याउने काम गर्दथ्यो।[१८८]

पछि गएर चन्द्रशमशेरले हुलाक अड्डालाई हुलाक गोश्वारामा परिणत गरे र त्यसले गर्ने काममा केही परिवर्तन पनि गरे। चन्द्रशमशेरले प्रत्येक विन्तिपत्रमा एक रूपैयाँको हुलाक (टिकट) लाग्ने व्यवस्था पनि गरे।[१८९]

---

१८२. ऐजन
१८३. ऐजन
१८४. ऐजन
१८५. ऐजन
१८६. सतीस कुमार- माथि उल्लिखित पादे टिप्पणी नं. ३, पृष्ठ १०५
१८७. एच. एन. अग्रवाल- माथि उल्लिखित पाद टिप्पणी नं. १९, पृष्ठ ५९
१८८. ऐजन
१८९. ऐजन

५. **पानी गोश्वारा** : यसको स्थापना बाबुराम आचार्यका भनाइअनुसार वीरशमशेरले गरेका हुन्।[१९०] उपत्यकामा पानी पाइप बिच्छाइ घर, बाटो र दरबारहरूमा धारा राख्ने काम पनि गोश्वाराले गर्ने र गरेको थियो। सुरुमा एकजना ओभरसियर र अड्डाको हाकिमको रूपमा एकजना खरदारको व्यवस्था गरिएको थियो।[१९१] पछि गएर चन्द्रशमशेरले वि.सं. १९६३ मा यस पानी गोश्वारा अरू व्यवस्थित गरेका थिए।

६. **बिजुली गोश्वारा** : यस गोश्वाराको स्थापना सिंहदरबारमा बिजुलीको व्यवस्था गर्न ई. सं. १९११ मा गरेका थिए।[१९२] स्थापना भएको एक वर्षपछि नै यस गोश्वारालाई 'चन्द्रवती बिजुली गोश्वारा' भनेर भनिन थालियो।[१९३] यसले पछाडि काठमाडौंको सहरमा पनि बत्तिको व्यवस्था गरेको थियो। यो गोश्वारा कमान्डर-इन-चिफको मातहतमा रहेता पनि यसको मुख्य हाकिम इन्जिनियर नै हुन्थ्यो।[१९४]

७. **सेन्सस गोश्वारा** : यसको स्थापना चन्द्रशमशेरले ई. सं. १९१९ (वि.सं. १९७६) मा गरेका थिए।[१९५] पछि ई. सं. १९३८ (१९९५ कार्तिक २१ गते) जुद्धशमशेरले यस गोश्वारालाई ठूलो बनाइ कामहरू गर्न लगाएका थिए।[१९६] यस गोश्वाराले अधिराज्यभरको लोग्नेमानिस, स्वास्नीमानिस, केटाकेटीहरू, गाईवस्तुहरू र जग्गा जमिनको रिकर्ड राख्ने काम गर्दथ्यो। वि.सं. १९९५ देखि नै यस गोश्वाराले रजिष्ट्रेसन अड्डा माल अड्डा, पोत अड्डाको पनि व्यवस्था गरेको थियो।[१९७] वास्तविकतामा माथि उल्लिखित ४ वटै अड्डाहरू एक आपसमा सम्बन्धित र एक आपसमा मिलेर नै काम गर्ने गरेका थिए।

८. **छेभडेल अड्डा** : गंगाविक्रम सिंजापतिको भनाइअनुसार यो अड्डा मल्लकालमा नै स्थापना गरिएको थियो।[१९८] जसलाई उपत्यका विजय गरेपछि पृथ्वीनारायण शाहले कायम नै राखेका थिए। नेवारी भाषामा छें को अर्थ घर र

---

१९०. ऐजन
१९१. ऐजन
१९२. ऐजन
१९३. ऐजन
१९४. ऐजन
१९५. ऐजन
१९६. ऐजन
१९७. ऐजन
१९८. ऐजन, पृष्ठ ६२

भूमंडलको अर्थ भण्डार या अड्डा हो। यही अर्थअनुसार यस अड्डाको काम पनि सरकारी भवनहरूको हेरचाह गर्नु र बिग्रे भत्केका ठाउँमा मर्मत गर्नु हो। यस्ता अड्डाहरू काठमाडौं, हनुमानढोका दरबारमा र पाटन र भक्तपुरका दरबार र सरकारी भवनहरूको हेरचाह र मर्मत गर्न खडा गरिएका थिए। राणा शासनकालमा पनि यस अड्डालाई यथावत् नै राखिएको थियो। राणा शासनकालमा यो अड्डा राणा इन्जिनियरको मातहतमा राखिएको थियो। यसको व्यवस्था चन्द्रशमशेरले गरेका थिए।[१९९]

९. **जेलखाना** : काठमाडौंमा पहिलोपल्ट वि.सं. १९४१ मा जेलखाना बनाइएको थियो।[२००] त्यो भन्दा अगाडि कैदीहरूलाई कहाँ कसरी राखिन्थ्यो त्यसबारे प्रष्ट छैन। तर, केही पुस्तकहरूमा किल्लाहरूमा नै कैदीहरू राख्ने गरिन्थ्यो भनी उल्लेख गरिएको पाइन्छ। राणाकालमा काठमाडौंमा जेलको स्थापना गरेपछि सो जेललाई कमान्डर-इन-चिफको मातहतमा राखी दिनपर दिनको काम हेर्न डिठ्ठा पदको एक व्यक्तिलाई दिइन्थ्यो, जसलाई 'जेल डिठ्ठा' भनेर भनिन्थ्यो।[२०१]

जेलखानाको काम त्यतिखेर मृत्यु दण्डलाई कार्यान्वयन गर्ने, कैदीहरूलाई निस्कासन (निर्वासित) गर्ने, अपराधीहरूलाई तोकिएअनुसारको अवधिभर चुन्ने र राजाको जन्मदिनको दिन छोड्ने कैदीहरूको रिकर्ड राख्ने कार्यको साथसाथै समरजङ्ग कम्पनीको मातहतमा रही सडकहरूको निर्माण गर्ने काममा पनि लगाउने काम गर्दथ्यो वा सोको व्यवस्था गर्दथ्यो।[२०२]

चन्द्रशमशेरले पहिलोपल्ट जेलमा रहेका कैदीहरूलाई विभिन्न तालिम दिई उद्योगी बनाउने उद्देश्यले ई. सं. १९११ मा "जेलखाना कैदी तालिम कारखाना" को स्थापना गरेका थिए।[२०३]

यी अड्डाहरूबाहेक राणा शासकहरूले अन्य समस्याहरू समाधान गर्ने उद्देश्यले समयसमयमा विभिन्न अड्डाहरूको पनि स्थापना गरेका थिए। जस्तो जङ्गबहादुरले कम्पनी रूपैयाँ र नेपाली रूपैयाँ साट्न सराफखाना चन्द्रशमशेरले सिकारको लागि आवश्यक सामानहरूको व्यवस्था गर्न र रेखदेख गर्न ई. सं. १९०५

---

१९९. ऐजन

२००. ऐजन, पृष्ठ ६५

२०१. ऐजन

२०२. ऐजन, पृष्ठ ६५-६६

२०३. ऐजन, पृष्ठ ६६

मा फरसखाना, असवावखाना, जग्गासम्बन्धी दर्ता र कर उठाउनको निम्ति ई. सं. १९१० मा रजिष्ट्रेसन र पोत अड्डा, निर्माण सम्बन्धी कामहरू गर्न, सडकहरू र घरहरूको निर्माण गर्न, ई सं १९९४ मा इन्जिनियर अड्डा, सरकारी अड्डाहरूको जाँच गर्नको निम्ति ई. सं. १९१३ मा अड्डा जाँच अड्डा, ई. स. १९१५ मा टेलिफोन अड्डा, ई. सं. १९१६ मा तेजारथ अड्डा, ई. सं. १९१९ मा पास जाँच अड्डा, ई. सं. १९२१ मा तिर्जा अड्डा, सिंहदरबार जिन्सी अड्डा, सिंहदरबार फरमाइसी अड्डा, ई. सं. १९२४ मा गोश्वारा तहविल, गोठ गोश्वारा, पिपा गोश्वारा, नेपाल हात्तीसार गोश्वारा, बजार अड्डा, भन्सार अड्डा र ई. सं. १९२५ मा बाटो काज अड्डाको स्थापना गरेका थिए।[२०४]

चन्द्रशमशेरपछि भीमशमशेरको समयमा प्रशासनिक सुधारको नाममा ई. सं. १९३० मा पञ्चायत गोश्वाराको स्थापना भयो।[२०५]

जुद्धशमशेरको समयमा उनीभन्दा अगाडिका शासकहरूले स्थापना गरेका अड्डाहरूलाई उनले समय अनुरूप पुनर्गठन गर्ने, नयाँ शाखाहरू थप्ने वा छुट्टाएर बेग्लै अड्डाको रूपमा स्थापना गर्ने कामहरू गर्नाको साथसाथै ई. सं. १९३२ मा नेपाल म्युजियम, कृषि परिषद्, नेपाल ट्रेडिङ कर्पोरेसन, ई. सं. १९३४ मा उद्योग परिषद्, नेपाल सरकार हस्पिटल, औषधालय अड्डा, ई. सं. १९३५ मा चिडियाखाना अड्डा, ई. सं. १९३७ मा जुद्ध वारुण यन्त्र अड्डा र ई. सं. १९३९ मा राजबन्धकी अड्डा, घरेलु अड्डा, ई. सं. १९४१ मा नेपाल ब्युरो अफ माइन्सको स्थापना गरेका थिए।[२०६]

पद्मशमशेरले ई. सं. १९४५ मा वनस्पति गोश्वारा र मोहनशमशेरले ई. सं. १९४८ मा निजामती बढी तलव अड्डा, जङ्गी बढी तलव अड्डा र ई. सं. १९५० मा श्री ३ मोहन हवाई अड्डा विभागको स्थापना गरेका थिए।[२०७]

यी अड्डाहरू गहेर पनि त्यतिखेर नारायणहिटी गोश्वारा परासी अड्डा, लागत अड्डा, नगदी अड्डा दफ्तरखाना, टिकट अड्डा आदि अड्डाहरू कार्यरत थिए।[२०८]

यस किसिमले देशमा प्रशासनिक विकास गरेको भएता पनि निजामती प्रशासन चलाउने जिम्मा उनीहरूले सैनिक पद प्राप्त गरेका उच्च व्यक्तिहरूलाई अड्डा प्रमुख

---

२०४. ऐजन, पृष्ठ ५८-७०

२०५. ऐजन

२०६. ऐजन

२०७. ऐजन

२०८. ऐजन

बनाइ दिने गरेका थिए। अत: राणाकालीन शासन व्यवस्था वास्तवमा सैनिक शासन व्यवस्था थियो भनी लगाइने आरोप तथ्य नै देखिन्छ। त्यसकारण सेनाको ठूलो महत्त्व थियो र राणा शासकले जङ्गी अड्डालाई अवहेलना गर्ने कुरै भएन। राणा निरङ्कुश तानाशाहीको आयुलाई बढाउन सेनाहरूमाथि पूर्ण नियन्त्रण हुन अति आवश्यक थियो। त्यति कुरालाई ध्यानमा राखेर जङ्गी अड्डालाई प्रधानमन्त्रीको रोलक्रममा तेस्रो स्थान प्राप्त थियो। प. कमान्डिङ्ग जनरलको मातहतमा राखिएको थियो।[२०९] साथै सबै ठूला ठूला महत्त्वपूर्ण फौजी पदहरूमा राणा परिवारका सदस्यहरू नै नियुक्त हुन्थे। कुनै पनि राणा सामान्यतया क्याप्टेन वा मेजरभन्दा तल्लो तहको दर्जामा नियुक्त नै हुँदैन थिए। प्रधानमन्त्रीको छोरा, भतिजा वा नाति गर्भदेखि नै जनरल हुन्थे। राणाहरूको ज्वाइँ, भान्जा वा साला र जेठान पर्नेहरूलाई पनि सामान्य तथा लेफ्टिनेण्टको दर्जा दिइन्थ्यो।[२१०]

अर्कोतिर प्रशासनिक उच्च ओहदामा पनि अराणालाई नियुक्ति गरेको खण्ड राणा शासनलाई खतरा हुने भएकाले तिनै सैनिक पदमा बसेकाहरूलाई प्रशासनिक कार्य सुपुर्द गरिएको थियो। यसरी मुलुकको सम्पूर्ण व्यवस्थामा उनीहरूको राम्रै हालीमुहाली जमेको थियो।

राणाकालीन न्याय प्रशासन

राणाकालीन सरकार एकतन्त्रीय सरकारको थियो। श्री ३ महाराजा नै तिनै अङ्गका प्रमुख थिए। यसरी सारा अधिकार केन्द्रीकरण गरिएको थियो। यसरी केन्द्रीकरण भएयता पनि कार्यपालिका, व्यवस्थापिका र न्यायपालिकाका अधिकारहरूलाई निश्चित रूप थिएन। यसमा त न्यायपालिका न त स्वतन्त्र थियो, न त जनतामा मौलिक अधिकारहरू प्रदान नै गरिएको थियो। वास्तवमा सारा शासन हुकुमबाट चल्दथ्यो। तैपनि देशमा न्याय प्रशासनलाई सुचारु रूपले सञ्चालन गर्न केही कार्य गरिएको थियो।

राणाकालीन समयमा पनि श्री ३ जङ्गबहादुरको समयमा कौशलको रायबमोजिम नेपालको नयाँ मुलुकी ऐन आउनुबाहेक अरू केही सुधार हुन सकेन।[२११]

यिनीपछिका श्री ३ महाराज रणोद्दीप सिंहले पनि न्याय प्रशासनको सुधार गर्न सकेनन्। तर श्री ३ वीरशमशेर र उनका उत्तराधिकारीहरूले भने नेपालको न्याय प्रशासनमा सुधार गर्ने कोशिस गरेका थिए।

---

२०९. अगाडि हेर्नोस्

२१०. श्यामप्रसाद उपाध्याय- माथि उल्लिखित पाद टिप्पणी नं. २, पृष्ठ ५७

२११. ऐनखाना र कौशल सम्बन्धी शीर्षक हेर्नोस, पृष्ठ ४३-४५

राणाकालीन समयमा पनि शाहकालीन समयमा स्थापना गरिएका न्यायिक अङ्गहरू, जसको कोट, लग, इत्ता, चपाली, टक्सार, भन्सार थिए लाई राणा शासकहरूले कहीं कहीं थप गरिएका थिए।[२१२]

जङ्गबहादुरले आफ्नो समयमा एक छुट्टै विशेष अदालत खोलेका थिए जसलाई 'धर्म कचहरी' भनिन्थ्यो।[२१३] तर जङ्गबहादुरको मृत्युपछि यस अदालतलाई रणोद्दीप सिंहले खारेज गरेका थिए।

श्री ३ वीरशमशेर सन् १८८७ मा न्याय प्रशासनको सुधार गरेर यसलाई अरू बढी परिवर्तन गरेको पाइन्छ। त्यसपछिको न्याय प्रशासनको बनावट पाँच तहमा अदालतहरूमा विभाजित गरिएको थियो र यस्ता अदालतहरू राज्यभरिका विभिन्न जिल्लाहरूमा लागू गरियो। यी अदालतहरूमध्ये तल्लो तहको अदालतलाई 'प्रथम दीप न्यायालय', दोस्रो तहको अदालतलाई 'पहिलो पुन विचार न्यायालय', तेस्रो तहको अदालत जुन पूर्व राणाकालीन समयमा खडा गरिएको थियो, त्यसलाई कायम गरी 'राजधानीमा 'चार सदर अदालतहरू', चौथो तहको नयाँ अदालत जुन राजधानीमा खडा गरियो, त्यसलाई 'अदालत गोश्वारा' भनिन लाग्यो। यी माथि उल्लेख गरिएका अदालतहरूबाहेक राणाजी रोलवाला जर्णेलहरू र भारदारहरू भएको भारदारी अथवा राष्ट्रसभामा अन्तिम अपिल गर्ने अदालत पनि खडा गरियो, जसलाई 'जनरल-इन-भारदारी' भनिन्थ्यो।[२१४]

पछि श्री ३ महाराज चन्द्रशमशेरले नेपाल अधिराज्यभरिको फौजदारी र देवानीतर्फका पर्न आएका मुद्दा मामिलाको आखिरी सुनुवाइका लागि 'विन्तीपत्र निक्सारी अड्डाको स्थापना गरेका थिए।[२१५] यी अड्डा नै नेपालको न्यायपालिकातर्फको उच्च अड्डा हुन गयो, जुन प्रधानमन्त्रीको नै मातहतमा हुन्थ्यो।

श्री ३ महाराज भीमशमशेरको समयमा यस अड्डालाई नै 'अपिल निक्सारी' भन्न थालियो। यसले नेपालका विभिन्न अदालतहरूबाट अपिल गरेको विन्तीपत्र र कुनै व्यक्तिबाट ठाडो चढाएको विन्तिपत्र पनि लिने चलन चलायो।[२१६]

श्री ३ महाराज जुद्धशमशेरको समयमा न्यायपालिका सुधार गर्न प्रधान न्यायालयको खडा गरिएको थियो र जसमा न्यायाधीशहरूको पनि नियुक्ति गरिएको

---

२१२. साम्वभक्त पन्त- माथि उल्लिखित पाद टिप्पणी नं. १, पृष्ठ १११

२१३. 'धर्म कचहरी' सम्वन्धी शीर्पक हेर्नोस, पृष्ठ ५४-४७

२१४. सतीसकुमार- माथि उल्लिखित पाद टिप्पणी नं. ३, पृष्ठ १२९

२१५. विन्तीपत्र निक्सारी अड्डा सम्वन्धी शीर्षक हेर्नोस, पृष्ठ ३१-३३

२१६. ऐजन

थियो। यो अदालत तीन भारदारीमा विभाजित गरियो। पहिलो भारदारी, दोस्रो भारदारी र तेस्रो भारदारी ...। भारदारी पहिला मुन्तिर अपिल अड्डा पहिला, देवानी पहिला, फौजदारी (ललितपुर र उपत्यका शाहहरू) थिए। भारदारी दोस्रोअन्तर्गत अपिल अड्डा, दोस्रो फाँट, देवानी दोस्रो फाँट (भक्तपुरपट्टि पहाड नजिकका जिल्ला सम्बन्धी) थिए। भारदार तेस्राअन्तर्गत अपिल अड्डा तेस्रा र चौथा फाँट र तराईका अमिनी पर्दथे।[२१७]

यो प्रधान न्यायालय देशको सर्वोच्च अदालत हुनाका साथै पहिलो मुद्दा सुनुवाइ हुने अदालत थियो। सप्तरी कहरवन, वुटवल, नयाँ मुलुक, धनकुटा, डोटी, पाल्पा र मोरङमा अपिल अदालतहरू खडा गरिए। यस अपिल अदालतवाहेक अधिराज्यका हरेक सहरमा इलाका अदालत खडा गरियो। यस अदालतले देवानी र फौजदारी सम्बन्धी मुद्दाहरू हेर्ने भयो। राजधानीमा पनि देवानी र फौजदारीसम्बन्धी अपिल अड्डा रहे। तर, देशभरिको अन्तिम फैसला दिने अड्डा प्रधान न्यायालयअन्तर्गतको भारदारी अड्डाहरूले दिने गरियो। यस बाहेक ई. सं. १९४० तिर कैलाली र दाङमा 'महाजनी कचहरी, खडा गरेर साना साना मुद्दा छिन्न सक्ने व्यवस्था पनि गरियो।[२१८]

जुद्धको पालामा न्यायपालिकातर्फ सुधार गर्ने कार्यक्रमअनुसार कोर्टफी, जरिवाना र सजाय तोक्नेतर्फ पनि सुधार गरेको पाइन्छ।

श्री ३ महाराज पद्मशमशेरको समयमा भारदारी खारेज गरेर न्यायलयलाई चार फाँटमा विभाजित गरी हरेक फाँटमा आफ्ना भाइ छोरालाई मुख्य जज बनाइ अरू जजसहित कर्मचारीहरू राखे। बढ्दो न्याय मागलाई ध्यान दिएर नै प्रधान न्यायालयलाई बाँडेका थिए। २००४ सालको 'नेपालको वैधानिक कानुन' अनुसार प्रधान न्यायलयले 'न्यायापालिकाको' सर्वोच्च स्थान प्राप्त गरेको थियो तर पनि लागु हुन भने सकेन।[२१९]

यसरी के भन्न सकिन्छ भने राणाकालमा नै न्यायपालिकालाई कार्यपालिका नियन्त्रणबाट पृथक गर्ने प्रयत्न गर्दै प्रधान न्यायालयको स्थापना भएता पनि प्रधान न्यायालय भन्दा पनि माथि श्री ३ महाराजको स्थान कायम भएकाले, वास्तवमा राणाकालमा स्वतन्त्र न्यायालयको अभावको पूर्ति हुन सकेको थिएन भनेर ...।

---

२१७. साम्वभक्त पन्त- माथि उल्लिखित पाद टिप्पणी नं. १, पृष्ठ ११४

२१८. ऐजन, पृष्ठ ११४-१५

२१९. ऐजन, पृष्ठ ११५

जिल्ला प्रशासन

नेपाल अधिराज्यलाई राणाकालमा ३५ जिल्लामा विभाजन गरिएको थियो। १२ वटा जिल्लाहरू तराईमा र २३ वटा जिल्लाहरू पहाडमा थिए। मोरङलाई विराटनगर र झापा दुई भागमा बाँडेपछि नेपाल ३६ जिल्लाहरूमा बाँडियो।[२२०]

जिल्लाको प्रशासनिक कार्य सञ्चालन गर्न हरेक जिल्लामा एकएकबडा हाकिम रहन्थ्यो। तिनीहरू श्री ३ महाराजका विशेष विश्वासपात्र हुन्थे। यसैले यस पदमा राणा परिवारका सदस्यहरू नै खटिन्थे। क्याप्टेन वा सोभन्दा माथिको दर्जाका व्यक्ति नै बडा हाकिममा नियुक्ति गरिन्थ्यो। बडा हाकिमहरूको कार्यालयलाई गडी गौंडा वा गोश्वारा भनिन्थ्यो। बडा हाकिमको कर्तव्य सैनिक, व्यारेक तथा प्रशासनिक कार्यालयहरूको रेखदेख गर्नु न्याय तथा शान्ति सुरक्षा गर्नु र ऐन कानुनको मर्यादा राख्नु थियो।[२२१]

त्यसैले के भन्न सकिन्छ भने "बडा हाकिमले जिल्लामा सबै सरकारी शक्तिको प्रयोग गर्दथ्यो- जसरी केन्द्रमा प्रधानमन्त्रीले गर्दथ्यो।"[२२२]

जिल्लाको प्रशासन सुचारु रूपले सञ्चालन होस् भन्नाको खातिर विभिन्न जिल्ला जिल्लामा विभिन्न प्रशासनिक अङ्गहरूको स्थापना गरिएको थियो। तर पनि यस विकेन्द्रीकरणको विलकूल अभाव थियो। कहिलेकाहीं सञ्चारको राम्रो व्यवस्था नभएको हुनाले जिल्लामा बडा हाकिमले राजधानीसित सम्बन्ध जोड्न नसकी स्वतन्त्र रूपमा काम गर्न बाध्य हुन्थे र गर्दथे।[२२३] यसले के प्रष्ट गर्दछ भने "बाध्य भएर मात्र केन्द्रको निर्देशन वा अनुमति नलिइ काम गर्नुबाहेक अरू बेलामा साधारणतया राजधानीको आदेशको प्रतिज्ञा सधैं गरिन्थ्यो। किनकि हामीले अगाडि नै प्रष्ट गरिसकेका छौं कि नेपाल अधिराज्यको सम्पूर्ण प्रशासनिक शक्ति राजधानीमा बस्ने श्री ३ महाराजको हातमा केन्द्रीकृत गरिएको हुन्थ्यो।

निष्कर्षमा यही भन्न सकिन्छ कि राणाकालीन प्रशासन जनमुखी नभएर शासकमुखी रहेको थियो। सरकारको मुख्य उद्देश्य राणा परिवारलाई लाभ पुऱ्याइ शासकको सेवा गर्नु थियो। त्यस बेलाका कर्मचारीहरू राणा शासकका निजी कर्मचारीहरू झैं नै देखिन्थे भने देश राणा परिवारको निजी जमिन्दारीको रूपमा रहेको थियो।

---

२२०. मेदिनीप्रसाद शर्मा- माथि उल्लिखित पाद टिप्पणी नं. १०६, पृष्ठ १५९

२२१. एच. एन. अग्रवाल- माथि उल्लिखित पाद टिप्पणी न. १९, पृष्ठ ७९

२२२. वार्नर लेभी- 'गभरमेन्ट एन्ड पोलिटिक्स इन नेपाल', भाग २१, (न्युयोर्क फपार इस्टर्न सर्भे, डिसेम्बर १९५२), पृष्ठ १८६

२२३. सतीसकुमार- माथि उल्लिखित पाद टिप्पणी नं. ३, पृष्ठ ९०

यसरी राणाकालीन प्रशासनको रूप जनमुखी नभएर शासकमुखी भएता पनि, त्यमको उद्देश्य जनताको सेवा गर्नु भएता पनि र त्यतिखेरका कर्मचारीहरू निजी भैं देखिएता पनि त्यस प्रशासनिक व्यवस्थाले देशको केही सुधार गरेन भने पक्कै भन्न सकिदैन। यसको जति दोषहरू छन् त्यसको केही अंश यसको गुणहरू पनि थिए नै भन्न सकिन्छ। त्यसैले के भन्न सकिन्छ भने यी सम्पूर्ण प्रशासनिक इकाइहरू, आजको प्रशासनिक इकाइहरूको पृष्ठभूमिमा खडा भएका प्रारम्भिक रूप थिए। जसको आज पुनर्गठन भई, आधुनिकरण गरी वैज्ञानिक रूपले सङ्गठन (गर्न सकिएको छ) गरी कायम गरिएको छ।

त्यसैले के भन्न सकिन्छ भने यदि राणा शासकहरूले ती प्रशासनिक इकाइहरूको गठन त्यतिखेर नगरेको भए, स्थापना नगरेको भए, आजको प्रशासनिक व्यवस्थाको रूपरेखामा आउन अर्को केही वर्ष पक्कै पनि कुर्नु पर्दथ्यो। अझ भन्ने हो भने यी अड्डाहरूको स्थापना त्यतिखेर नै नभएको भए क्रान्ति पछि आएको सरकार र व्यवस्थाले सुचारूपूर्ण रूपले देशको प्रशासन चलाउन नै सक्ने थिएन। यो कुरा आज इरानको घटनाले पनि प्रष्ट गरेको नै छ।

फेरि राणाकालीन प्रशासनिक व्यवस्था जुन प्रकारले अव्यवस्थित थियो, त्यो आजको प्रशासन व्यवस्थाबाट पनि हट्न सकेको छैन नै यद्यपि आज राणाकालको भन्दा कैयौं बढी प्रशासनिक इकाइहरू त्यस समयको भन्दा कैयौं बढी कर्मचारीहरू छन्।

जे होस् प्रशासन एकाइहरू स्थापना गरी देशलाई प्रशासनिक सुधार गरी अगाडि बढाउने कार्य राणाहरूले गरेका नै थिए। तापनि त्यसको फाइदा देशले र जनताले भन्दा बढी राणा शासक र उनका परिवार अनि उनको वरिपरि रहने भारदारहरूले प्राप्त गरेका थिए।

राणाकालीन नेपालको शैक्षिक अवस्था

प्राचीन समयमा नेपाली समाज सांस्कृतिक र शैक्षिक जीवनले पूर्ण थियो त्यतिखेर नेपालमा दुई प्रकारको शिक्षा बौद्ध[१] र वैदिक[२] चलेको थियो। लिच्छवी शासनकालमा यी दुवै प्रकारको शिक्षा ज्यादै प्रचलित रूपमा फैलिएको थियो।[३]

नेपालमा मल्ल राजाहरूको उदय भएपछि ब्राह्मणिक शिक्षाले बौद्धिष्ट शिक्षा भन्दा ज्यादै उग्रगतिको रूपमा आफ्नो विकास गर्न थाल्यो र विकास गर्न पनि सकेको थियो। यस्तो भएता पनि मल्ल राजाहरूले कुनै प्रकारको शैक्षिक भेदभाव भने गरेनन्। वास्तवमा मल्ल राजाहरू शिक्षा, कला, संस्कृति र साहित्यको समान रूपले प्रेमी थिए।[४]

पृथ्वीनारायण शाहको शासन व्यवस्थामा पनि शिक्षाको विकास नै भयो। आफ्ना सारा समय युद्धमा बिताउनु परे पनि उनको ध्यान यतापट्टि पनि गएको थियो। युद्धमा मरेका आफ्ना सैनिकका छोराहरूलाई शिक्षित वनाउपट्टि ध्यान दिएको धेरै प्रमाण हामी पाउँदछौं।[५] जसले यो प्रष्ट गर्दछ कि उनी शिक्षाप्रेमी थिए।

तर पृथ्वीनारायण शाहपछि उनका उत्तराधिकारीहरूले भने शिक्षा दिने, शिक्षाको विकास गर्ने पट्टि ध्यान दिएका पाउदैनौं। तर, पनि शैक्षिक दृष्टिकोणबाट हेर्दा त्यस समयको शाहकालमा उनीहरूबाट शिक्षाका क्षेत्रमा भएको ठूलो योगदान पर्वतीय (नेपाली) भाषालाई नै राष्ट्र भाषाका रूपमा चिनाउन थियो र यसलाई कायम गर्नु र विकास गर्नु थियो भनेर भन्न सकिन्छ।

त्यतिखेर शिक्षा दिने कुनै खास विद्यालयको स्थापना नभएको कारणले गर्दा त्यतिखेरको शिक्षाका अनेकौं रूपहरू हुन्थे। तैपनि तिनीहरूको एउटा निश्चित स्वरूप हुन्थे, जसमा तिनीहरू आधारित भएर शिक्षा प्रदान गर्थे। त्यो हो प्राचीन परम्परा ...।

---

१. वुद्ध धर्ममा आधारित शिक्षा

२. हिन्दू धर्ममा आधारित शिक्षा

३. कृष्णराज अर्याल- एजुकेसन फर द डेप्लोप्मेन्ट अफ नेपाल, (काठमाडौं, नेपाल शान्ति प्रकाशन, शान्ति सदन, प्रथम संस्करण ई. सं. १९७०), पृष्ठ १२

४. नेपालमा शिक्षा- सम्पादक, रुद्रराज पाण्डे र अरू, (काठमाडौं, नेपाल, कलेज अफ एजुकेसन, ई. सं. १९५६ (कपिराइट)), पृष्ठ २०

५. भीमवहादुर पाँडे क्षेत्री- राष्ट्रभक्तिको झलक, (काठमाडौं नेपाल, रत्न पुस्तक भण्डार, वि.सं. २०३४), पृष्ठ ४३ र ६४

किनभने यसको मुख्य कारण त्यतिखेरको समाज नै पुरानो ढाँचामा संगठित समाज थियो।

यसप्रकारको समाजमा पछि राणाकालीन समयमा पनि कुनै परिवर्तन आएन। समाजमा परिवर्तन ल्याउन सहयोग गर्ने मुख्य तत्त्व शिक्षा हो भन्ने कुरा थाहा पाएका राणा शासकहरू जनतालाई अशिक्षाको अन्धारमा राखी मनमानी शासन गर्न सफल भएका थिए, तत्पर थिए। शिक्षित जनतामाथि धेरै समयको लागि निरङ्कुश शासन चलाउन सकिदैन भन्ने तथ्यलाई राम्ररी बुझेका राणा शासकहरूले नेपालीहरूको शैक्षिक शोषण गर्ने नीति अपनाए। तर, यसको अर्थ यो कदापि हैन कि राणाकालमा शिक्षाको विकासका लागि प्रयत्न नै भएको थिएन। विश्वमा आएको परिवर्तन र जागरणको लहरद्वारा नेपाल पनि अप्रभावित रहेको थिएन। नेपाली जनताले शिक्षाको महत्त्व र आवश्यकता बुझिसकेका थिए। अतः कुनै राणा प्रधानमन्त्रीले स्वेच्छाले शिक्षामा सुधार र विकासका कार्य गरे, कुनैले विवशतापूर्वक नयाँ स्कुल र महाविद्यालय खोले तथा कुनै प्रधानमन्त्रीले शिक्षाको विकासलाई दबाउने कुप्रयास पनि गरे अर्थात् सञ्चालन भइरहेको स्कुल पाठशाला बन्द गर्ने घृणित कामहरू पनि गरे। यसरी वास्तवमा राणाकालमा शिक्षाले विकासको बाटोमा कैयौं उकालो र ओह्रालो पार गरेको थियो।

राणाकालीन प्रधानमन्त्रीको रगत एउटै वंशसित सम्बन्धित भएता पनि तिनीहरूका स्वभाव र विचार धारामा एक रूपता थिएन। त्यसकारण एक प्रधानमन्त्रीको पालामा भरमार स्कुल, पाठशालाहरू खोल्ने कार्य पनि भयो अनि पछि आउने अर्को प्रधानमन्त्रीले ती खोलिएका स्कुल, पाठाशालाहरू निर्ममतापूर्वक बन्द गर्ने कार्य पनि गरेको पाइन्छ। यस प्रकारको सरकारी नीतिले गर्दा शिक्षाको गति मत्थर मात्र भएको थिएन बरु स्थिर गरेको जस्तो देखिन्थ्यो। त्यसैले एक विद्वान् भन्छन् कि,

> "१८४०-१९५० ई. राणाकालीन समयलाई शोषकवर्गले शिक्षालाई पूर्ण रूपमा उपेक्षित गरेको समय विरोध गरेको भनेर भन्न सकिन्छ। जब कि यस समयमा पश्चिमी देशहरूले शिक्षालाई विकास गर्दै बढाउँदै लगेका थिए। तर राणाहरूले नेपालमा भएको शिक्षाको चिन्हसमेत मेटाउने प्रयास गर्दै थिए।[६]

किन यस प्रकारको कार्य राणाहरूले गरे भन्दा हामी पर्सिवल लन्डनको विचारलाई प्रस्तुत गर्न सक्दछौं। उनी भन्छन्-

६. एच. वि. उड- द डेप्लोप्मेंन्ट अफ एडुकेसन इन नेपाल, (वासिङ्गटन डिपार्टमेन्ट अफ हेल्थ एजुकेसन एन्ड वैलफर, अफिस अफ एजुकेसन वुलेटिन नं. ५, ई. सं. १९६९), पृष्ठ ९

"शिक्षालाई राणाहरूले एक प्रकारले अपत्यार गरी हेर्दथे, जसरी मध्यकालीन रोमको चर्च व्यवस्था र नीतिले त्यस समयको वैज्ञानिकहरूको गतिविधि, कार्य र उनीहरूको योग्यतालाई हियाएर शङ्का गरी हेर्दथे।"[७]

जनसहयोगद्वारा मात्र पर्याप्त मात्रामा शिक्षाको प्रचार हुन नसकिने भएको हुनाले वि.सं. २००७ सालमा नेपालले राणाा शासनको पञ्जावाट फुत्केर संसारको चारैतिर आफ्नो दृष्टि घुमाउँदा विश्वका अरू देशको दाँजामा आफू ज्यादै पिछडिएको अनुभव गर्नु परेको थियो। किनभने वास्तवमा देवशमशेर भन्दा अघिका राणा प्रधानमन्त्री तथा श्री ३ महाराजाहरूले जनतालाई सच्चा शिक्षा दिलाउने विचारले केही काम गरेका थिएनन्। तैपनि प्राचीन परम्परावादी शिक्षामा परिवर्तन ल्याउने प्रयास व्यक्तिगत रूपमा आफ्नो परिवारको नै फाइदाको लागि आफ्नो परिवारको सदस्यहरूलाई नै अङ्ग्रेजी शिक्षा दिलाएर जङ्गबहादुरले नै गरे भनेर भन्न सकिन्छ। यसरी नेपालमा अङ्ग्रेजी शिक्षाको सुरुवात गर्ने पहिला श्रेय जङ्गबहादुरलाई नै दिन सकिन्छ।

त्यसैले के भन्न सकिन्छ भने जङ्गबहादुरको उदयले नेपालको आन्तरिक विच्छृंखलता शान्त भएको यो समय शिक्षाको पुनरुत्थानको निमित्त उपयुक्त थियो। तर जङ्गबहादुर स्वयं नै शिक्षित थिएनन्, दोस्रो उनले शिक्षा जस्तो मानिसहरूलाई चेतन वलवान तुल्याउने साधन देशभित्र हुली आफ्नो र आफ्नो उत्तराधिकारीहरूको स्वार्थमा बाधा पुऱ्याउन पनि उचित ठानेनन्। अतएव देशमा शिक्षाको कुनै प्रयत्न भएन।

तर जङ्गबहादुर त्यस्ता व्यक्ति र उनको नीति त्यस्तो भएता पनि आफ्ना उत्तराधिकारीहरूलाई निरक्षर राख्न चाहन्थे। उनले आफ्नो वेलायत यात्रामा शिक्षाको मूल्य र प्रतिष्ठाको केही परिचय अवश्य पाएका थिए।

त्यसैले बेलायत यात्राबाट फर्केको २- वर्षभित्रै आफ्ना भाइ छोराहरूलाई पढाउनको निम्ति २ जना अङ्ग्रेज शिक्षकहरू झिकाई आफ्नो र दरवारभित्रको एक कोठामा १९१० सालको आश्विन २७ गते (१६५३, अक्टोवर) एउटा सानो स्कुलको स्थापना गरे।[८] त्यस समय उक्त स्कुलको सञ्चालन र सुपरिवेक्षण गर्ने जिम्मा श्री रोस (Mr ross) लाई दिइएको थियो भने प्रधानाध्यापक श्री क्यानिङ्ग (Mr. Canning)

---

७. पर्सिवल लन्डन- नेपाल, भाग २, (काठमाडौं, नेपाल, रत्न पुस्तक भण्डार, पुनः प्रकाशन ई. सं. १९७९), पृष्ठ १७९

८. सर्वाङ्गिण राष्ट्रिय शिक्षा समितिको रिपोर्ट, (काठमाडौं, नेपाल, शिक्षा विभाग, श्री ५ को सरकार, शिक्षा मन्त्रालय, वि.सं. २०१८), पृष्ठ ६

नामक एक अङ्ग्रेजलाई बनाएका थिए।[९] यी दुवै अङ्ग्रेजहरूलाई जङ्गबहादुरले भारतवाट ल्याएका थिए। दरवारभित्र दाखचोंकको उक्त भुइँ तल्लामा रहेकाले सबैले त्यस स्कुललाई दरबार स्कुल भनेर भन्न थाले। आजको दरबार स्कुलको प्रारम्भिक रूप उक्त स्कुल नै थियो।[१०]

यो स्कुल त्यतिखेर सर्वसाधारण जनताका लागि खुल्ला थिएन। खाली राणा प्रधानमन्त्रीका छोरा भतिजाहरूको मात्र त्यस स्कुलमा पढ्न पाउँथे। यसरी एक शासक भएर शिक्षालाई राष्ट्रका फाइदाका लागि प्रयोग गर्नुभन्दा विपरीत आफ्नो व्यक्तिगत फाइदाका लागि प्रयोग गरेका थिए। यसरी जङ्गबहादुरले साधारण वर्ग र जनतालाई शिक्षा दिने कुनै कार्य गरेनन्। त्यसैले के भन्न सकिन्छ भने उनले चलाएको स्कुल एक स्कुलको रूपमा नभएर ट्युसन कक्षाको रूपमा थियो। उक्त दरबार स्कुलमा मिस्टर रोज नामक अङ्ग्रेज शिक्षकको साथसाथै मौलवी मुसाफिर ख्वाह अहमद नामक एक बंगाली शिक्षक पनि थिए। यिनलाई खासगरी जङ्गबहादुरले दक्षिणतिरका देशहरूसित लेखापढीको काम गर्न बोलाइ वि.सं. १९२७ साल ज्येष्ठ १ गते मुन्सीखानामा नियुक्ति गरेका थिए। त्यतिखेर ती देशहरूसित उर्दू भाषामा नै लेखापढी हुन्थे। मौलवी मुसाफीर ख्वाह अहमद अङ्ग्रेजी, अरबी, नेपाली र बङ्गाली भाषामा पोख्त थिए। जङ्गबहादुरले पछि उनलाई दरबार स्कुलमा पढाउने कार्यतर्फ पनि लगाएका थिए।[११]

यस प्रकारको शिक्षा प्राप्त गर्न सकेकाले जङ्गबहादुरका धेरैजसो छोराहरू भतिजाहरूले राम्ररी अङ्ग्रेजी बोल्न र लेख्न सक्ने भएका थिए।[१२]

दरवार स्कुलको स्थापना भएपछि उक्त स्कुलको रेखदेख गर्न सर्वप्रथम शिक्षा डाइरेक्टरको पदको सिर्जना गरियो। उक्त पदमा सर्वप्रथम जनरल बबरजङ्ग राणालाई राखियो। त्यसपछि वि.सं. १९३२ सालमा कमान्डिङ्ग जनरल धीरशमशेर ज.ब.रा. लाई उक्त पदमा राखिएको थियो।[१३]

जङ्गवहादुरको समयमा नै चारजना गुरु सन्ताउन्न जना संस्कृतका विद्यार्थीहरू भएको नारायणहिटी पाठशालाको स्थापना भएको थियो। यो वि.सं. १९२७ सम्म

---

९. (क) लेखकले गुणदेव भट्टराईसँग लिएको अन्तर्वार्तावाट

(ख) नयां शिक्षा नीति लागु भएपछि उक्त स्कुलको नाम परिवर्तन गरी भानु माध्यमिक विद्यालय राखिएको छ।

१०. लेखकले गुणदेव भट्टराईसँग लिएको अन्तर्वार्तावाट

११. ऐजन

१२. प्रमोदशमशेर- राणा नेपाल एन इनसाइडर्स भ्यु, (काठमाडौं, नेपाल, श्रीमती आर. राणा, ई. सं. १९७८), पृष्ठ ३९-४९

१३. लेखकले गुणदेव भट्टराईसँग लिएको अन्तर्वार्तावाट

राम्रोसँग नै चलिरहेको र त्यसपछि त्यसको जानकारी नभएको कुरा उल्लेख भएको छ। संस्कृत पाठशालामा यो नै पहिलो पाठशाला हो।[१४]

जङ्गबहादुरको शासनकालमा नै बाल ब्रम्हचारी श्री षडानन्द अधिकारीले वि.सं. १९३२ मा पूर्वी नेपालको भोजपुर जिल्लाको दिङ्ला भन्ज्याङ्गमाथि कैलाश डाँडामा चार सय पचास मुरी आयस्ता हुने जग्गा जम्मा गरी त्यही नै एक संस्कृत पाठशाला स्थापना गरेका थिए।[१५]

जङ्गबहादुरकोसमयमा नै उनका छोरा जनरल जीतजङ्गले राजेश्वरीमा एक पण्डित विष्णुहरिलाई नियुक्ति गरी वि.सं. १९३१ सालमा एक पाठशाला खडा गरी केही ब्राम्हण पुत्रहरूलाई (शिक्षा) पढाउन लगाएका थिए। तर, पछि यो क्रम हुट्यो।[१६]

यसरी के भन्न सकिन्छ भने जङ्गबहादुरको समयभरि शिक्षाको त्यही स्तर र स्थिति कायम नै रह्यो, जुन उनको सुरु समयमा रहेको थियो। त्यसैले त्यस समयको नेपालमा रहेको अङ्ग्रेजी रेसिडिन्सीसित सम्बन्धित एक अङ्ग्रेज भन्दछन्-

> "नेपालमा स्कुल र कलेज खोल्नु आयरल्यान्डमा साँप खोज्नु जस्तो छ ...।[१७]

यस्तो भएता पनि त्यस समयमा धनी राणा व्यक्तिहरूले आफ्नो छोराहरूलाई अङ्ग्रेज शिक्षक वा बंगाली बाबुहरू राखी अङ्ग्रेजी शिक्षा दिन्थे भने जनतामा रहेको उच्च वर्गले सो कार्य आफ्नो पुर्खौली पुरोहित या पण्डितहरूद्वारा गराउँदथे। तर, नेपाली जनसङ्ख्यामा साधारण वर्ग र तल्लो वर्ग (बहुसङ्ख्यक) शिक्षा प्राप्त गर्नबाट वन्चित भएका थिए।[१८]

जङ्गबहादुर पछि रणोद्दीप सिंह प्रधानमन्त्री र श्री ३ महाराज भए। यिनले शिक्षालाई जङ्गबहादुरको नीतिबाट केही स्वतन्त्र गरे। यिनले जङ्गवहादुरले दरबारभित्र स्थापना गरेको उक्त दरबार स्कुलमा राणा परिवारका अरु सदस्यहरू, भारदारका छोराहरू र चाकडीयाका छोराहरूसमेतले अनुमति लिई पढ्न पाउने गरी सो स्कुललाई

---

१४. गोपीनाथ शर्मा- नेपालमा शिक्षाको इतिहास, (नेपाल, श्रीमती हेमकुमारी शर्मा, वि.सं. २०४३), पृष्ठ ५०

१५. ऐजन, पृष्ठ ५८

१६. नेपालमा शिक्षा- माथि उल्लिखित पाद टिप्पणी नं. ४, पृष्ठ २२

१७. डेनियल राइट- हिष्ट्री अफ नेपाल, (काठमाडौं, नेपाल, एन्टिक्युटेड वुक पव्लिसर, पुनः प्रकाशन, ई. सं. १९७२), पृष्ठ ३१

दरबारबाट वाहिर सारी रानीपोखरीको कुनामा रहेको वीरशमशेरको गोठमा स्थापना गरे। यसरी त्यससमय यस स्कुलको हेरविचार गर्ने जिम्मा पूर्णरूपले तत्कालीन कमाण्डर-इन-चिफ धीरशमशेरलाई दिएको थियो।[१९] धीरशमशेर पछि वि.सं. १९३८ सालमा उक्त पदमा केदार नरसिंह राणालाई नियुक्ति गरिएको थियो।[२०])

रणोद्दीप सिंह धार्मिक प्रवृत्तिका प्रधानमन्त्री र श्री ३ महाराज भएकाले उनका विचारहरू पनि त्यस्तै प्रकारका थिए। त्यसैले यिनी र कमाण्डर-इन-चिफ धीरशमशेर थोरै खर्चबाट धेरैको उपकार हुने विषयमा तत्कालीन विद्वान्‌हरूसित सल्लाह गरी पाठशाला खोल्न र छात्रहरूलाई बिहानबेलुकी खाना दिने राम्रो व्यवस्था गरी एउटा पाठशाला स्थापना गर्ने विचार गरे। तर, पनि शिक्षकको कमीले त्यसको स्थापना तुरुन्त हुन सकेन। पछि १८७७ ई. सं. मा रानीपोखरीको उत्तरतिर एक टहरा बनाइ ७-८ जना अध्यापक नियुक्ति गरी व्यवस्थित रूपमा एक संस्कृत पाठशाला स्थापना गरी सर्वसाधारण विद्वान्‌हरूलाई संस्कृत शिक्षा दिने व्यवस्था गरे।[२१]

त्यस समयमा यस विद्यालयमा १३० जना विद्यार्थीहरू थिए।[२२] जसमा ५४ जना छात्रावासमा नै बस्दथे।[२३]

सम्वत् १९४२ सालमा त्यो विद्यालय त्यहाँबाट रणमुक्तेश्वरमा सरेको थियो।

यसरी नेपालमा संस्कृत शिक्षाको जग राम्ररी यिनैको पालामा नै बनेको थियो भनेर भन्न सकिन्छ। उप्रेती भन्छन् कि-

> "त्यस समयदेखि १९ सौं शताब्दीको आखिरीसम्म संस्कृत शिक्षामा केही बढी सुविधा दिनुबाहेक अरू कुनै महत्त्वपूर्ण सुधार र परिवर्तन भएन।"[२४]

---

१८. सर्नामकुमार- राणा पोलिटी इन नेपाल, (वम्वई, पी. एस., जयसिंह एसिया पब्लिसिङ्ग हाउस, ई. सं. १९७६), पृष्ठ १३७

१९. सर्वाङ्गिण रा. शि. स. को रिपोर्ट- माथि उल्लिखित पाद टिप्पणी नं. ८, पृष्ठ ६

२०. तारानाथ सिंह स्वाँर- केही शैक्षिक संस्मरण, (काठमाडौं, नेपाल अम्बिकादेवी स्वाँर, वि.सं. २०३७), पृष्ठ ८

२१. नेपालमा शिक्षा- माथि उल्लिखित पाद टिप्पणी नं. ४, पृष्ठ २२

२२. सर्वाङ्गिण रा. शि. स. को रिपोर्ट- माथि उल्लिखित पाद टिप्पणी नं. ८, पृष्ठ ६

२३. नेपालमा शिक्षा- माथि उल्लिखित पाद टिप्पणी नं. ४, पृष्ठ २३

२४. त्रैल्योक्यनाथ उप्रेती- फाइनान्सियल इलिमेन्टरी एजुकेसन इन नेपाल- (ओरीगन, इन्जिन, नेपाल अमेरिकन एजुकेसन फाउन्डेसन, ई.सं. १९६२), पृष्ठ ३८-३९

(यसरी रणोद्दीप सिंहको कार्यहरू हेर्दा उनले पनि सबै जनसाधारणलाई अङ्ग्रेजी शिक्षा दिने कार्यपट्टि ध्यान नदिएर, सिर्फ आफ्नो नै राणा वर्गहरू र आफ्नो भलो गर्नेहरूको सन्तानलाई मात्र शिक्षित बनाउने कार्य गरेको देखिन्छ।

वीरशमशेरको समयमा शिक्षाको पिपासा त्यति उग्ररूपमा हुन सकेन भनेर केही विद्वान्हरूले भनेका छन् तर पनि उनले गरेको शैक्षिक कार्यहरू हेर्ने हो भने माथिका दुई श्री ३ महाराज र प्रधानमन्त्रीहरूका कार्यहरूभन्दा कम भने देखिन्न।)

वीरशमशेरले कलकत्ताको डेभटोन कलेजबाट शिक्षा प्राप्त गरेका थिए। यिनी अङ्ग्रेजी भाषा राम्ररी बुझ्दथे र साधारणतया अङ्ग्रेजी भाषा बोल्दथे पनि...। यिनलाई उर्दू र पर्सियन भाषाको राम्रो ज्ञान थियो।[२५]

यिनले आफ्नो समयमा संस्कृत शिक्षाको अवस्थालाई राम्रो गर्ने प्रयास गरे। यसै अनुरूप वि.सं. १९४२ मा रणमुक्तेश्वरमा सरेको संस्कृत पाठशाला ठाउँको अभावले त्यहाँ राम्ररी चल्न नसकेकाले (यिनले रानीपोखरीको पश्चिमपट्टिको कुनामा एक लामो भवन बनाइ वि.सं. १९४८ मा) त्यस भवनको तल्लो तलामा उक्त पाठशालालाई सुव्यवस्थित रूप दिए।[२६]

(यस्तैगरी रानीपोखरीको एक कुनामा रहिरहेका जङ्गबहादुरले दरबारभित्र स्थापना गरेको, रणोद्दीप सिंहले दरबार बाहिर सारेको 'दरबार स्कुललाई वीरशमशेरले उक्त भवनको माथिल्लो तल्लामा व्यवस्थित ढङ्गले राखिदिए)।[२७] वीरशमशेरले विद्यालयहरूको रेखदेख गर्न शिक्षा डाइरेक्टरको पदमा आफ्नै भाइ तत्कालीन कमान्डर-इन-चिफ खड्गशमशेर ज.ब.रा.लाई नियुक्ति गरे। तर वि.सं. १९४४ सालमा खड्गशमशेरले वीरशमशेरको विरुद्ध षड्यन्त्र गर्न खोजे पछि उनलाई पाल्पा धपाइ सकेपछि उक्त पदमा चन्द्रशमशेरलाई नियुक्ति गरेका थिए।[२८]

त्यतिखेर उक्त संस्कृत पाठशालामा वेद, व्याकरण, काव्य, ज्योतिष आदि पढाउने १० जना विद्वान्हरूलाई पनि नियुक्ति गरिदिए र मुख्य (प्रधान) पण्डितको रूपमा 'विष्णुहरि पण्डित' लाई नियुक्ति गरेका थिए। उक्त विद्यालयमा पढ्ने विद्यार्थीहरूले इच्छानुरूप विषय पनि पढ्न पाउने चलन पनि वीरशमशेरले चलाइ दिए, तर त्यसको वार्षिक परिक्षा भने दिनु पर्दथ्यो।[२९]

---

२५. प्रमोदशमशेर- माथि उल्लिखित पाद टिप्पणी नं. १२, पृष्ठ १०१

२६. नेपालमा शिक्षा- माथि उल्लिखित पाद टिप्पणी नं. ४, पृष्ठ २२-२३

२७. ऐजन

२८. लेखकले गुणदेव भट्टराईसँग लिएको अन्तर्वार्ताबाट

२९. नेपालमा शिक्षा- माथि उल्लिखित पाद टिप्पणी नं. ४, पृष्ठ २२-२३

यसरी अघि स्थापना भएको संस्कृत छात्रावासमा ५४ जना विद्यार्थीहरूमात्र रहने व्यवस्था भएकामा अरू थप गरी १०८ जना विद्यार्थीहरू रहन सक्ने गरिदिए। यसको साथै उक्त छात्रावासमा नै ४ जना शिक्षकहरूको पनि व्यवस्था गरिदिए।[३०]

यसरी पाठशालामा पढेका विद्यार्थीहरूले मध्यमा परीक्षा वि.सं. १९५५ देखि 'गभर्नमेन्ट संस्कृत कलेज' बनारसबाट दिने व्यवस्था गरिदिए।[३१] जसले गर्दा धेरै विद्यार्थीहरूले त्यहाँबाट व्याकरण, ज्योतिष र वेदमा मध्यमा परीक्षा पास गरे। यसैलाई ध्यानमा राखी वीरशमशेरले शास्त्री र आचार्य पढ्न प्रतिभाशाली र योग्य १० जना विद्यार्थीहरूलाई राज्यको तर्फबाट छात्रवृत्ति दिने व्यवस्था पनि गरिदिए।[३२] जसको सङ्ख्या पछि बढ्दै २०-५ जनासम्म पुगेको थियो।[३३]

(यस्तैगरी वीरशमशेरले वि.सं. १९५४ मा नेपालमा एक ईसाइ हाइस्कुलको निर्माण पनि गराए। तर, यस सम्बन्धी अरू कुनै पनि पुस्तकमा र शिक्षा रिपोर्टमा समेत कतै केही वर्णन गरेको देखिन्न। तैपनि यदि यो स्कुल भएको भए पनि सम्भवतः नेपालमा स्थापना गरिएको यो प्रथम त्यस प्रकारको स्कुल थियो भन्न सकिन्छ।)

यस प्रकार वीरशमशेरले आफ्नो शासनकालभरिमा करिब १६ वटा जति साधारण स्कुलहरूको स्थापना गरेका थिए।[३४]

वीरशमशेरले आफ्नो समयमा नेपाली विद्यार्थीहरूलाई जापानमा इन्जिनियरिङ तालिम लिन पठाए।[३५] यसरी नेपाली विद्यार्थीहरू भने तापनि तिनीहरू राणा परिवारका नै सम्बन्धित मुख्य सदस्यहरू थिए, जनसाधारण भने हैनन्।

यस्तैगरी शिक्षाकै उन्नतिका लागि वीरशमशेरले वि.सं. १९५७ मा 'वीर पुस्तकालय' को स्थापना पनि गराए।[३६] पुस्तकालयको हकमा यो पुस्तकालय उल्लेखनीय छ। तर, आधुनिक अर्थमा यो पुस्तकालयमा नभै पुस्तक सङ्ग्रहालयको रूपमा रहेको

---

३०. ऐजन, पृष्ठ २३

३१. ऐजन

३२. ऐजन

३३. मेदिनीप्रसाद शर्मा- नेपालको आधुनिक इतिहास, भाग २, (विराटनगर, नेपाल, जानुका प्रकाशन, दोस्रो प्रकाशन, वि. सं. २०३५), पृष्ठ ६३

३४. तारामान सिंह स्वाँर- माथि उल्लिखित पाद टिप्पणी नं. २०, पृष्ठ ९

३५. मेदिनीप्रसाद शर्मा- माथि उल्लिखित पाद टिप्पणी नं. ३३, पृष्ठ ६३

३६. बालचन्द्र शर्मा- नेपालको ऐतिहासिक रूपरेखा, (वाराणसी, कृष्णकुमारी देवी, वि.सं. २०२६, तेस्रो संस्करण), पृष्ठ ३५१-३५२

थियो भनेर भन्न सकिन्छ। जे भए पनि नेपालमा शिक्षाको क्षेत्रमा यसको आफ्नै किसिमको देन रहेको देखिन्छ। एक विद्वान्ले भनेका छन्,

> "यसको इतिहासको खोजीनीति गर्ने हो भने संसारमा नाम चलेको यस पुस्तकालयको शिक्षा र ज्ञानको क्षेत्रमा भएका देनहरूको स्पष्ट चित्र प्रस्तुत हुनेछ"[३७]

तर वर्तमान समयमा यसको देन रहेको कुरामा शङ्का गर्न सकिदैन। राणा कालमा यस पुस्तकालयको ज्ञान फैलाउने उद्देश्यले कति प्रयोग भएको थियो ? भन्ने प्रश्नको उत्तर नकारात्मक रूपमा मात्र दिन सकिन्छ। यदि कसैले सकारात्मक रूपमा दिए भने तापनि त्यसको फाइदा सिर्फ राणा परिवारका नै सदस्यहरू र चाकडियाहरूले मात्र लिएका थिए, जनसाधारणले हैन भनी प्रष्ट भन्न सकिन्छ।

वीरशमशेरको नै समयमा सर्वप्रथम नेपाली भाषाको पत्रिकाको प्रशासन काशीबाट भयो। नेपालमा पत्रपत्रिकाको प्रकाशन सुरु हुनुभन्दा अगाडि श्री बाबु रामकृष्ण वर्माको सम्पादनमा श्री मोतीराम भट्टद्वारा 'गोर्खा भारत जीवन' नामक नेपाली भाषाको मासिक पत्रिका निस्कियो। नेपाली भाषाको पत्रपत्रिकाको इतिहासमा अहिलेसम्म थाहा पाइएकामा यसैलाई नै पहिलो पत्रिका मान्न सकिन्छ। यसभन्दा अगाडि कुनै पत्रिका निस्किएको देखिन्न। यो कहिले निस्कियो र कतिसम्म निस्कदै रह्यो भन्ने कुरा यकिनका साथ भन्न सकिदैन। तर पनि ई. सं. १९५२ (वि.सं. १९९५-९६) भन्दा अगाडि निस्किसकेको थियो भन्दा कुनै बाधा देखिदैन।[३८]

यसरी विदेश भूमिबाट प्रकाशित भएता पनि त्यससित वा त्यसको प्रशासन कार्यसित नेपालका शासक र प्रधानमन्त्री श्री ३ महाराजको कुनै सम्पर्क र सम्बन्ध नभएता पनि नेपाली भाषाको सर्वप्रथम प्रकाशन भएको पत्रिका भएको हुँदा नेपाली साहित्य र शिक्षा जगत् र त्यसको इतिहासमा यसको महत्त्वपूर्ण स्थान थियो र छ भन्न सकिन्छ। किनभने यसै पत्रिकाको अनुशरण गरी वीरशमशेरको नै समयमा नेपालमै नेपाली विद्वान्हरूको मद्दतबाट १९५५ सालको श्रावण (ई. सं. १९९८) महिनामा 'सुधा सागर' नामक मासिक पत्रिका निस्कियो। यो पत्रिका पं. नरदेव र मोतीकृष्णद्वारा पशुपति प्रेसमा छापी प्रकाशित गरेका थिए।[३९]

यस्तो भएता पनि वीरशमशेरका समयमा शिक्षाको स्तर राम्रोसँग, जनसाधारणको निम्ति कायम हुन सकेको थिएन। किनभने राणा शासकले स्थापना

---

३७. डा. जगदीशचन्द्र रेग्मी- शाहकालीन कला र वस्तुकला, (काठमाडौं, साझा प्रकाशन, वि.सं. २०३३), पृष्ठ ६६

३८. ग्रीष्मवहादुर देवकोटा- नेपालको छापाखाना र पत्रपत्रिकाको इतिहास (काठमाडौं, नेपाल, केशवप्रसाद लम्साल, प्रथम संस्करण, ई. सं. १९७६), पृष्ठ ४४-४५

३९. ऐजन, पृष्ठ २९

गरेको उक्त पाठशालाहरूमा उनीहरूको स्वीकृति विना भर्ना हुन र पढ्न पाइँदैनथ्यो। यस प्रकारको सुविधा राणाहरूले जनसाधारणलाई दिन पनि चाहदैनथे। त्यसैले ती सुविधाहरू उनका परिवार, उनका चाकडिया र उनको भलो चिताउने व्यक्तिहरूले र उनका सन्तानहरूले मात्र प्राप्त गर्न सक्दथे।

त्यसैले वीरशमशेरको समयमा ई. सं. १८९८ को आखिरीतिर नेपाल आएका 'सिल्मान लेमी' ले त्यतिखेरको शैक्षिक स्थिति र अवस्था बारे भनेका छन्,

> "... त्यहाँ केही विद्वान् व्यक्ति यताउता देखिन्छन्, तर पनि वास्तवमा 'प्राचीन शिक्षाको' ज्योति त्यहाँ निभ्दै थियो ...।"[४०]

यसले प्रष्ट हुन्छ कि जनसाधारण वर्गहरूले त्यतिखेरको शिक्षाको प्रयोग गर्न पाएका थिएनन्। जसरी अगाडिका प्रधानमन्त्री र श्री ३ महाराजको समयमा पाएका थिएनन्। यद्यपि त्यतिखेरसम्म १६ वटा साधारण स्कुलहरू स्थापना भइसकेका थिए।

वीरशमशेरपछिको एक वर्ष अर्थात् ई. सं. १९०१ नेपालमा शिक्षाको लागि अति महत्त्वपूर्ण वर्ष मानिन्छ भने उनी पछि (वीरशमशेरपछि) भएका प्रधानमन्त्री र श्री ३ महाराज देवशमशेरलाई शिक्षा विकास गर्ने शिक्षा जगतका महत्त्वपूर्ण राणा व्यक्ति भनेर भन्न सकिन्छ। यस ३९ वर्षको व्यक्तिले शिक्षामा अनेकौं विकास गर्ने प्रयत्न गरेका थियो। तर पारिवारिक षड्यन्त्रको सिकार भई उनले ११३ दिनमा नै लघारिनु पर्‍यो। तर, पनि यस छोटो अवधिभित्र पनि उनले आफ्नो शिक्षाप्रतिको अभिरुचि उग्ररूपले देखाएका थिए।

देवशमशेरले आफ्नो प्रारम्भिक शिक्षा जङ्गबहादुरको घरबाट प्राप्त गरेका थिए। उनलाई अङ्ग्रेजी भाषा र शिक्षाको राम्रो ज्ञान थियो। उनले उनको अङ्ग्रेज र भारतीय गुरुहरूबाट बेलायतको शासन व्यवस्थाबारे कार्य पद्धतिबारे थाहा पाएका थिए। जसबाट उनी ज्यादै प्रभावित पनि भएका थिए।[४१]

जसरी उनलाई अङ्ग्रेजी भाषा र शिक्षाको राम्रो ज्ञान थियो, त्यस्तै गरी उनलाई नेपाली भाषाको पनि राम्रो ज्ञान र प्रेम थियो।[४२]

(देवशमशेरले वीरशमशेरको समयदेखि नै नेपालमा राष्ट्र भाषा, शिक्षा र साहित्यको विकास गर्ने विचार गरेका थिए। तर, त्यतिखेर दिइने शिक्षाको माध्यम कुन भाषालाई बनाउने ? भन्ने विषयमा पण्डित हरिहर आचार्य दीक्षित, पण्डित दिव्यदेव पन्त, तत्कालीन दरबार स्कुलका प्रिन्सिपल बटेकृष्ण मैत्रेय, जयपृथ्वीवहादुर सिंह र आफ्ना मित्र मोतीराम भट्टसँग सरसल्लाह गरेका थिए। यसमा पण्डित हरिहर आचार्य

---

४०. त्रैलोक्यमान उप्रेती- माथि उल्लिखित पाद टिप्पणी नं. २४, पृष्ठ ३८-३९

४१. प्रमोदशमशेर- माथि उल्लिखित पाद टिप्पणी नं. १२, पृष्ठ १०६

४२. मेदिनीप्रसाद शर्मा- माथि उल्लिखित पाद टिप्पणी नं. ३३, पृष्ठ ६८

दीक्षित र पण्डित दिव्यदेव पन्तले संस्कृत माध्यममा शिक्षा दिनुपर्ने, बटे कृष्ण मैत्रेयले, अङ्ग्रेजी माध्यममा शिक्षा दिनु पर्ने र जयपृथ्वीबहादुर सिंह र युवाकवि मोतीराम भट्टले नेपाली माध्यममा शिक्षा दिनु पर्ने आ-आफ्नो विचारहरू व्यक्त गरेका थिए। देवशमशेर वास्तविक रूपमा नेपालमा नेपाली माध्यममा नै शिक्षा दिन चाहन्थे र त्यस्तै किसिमको भाषा पाठशाला खोल्न चाहन्थे। अत: उनी जयपृथ्वीबहादुर सिंह र मोतीराम भट्टको विचारबाट प्रभावित भए। उनीहरूले देवशमशेरलाई भरसक्दो सहयोग गर्ने विश्वास दिलाएका थिए।[४३])

त्यस समयमा पण्डित हरिहर आचार्य दीक्षित र पण्डित दिव्यदेव पन्त जस्ता लोकप्रिय विद्वान्‌हरूको अगाडि जयपृथ्वीबहादुर सिंह र मोतीराम भट्टले नेपाली भाषा र शिक्षाका लागि आवाज उठाउनु त्यस सम्बन्धमा कार्य गर्न खोज्नु एक चुनौतिपूर्ण कार्य नै मान्नु पर्दछ।

(त्यसैले आफू प्रधानमन्त्री र श्री ३ महाराज हुनासाथ दरबार स्कुल, जुन अहिलेसम्म निश्चित व्यक्तिहरूका निम्ति खुला थियो, सबै जनसाधारणका लागि पनि खुला गरिदिए। यसले गर्दा अगाडिसम्म १०० जना मात्र भएको स्कुलमा २ हप्ताभित्रै ५०० करिब विद्यार्थीहरूको सङ्ख्या पुग्यो।[४४] यस्तैगरी संस्कृत पाठशालामा पनि दिनहुँ आई पढ्ने व्यवस्था गरिदिए। जसले गर्दा त्यसमा पनि विद्यार्थी बढ्न गयो।)

यसबाट प्रष्ट थाहा हुन्छ कि नेपाली जनसाधारण वर्गहरूमा शिक्षित हुन चाहने इच्छा हुँदाहुँदै पनि शिक्षाबाट वञ्चित भएका थिए, हुनु परेको थियो।

(आफ्नो देशमा 'जापानी ढंगको शिक्षा दिने विचार देवशमशेरको थियो। त्यसैले वीरशमशेरको समयमा सोसम्बन्धी धेरै कुराहरू सोचेको भएता पनि उनी प्रधानमन्त्री हुँदासम्म सो स्थितिमा ठूलो परिवर्तन आइसकेको थियो। त्यसैले आफ्नो विचार बेग्लै भएता पनि त्यतिखेरसम्ममा नेपालीहरूमा बढ्दै गएको अङ्ग्रेजी शिक्षाप्रतिको मोहलाई उनले पनि आँखा चिम्लन सकेनन्। उनले आफ्नो विचार र जनताको मोहलाई पनि महत्त्व दिई नयाँ प्रकारको 'शिक्षा प्रणालीको' परिचय नेपालमा गराए। जस अनुरूप उच्च कक्षामा अङ्ग्रेजी माध्यम र सानो कक्षामा नेपाली माध्यमबाट शिक्षा दिने व्यवस्था गरियो। यसै अनुरूपको विद्यालयहरू खोल्ने उत्तरदायित्व पं. दिव्यदेव पन्तलाई दिइयो।[४५])

---

४३. राजेश गौतम- "मोतीराम भट्टको श्री ५ पृथ्वी वीर विक्रम र देवशमशेरसँगको सम्पर्क", इन्दु, (नेपाल, सं. सामनाथ पौडेल, वर्ष ६, अङ्क ५, वि.सं. २०४१ भदौ), पृष्ठ ८

४४. बावुराम आचार्य- "नेपालमा शिक्षाको इतिहास", नवीन शिक्षा, (नेपाल कलेज अफ एजुकेसन, वि.सं. २०१४ श्रावण, वर्ष १, अङ्क ४), पृष्ठ ७

४५. स. रा. शि. स. को रिपोर्ट- माथि उल्लिखित पाद टिप्पणी नं. ८, पृष्ठ ७

(यसरी देवशमशेरको निर्णयपछि ठाउँको अभावमा पनि विद्यालयहरू खोलिन लागे। सतल, पाटी, सार्वजनिक स्थल सबैले विद्यालयहरूको रूप लिन थाले। जसअनुसार उपत्यकामा ५० वटा र उपत्यका बाहिर १०० वटा विद्यालयहरू खोलियो। यसरी खोलिएका विद्यालयहरूमा ५० जनाभन्दा बढी छात्र हुने ठाउँमा १ जना शिक्षक र सो भन्दा बढी भएमा २ जना शिक्षक सरकारको तर्फबाट राखिदिने व्यवस्था पनि गरिदिए।[४६])

यस्तैगरी यी विद्यालयहरूमा विद्यार्थीहरूलाई विना मूल्य लेख्ने पाटी, पेन्सिल र जयपृथ्वीबहादुरद्वारा लिखित "अक्षराङ्क शिक्षा" पुस्तक निःशुल्क वितरण गरिएको थियो।[४७] यस्तो पाठशालालाई "भाषा पाठशाला" भनेर भनिन्थ्यो।[४८]

देवशमशेरको यस प्रकारको शिक्षा नीतिको विषयमा रेग्मी भन्छन् कि,

> "उनको विचार (देवशमशेरको) काठमाडौं उपत्यकाभरि प्राइमरी (भाषा पाठशाला) स्कुलहरू खोलिसकेपछि, प्रत्येक गाउँमा एउटा एउटा हाइस्कुल खोल्ने र त्यसको अन्तमा एउटा कलेजको स्थापना गर्ने, जसको उद्देश्य एउटा 'विश्वविद्यालय' को स्थापना गराउनु थियो, जुन उनको मुख्य योजना थियो।"[४९]

त्यस समयमा यसरी शिक्षाको विकास भएको कुरालाई लिएर एक लेखक भन्छन्,

> "यसरी नेपालको शिक्षाको क्षितिजमा शिक्षारूपी चन्द्रमाको उदय भएको थियो। जसले अन्धकारमय राणा निरङ्कुशतन्त्रमा शिक्षामा लागेको ग्रहण हटाउँदै थिए।"[५०]

मोतीराम भट्टले वीरशमशेरको नै प्रधानमन्त्री कालमा नै राष्ट्र भाषाको विकास गराउन र नेपालको दरबारहरूबाट (खासगरी देवशमशेरको दरबारबाट) उर्दू र फारसीको प्रभाव घटाउन नेपाली भाषामा 'शकुन्तला' नाटक लेखी देवशमशेरका दरबारका तालिमेहरूद्वारा खेल्न लगाई देवशमशेरकै दरबारमा सफल मञ्चन गरेका थिए।[५१]

---

४६. ऐंजन

४७. कृष्णराज अर्याल- माथि उल्लिखित पाद टिप्पणी नं. ३, पृष्ठ २४

४८. स. रा. शि. स. को रिपोर्ट- माथि उल्लिखित पाद टिप्पणी नं. ८, पृष्ठ ७

४९. डिल्लीरमण रेग्मी- 'ए सेन्चुरी अफ फेमेली अटोक्रेसी इन नेपाल', (नेपाल, द नेपाली नेसनल काङ्ग्रेस, ई. सं. १९५८, दोस्रो प्रकाशन), पृष्ठ ११९

५०. केदारनाथ श्रेष्ठ- 'डेभ्लप्मेन्ट अफ एजुकेसन अन्डर राणा रिजन', एजुकैसन क्वाटर्ली, भाग ११ (XI), नं. १, (काठमाडौं, कलेज अफ एजुकेसन, ई.सं. १९६७ जुन), पृष्ठ २६

५१. राजेश गौतम- माथि उल्लिखित पाद टिप्पणी नं. ४३, पृष्ठ ९

प्रधानमन्त्री हुनुभन्दा अगाडि नै देवशमशेर जनताले पनि देश विदेशका समाचारहरू थाहा पाउन भन्ने चाहन्थे। त्यसैले उनी त्यतिखेर मोतीराम भट्टद्वारा वि.सं. १९५० मा फरिकेनमा स्थापित 'पशुपति छापाखाना'मा गइरहन्थे। सोही समयमा मोतीराम भट्टले राष्ट्रभाषा र साहित्यको प्रचारप्रसार गर्न एक पत्रिकाको प्रकाशन जरुरी भएको कुरा बताएका थिए। तर त्यही समयतिर मोतीराम भट्टको वि.सं. १९५३ भदौरे औंशीको दिन मृत्यु भयो। तर त्यतिखेर देवशमशेरले मोतीराम भट्टको उद्देश्यलाई पूरा गर्न सकेनन्।[५२] तर आफू प्रधानमन्त्री भएपछि आफ्नो उद्देश्य पूरा गर्न वि.सं. १९५८ साल ज्येष्ठ ३ गते सोमबारका दिन साप्ताहिक पत्रिकाको रूपमा एक पत्रिका प्रकाशित गरी त्यसको नाम 'गोर्खापत्र' राखे।[५३] पछि चन्द्रशमशेरको समयमा यसको नाम 'गोरखापत्र' भयो।[५४] तर यसको मुख्य उद्देश्य देशको वस्तुस्थितिसित जनतालाई परिचित गराउनु थिएन, बल्की अन्तर्राष्ट्रिय स्थितिसित मात्र परिचित गराउनु भयो। किनभने यसमा अन्तर्राष्ट्रिय खबरहरू मात्र छापिन्थ्यो। देशको खबर भनी सिर्फ सदनहरू, प्रधानमन्त्रीका भाषण र विचारहरू प्रकाशित गरिन्थ्यो। त्यसैले एक लेखक भन्छन्,

> "सुरुमा यो पत्रिकाको रूप सरकारी पत्रिका (गजेट) को रूपमा थियो।"[५५]

तर पत्रिकाको रूपमाथि उल्लिखित अनुरूप जस्तो भएता पनि त्यतिखेरका उक्त पत्रिकाका सम्पादक मदनदेव शर्माले स्वतन्त्र समालोचना गर्ने अधिकार भने पाएका थिए।[५६]

यसरी देवशमशेरले प्रकाशित गरेको उक्त 'गोरखापत्र' को एक प्रति इङ्गल्यान्डका वादशाहलाई र अर्को प्रति काठमाडौंमा रहेका अङ्ग्रेज राजदूतलाई विना मूल्य दिने नियम पनि चलाए।[५७]

---

५२. ऐजन

५३. गृष्मवहादुर देवकोटा- माथि उल्लिखित पाद टिप्पणी नं. ३८, पृष्ठ ५७

५४. राममणि आ. दी.- पुराना सम्झना, (काठमाडौं, श्रीमती नलिनी देवी आ. दी., वि.सं. २०२९), पृष्ठ ९८

५५. प्रमोदशमशेर- माथि उल्लिखित पाद टिप्पणी नं. १२, पृष्ठ १०९

५६. मेदिनी शर्मा- माथि उल्लिखित पाद टिप्पणी नं. ३३, पृष्ठ ६८

५७. वावुराम आचार्य- माथि उल्लिखित पाद टिप्पणी नं. ४४, पृष्ठ ११

यिनको नै समयमा दार्जिलिङबाट पादरी श्री गंगाप्रसाद प्रधानको सम्पादनमा नेपाली भाषाको 'गोर्खे' खबर कागत मासिक पत्रिका निस्कियो। यो क्रिश्चियन धर्मको प्रचार गर्ने पत्रिका थियो। नेपाली भाषामा यस्तै किसिमको यो पहिलो पत्रिका थियो।[५८]

यस्तैगरी जनतामा शिक्षाको चाख बढोस् भन्नाको लागि मनोरन्जन रूपले उनीहरूलाई प्रभाव पार्न हप्ताको एक चोटि नि:शुल्क सेनोमेटो ग्राफ देखाउने प्रबन्ध पनि गरेका थिए।[५९]

देवशमशेर कतिसम्म विद्वान्हरूको कदर गर्न जान्दथे भन्ने कुरा निम्न घटनाले प्रष्ट गर्दछ।

> "... मोतीराम भट्ट मार्फत् देवशमशेरको दरबारमा पँहुच नपुगेका कैयौं विद्वान्हरूसँग सम्पर्क थियो। उनीहरूको जमघट 'पशुपति छापाखानामा' हुन्थ्यो। श्री ५ पृथ्वी वीरविक्रम शाह पनि त्यहाँ गइरहन्थे। मोतीराम भट्टको मृत्युपछि पनि सो जमघट भइरहन्थ्यो।[६०]

(देवशमशेरको यस प्रकारको शैक्षिक विकासको पछाडि र उनका अरू गतिविधिहरूले गर्दा उनीपछिका उनका राणा उत्तराधिकारी (जसमा) चन्द्रशमशेर ज्यादै सशंकित हुन थाले। यसरी उनको (देवशमशेरको) शैक्षिक विकासको पछाडि एक षड्यन्त्र उनका आफ्नै भाइ भतिजाहरूले रच्न थाले। फलस्वरूप "दरबार स्कुलको वार्षिकोत्सवमा पुरस्कार गर्न गएका देवशमशेरलाई पुरस्कार वितरण गरिसकेपछि षड्यन्त्रको सिकार बनाइयो यसरी उनी आफ्नो ११३ दिनको शासनकालपछि पदच्यूत गरिए।"[६१])

उनीपछि भएका प्रधानमन्त्री र श्री ३ महाराजले उनले खोलेका स्कुलहरू भाषा पाठशालाहरू तुरुन्तै बन्द गरिदिए। यसरी देवशमशेरको पतनले उनको शिक्षामा विकास गर्ने विभिन्न पक्षको योजनाको पनि अन्त भयो।

देवशमशेरलाई पदच्यूत गरेपछि उनका भाइ चन्द्रशमशेर नेपालका प्रधानमन्त्री र श्री ३ महाराज भए।

---

५८. गृष्मवहादुर देवकोटा- माथि उल्लिखित पाद टिप्पणी नं. ३८, पृष्ठ ४५
५९. प्रमोदशमशेर- माथि उल्लिखित पाद टिप्पणी नं. १२, पृष्ठ १०९
६०. राजेश गौतम- माथि उल्लिखित पाद टिप्पणी नं. ४४, पृष्ठ ९
६१. प्रमोदशमशेर- माथि उल्लिखित पाद टिप्पणी नं. १२, पृष्ठ १११-११४

यिनले ९ वर्षको केटाकेटी उमेरदेखि नै नेपाली शिक्षकहरूबाट अङ्ग्रेजी सिक्न थालेका थिए। त्यसैले कलिलो उमेरमा नै चन्द्रशमशेरले अङ्ग्रेजी भाषा लेख्न, पढ्न र बोल्न जान्ने भैसकेका थिए। पछि १८-९ वर्षको उमेरमा अङ्ग्रेजी र अरू विषयमा शिक्षा प्राप्त गर्न उनलाई ई. सं. १८८२ मा कलकत्ता पठाइएको थियो। उनी राणा परिवारमा (इन्ट्रान्स म्याट्रिक) पास गर्ने पहिला व्यक्ति थिए।[६२] सर्वसाधारण व्यक्तिमा इन्ट्रान्स पास गर्ने व्यक्ति वीरजङ्ग विष्ट हुन् कि बलमान सिंह प्रधान हुन् प्रष्ट हुन सकेको छैन।

यिनको समयमा शिक्षा उपर बन्देज पनि लाग्यो र शिक्षा दिने कार्य-पनि भयो। किनभने विश्वमा भइरहेको परिवर्तनहरू र नयाँ स्थितिले गर्दा राणा शासकहरूले प्रष्ट रूपमा शिक्षाको विरोध भने गर्न सकेनन्। तर पनि अदृश्य रूपबाट शिक्षाको विकासलाई रोक्ने कार्य पनि गर्दै रहे।

आफ्नो शासनकालको सुरुमा चन्द्रशमशेरले पूर्ण रूपमा शिक्षा विरोधी नीति लिए र त्यसलाई कायम नै गरे। त्यसैले आफूभन्दा अगाडिका प्रधानमन्त्री र श्री ३ महाराजाले (देवशमशेरले) खोलेका नयाँ स्कुलहरूमा भाषा पाठशालाहरू बन्द गरिदिए। केहीलाई संस्कृत स्कुलमा परिवर्तन गरिदिए। यस सम्बन्धमा रेग्मी भन्छन्,

> "उनले (चन्द्रशमशेरलें) देवशमशेरद्वारा स्थापित गरिएका विभिन्न स्कुलहरू (भाषा पाठशालाहरू) लाई नराम्रो किसिमले बन्द गराए। यसरी बन्द गरिएका स्कुलहरू थोरैमा पनि २०० भन्दा कम थिएनन्।"[६३]

तर देवशमशेरले प्रकाशित गरेको 'गोर्खापत्र' (गोरखापत्र) भने यिनले बन्द गर्न सकेनन्। किनभन्दा एक विद्वान् भन्छन्,

> "... देवशमशेरले यो पत्रिका प्रकाशित गरी सकेपछि एकप्रति इङ्गलैन्डका वादशाह र एकप्रति नेपालस्थित अङ्ग्रेज राजदूतलाई दिने नियम बसालेका थिए। जसले गर्दा यो पत्रिका बन्द गर्ने हुति नयाँ महाराज (चन्द्रशमशेर) लाई भएन।"[६४]

त्यसैले यो पत्रिका छाप्ने कार्य भने कायम नै राख्न चन्द्रशमशेर बाध्य हुनु पऱ्यो।

---

६२. पर्सिवल लन्डन- माथि उल्लिखित पाद टिप्पणी नं. ७, पृष्ठ ८५ (भाग २)
६३. डिल्लीरमण रेग्मी- माथि उल्लेखित पाद टिप्पणी नं. ४९, पृष्ठ १२८
६४. बाबुराम आचार्य- माथि उल्लिखित पाद टिप्पणी नं. ४४, पृष्ठ ११

यस्तैगरी देवशमशेरको समयमा भाषा पाठशालाहरूको योजना बनाउनेहरूमध्ये हरिहर आचार्य दीक्षित स्वदेशमा बस्न नसकी विदेशमा (बम्बईमा) भाग्नु पऱ्यो। यस्तैगरी जयपृथ्वीबहादुरलाई पनि कलकत्ता पठाइयो। हरिहर आचार्य दीक्षितले बम्बईमा गोरखा ग्रन्थ प्रचारक मण्डली खोलेर नेपाली पुस्तक प्रकाशन गर्ने कार्य गर्न थाले तर सफल भएनन्। यस्तैगरी जयपृथ्वीबहादुरले पनि कलकत्ता नै बसी केही नेपाली पुस्तक छपाए, तर चन्द्रशमशेरले प्रचार गर्न नै दिएनन्।[६५]

(चन्द्रशमशेरले अङ्ग्रेजी शिक्षा प्राप्त गरेकाले र बेलायतको भ्रमण गरेकाले युरोपको सभ्यताको र त्यहाँको शिक्षाको विकासबारे थाहा पाउनाका साथै त्यसको प्रभाव वा असरबाट घटेका अनेकौं घटनाहरूबारे राम्ररी थाहा पाएका थिए। अतः एकतन्त्रीय शासन निम्ति शिक्षाको खतरनाक हुन्छ भन्ने कुरा बुझेका चन्द्रशमशेरले जनतालाई शिक्षित बनाई राणाहरूको र आफ्नो नै विरुद्ध विद्रोह गर्ने जागरणको नुल्वात वा जग बसाउन चाहँदैनथे।)

तर चन्द्रशमशेरको नीति त्यस्तो भएता पनि, (उनी पूर्णरूपले अङ्ग्रेजभक्त भएको कारणले गर्दा नै त्यस प्रकारको नीतिमा उनले परिवर्तन ल्याउनु परेको थियो। यसको कारण एक) विद्वान् भन्छन्,

> "ई. सं. १९१८ मा भारतका तत्कालीन गभर्नर जनरलले-साधारण लेख्न र पढ्न नजान्ने कुनै पनि गोरखालीलाई रिकुटेको रूपमा स्वीकार नगर्ने निर्णय गरेका थिए किनभने अशिक्षित रिकुटेलाई तालिम दिन कठिन पर्दथ्यो।"[६६]

यस प्रकारको अङ्ग्रेजको निर्णयले गर्दा शिक्षाका कट्टर विरोधी चन्द्रशमशेरलाई अङ्ग्रेजको भक्ति गर्ने या खुसी गराउन पनि शिक्षाप्रति नरम नीति लिन बाध्य हुनु परेको थियो। यसैअनुरूप पहाडी इलाकातिर शिक्षा दिन प्राइमरी स्कुलहरू पुनः खोल्न थाले।

दोस्रा कारणमा, "त्यतिखेर तराईतिरका बासिन्दाहरूले आफ्ना छोराछोरीलाई भारतबाट शिक्षकहरू ल्याई शिक्षा दिन थालेका थिए। यस घटनाले गर्दा तराईका मानिसहरूमा छिट्टै नै शिक्षाको प्रचार हुन थाल्यो। यसले गर्दा पनि शिक्षाप्रति चन्द्रशमशेरले नरम नीति लिन बाध्य भएका थिए।

---

६५. स. रा. शि. स. को रिपोर्ट- माथि उल्लिखित पाद टिप्पणी नं. ८, पृष्ठ ७

६६. लेखकले गुणदेव भट्टराईसँग लिएको अन्तर्वार्ताबाट

तेस्रा कारणमा, यो भन्न सकिन्छ कि 'राज्यका विभिन्न विभागहरूमा काम गर्ने केही कारिन्दाहरूको आवश्यकता उनलाई पर्न गएको थियो। जसले गर्दा आफ्ना कारिन्दाहरू शिक्षित भएको खण्डमा काम राम्ररी चल्न सक्ने कुरा उनलाई '... रिकुटे पनि शिक्षित चाहिंदो रहेछ' भन्ने भारतका गभर्नर जनरलको विचारले झाग बिलायो कि भनी शंका गर्न सकिन्छ।

यस्तैगरी अर्को कारणमा, 'अङ्ग्रेजहरूलाई आफू शिक्षाप्रेमी भएको कुरा पनि देखाउनु र विश्वास दिलाउनु पनि थियो' कि भन्न सकिन्छ।

जे होस् यी माथिका कुनै पनि कुराले उनलाई शिक्षाको विकास गर्न पट्टि ध्यान दिन बाध्य गराएको थियो।

यसरी विस्तारै विस्तारै प्राइमरी स्कुल र हाइस्कुलको स्थापना गर्दै गए। यसरी स्कुल स्थापना गर्नाको मुख्य कारण अङ्ग्रेजलाई रिकुटे पठाई खुसी गराउनु नै थियो। किनभने शिक्षा लिन अग्रसर नवयुवकहरू नै हुन्थे, जसलाई चन्द्रशमशेर बलजफ्ती रिकुटे बन्न बाध्य गर्दथे। यसरी शिक्षित हुन खोज्न जन समुदायलाई रिकुटे बनाएर पठाउने चलन बसाली चन्द्रशमशेरले आफूमाथि पर्न सक्ने राजनीतिक समस्याबाट मुक्त हुने प्रचलनको सुरुवात गरे जसको अनुकरण पछिसम्मका शासकहरूले कायम नै राखे।

चन्द्रशमशेरले आफ्नो शासनकालमा स्कुलहरूलाई खासगरी तराई इलाकातिर स्थापना गर्ने अनुमति दिएको देखिन्छ। यसै सिलसिलामा ई. सं. १९१५ (१९७१ वि.सं.) मा स्वामी दामोदरानन्दको प्रयासमा सिराहामा एक र सरकारद्वारा गौर कलैयामा विद्यालयको स्थापना भएको थियो भनिन्छ रेलको टिकट अङ्ग्रेजीमा छापिने भएकोले टिकटमा कहाँदेखि कहाँसम्म जाने हो र भाडा कति लाग्छ थाहा नहुने हुँदा अङ्ग्रेजी नबुझ्ने नेपालीहरू काठमाडौं आउने जाने गर्दा वा अन्य ठाउँमा जाँदा आउँदा ठगिने हुँदा, कमभन्दा कम अङ्ग्रेजी शिक्षाको ज्ञान दिलाउनको निम्ति नै स्वामी दामोदरनन्दले चन्द्रशमशेरको चित्त बुझाइ सिराहामा उक्त "त्रि-चन्द्र अङ्ग्रेजी मिडिल स्कुल" को स्थापना गरेका थिए।

यसरी तराईतिर चन्द्रशमशेरले ध्यान दिनाको मुख्य कारण 'भारतबाट आई पढाउने शिक्षकहरूले नेपाली युवकहरूमा नयाँ जागरणको र भावनाको सिर्जना गर्न नसकून् भन्ने थियो। जसमा चन्द्रशमशेर असफल रहे।

यही समयमा वि.सं. १९७२ मा पाल्पा तानसेनमा पण्डित ढुण्डिराज पोखरेलको प्रयासबाट संस्कृत मात्र पढाउने एउटा सरकारी पाठशाला खुल्यो। वि.सं. १९७८ मा सो पाठशालालाई हटाई त्यसको ठाउँमा नेपाली भाषाका माध्यमबाट शिक्षा दिने

उद्देश्यले भाषा पाठशाला खुल्यो।[६७] जुन भाषा पाठशाला पछिसम्म पनि चलिरहेको कुरा स्थानीय वासिन्दाहरूले बताएका थिए।

यस्तैगरी बढ्दै गएको शिक्षाको विकासलाई चन्द्रशमशेरले स्वीकार गर्न कर लाग्यो र उनले दरवार स्कुलको शैक्षिक स्तरलाई वढी राम्रो गराउन कलकत्ता विश्वविद्यालयको सम्बन्धवाट निकालेर पटना विश्वविद्यालयसित सम्वन्धित गराउने प्रयास गरे।[६८]

यिनको समयमा वि.सं. १९५९ (ई. १९०२) सालमा श्रावण १५ गते श्री एस. एन. शर्माको सम्पादनमा बनारसबाट नै नेपाली भाषाको "उपन्यास तरङ्गिणी मासिक पत्रिका निस्क्यो। यस्तै १९६३ सालमा बनारसबाट नै 'सुन्दरी' नामक पत्रिका र वि.सं. १९६५ कार्तिक पूर्णिमादेखि भरतप्रसाद शर्मा अधिकारीको सम्पादनमा नेपाली भाषाको 'माधवी' मासिक पत्रिका निस्क्यो तर सफल हुन सकेन।[६९]

चन्द्रशमशेरले वि.सं. १९६२ साल कार्तिक महिनामा निजामति सेवाको लागि लेख र हिसाब दुई विषयको ज्ञान दिन केही श्रेस्ता पाठशालाहरूको स्थापना गरे। पछि चन्द्रशमशेर वि.सं. १९६७ सालमा उक्त श्रेस्ता पाठशालामा पढिसकेकाहरूको जाँच लिन 'पास जाँच अड्डा' नामक एक अड्डाको स्थापना गरेका थिए।[७०]

यसरी नै ई. सं. १९१२ मा बाबुराम आचार्यले 'नेपाली शिक्षा दर्पण' भन्ने पुस्तक लेखे। जसमा उनले नेपालका राणा शासकहरूलाई जापानका शोगुनहरूसित दाँजेका थिए।[७१] राणा प्रधानमन्त्री चन्द्रशमशेरले प्रकाशित भएका १२०० थान पुस्तकहरूमा १,००० प्रति जफत गरिदिए। बाँकी २०० प्रति लेखकले पछि काठमाडौं भन्ज्याङ् बाहिरी बाँडिदिए।[७२]

यसरी देशमा पाठशालाहरू भएपछि आवश्यक पुस्तकहरू आफ्नो नै रेखदेखअन्तर्गत छपाउनु पर्ने कुरा चन्द्रशमशेरले माथिको घटनाबाट अवगत गरे। किनभने स्वतन्त्र रूपले पुस्तकहरू लेख्न दिंदा प्रकाशित पुस्तकले राष्ट्रियताको जागरण ल्याउन सक्ने हुँदा र त्यसवाट आफ्नो र राणा शासनको विरुद्धको भावना ल्याउन सक्दथ्यो। यसपट्टि चन्द्रशमशेरको ध्यान गयो र उनले ई. सं. १९१३ मा गोरखा भाषा

---

६७. भूपराज शर्मा- "राणा शासनकालमा पाल्पाको शैक्षिक गतिविधि र त्यसमा संलग्न प्रतिभाहरू", **पाल्पा दर्पण**, अङ्क २, (काठमाडौं, पाल्पाली सङ्गम, वि.सं. २०४०), पृष्ठ ८४

६८. स. रा. शि. स. को रिपोर्ट- माथि उल्लिखित पाद टिप्पणी नं. ८, पृष्ठ ८

६९. गृष्मवहादुर देवकोटा- माथि उल्लिखित पाद टिप्पणी नं. ३८, पृष्ठ ४६-४७

७०. तारामान सिंह स्वाँर- माथि उल्लिखित पाद टिप्पणी नं. २०, पृष्ठ १०

७१. कृष्णराज अर्याल- माथि उल्लिखित पाद टिप्पणी नं. ३, पृष्ठ २६

७२. वावुराम आचार्य र उनका कृतिहरू- (कीर्तिपुर, काठमाडौं, नेपाल, त्रिभुवन विश्वविद्यालय, नेपाल र एसियाली अध्ययन संस्थान, वि.सं. २०२९), पृष्ठ १४७-१४८

प्रकाशन समितिको स्थापना गरे।[७३] यसरी यस समयदेखि नेपालीमा लेखिएका सम्पूर्ण पुस्तकहरू त्यहाँबाट जाँची, पास गरी प्रकाशित गर्नु पर्ने निश्चित नीति कायम गरे।

यस्तैगरी नेपालमा त्यतिखेर भएका छापाखानाहरूलाई विना अनुमति केही छाप्न नपाउने गरिदिए। यसप्रकार लेखक, कविहरूले आफ्नो रचना पास गराउन त्यस गोरखा भाषा प्रकाशन समितिमा धेरै समय कुर्न पर्दथ्यो। जसले गर्दा विद्वान् वर्ग हैरान हुन थाले। यसरी चन्द्रशमशेरको समयभरि केही मात्र पुस्तकहरू यहाँबाट प्रकाशन हुन सकेका थिए। पछि यसको नाम 'नेपाल भाषा प्रकाशन समिति' राखियो।

यस प्रकार प्रकाशित पुस्तक उपर नियन्त्रण राख्न चन्द्रशमशेरले उक्त कार्य गरेता पनि ई. सं. १९१४ मा एक पुस्तकसम्बन्धी घटना भइ हाल्यो। जसलाई "मकै पर्व" भनिन्छ।

ई. सं. १९१४ मा कौशलका एक सदस्य कृष्णलाल अधिकारीले "मकैको खेती" नामक एक पुस्तक लेखेका थिए। तर, यो पुस्तक "गोरखा भाषा प्रकाशन समिति" बाट प्रकाशन गर्न पाउने अनुमति पाएर जब प्रकाशित भयो "राजकाज" ठहरियो। यो पुस्तक राजकाज हुनामा २ कारण बताउन सकिन्छ।

(१) उक्त पुस्तकको भूमिकामा "हामी आफ्ना देशी किंवा स्वदेशी कुकुरको भन्दा विदेशी कुकुरको धेरै मान गर्दछौं। तर, चारे, डाकूहरूवाट हाम्रो रक्षा गर्ने बखत गद्दीमा सुत्ने विदेशी कुकुर काम नलागी स्वदेशी कुकुरहरू नै काम लाग्छ"[७४] भनी नेपाली कुकुर र बेलायती कुकुरको तुलना गर्नु र

(२) ... किताबभित्र 'मकै खाने' 'रातो टाउके' र 'कालो टाउके' किराको वर्णन ...।" यो रातो र कालो टाउके किरा त्यसबेलाका प्रधानमन्त्री र कमाण्डर-इन-चिफलाई भनिएको हो भनिएको हो भनी अभियोग लगाइयो। किनभने चन्द्रशमशेर रातो फरेज क्याप र भीमशमशेर कालो फरेज क्याप लगाउँदथे।[७५] चन्द्रशमशेरका चाकडियाहरूले चन्द्रशमशेरको ध्यान त्यतापट्टि आकर्षित गरे। जसले गर्दा चन्द्रशमशेरले रामेछाप जिल्लाको कठजोर तिल्पुण गाउँमा जन्मेका[७६] मकैको खेती नामक उक्त पुस्तकका लेखक कृष्णलाल अधिकारीलाई गिरफ्तार गरियो र उनलाई ९ वर्षको जेल सजाय दिइयो।[७७] जहाँ उनका मृत्यु वि.सं. १९८० मा भयो।[७८]

---

७३. प्रमोदशमशेर- माथि उल्लिखित नं. २, पृष्ठ १२६-१२७

७४. धर्मरत्न यमी- नेपालका कुरा, काठमाडौं नेपाल, यमी प्रकासन, वि.सं. २००४, पृष्ठ १६४

७५. कमल दीक्षित- ऐतिहासिक खेती- कालो अक्षर (काठमाडौं, नेपाल साझा प्रकाशन, वि.सं. २०२८), पृष्ठ २०६

७६. भूपहरि पौडेल- 'कवि कृष्णलाल अधिकारीको भाइहरूलाई अर्ती कविता', मधुपर्क, (काठमाडौं, गोरखापत्र संस्थान, वर्ष १२, अङ्क ८, वि.सं. २०२६ पुस), पृष्ठ २९

७७. प्रमोदशमशेर- माथि उल्लिखित पाद टिप्पणी नं. १२, पृष्ठ १२६

यस प्रकार उक्त पुस्तकलाई अगाडि "राजकाज" ठहऱ्याए पनि पछाडि त्यही पुस्तकलाई चन्द्रशमशेरले प्रकाशित गर्ने विचार गरे र गोरखा भाषा प्रकाशिनी समितिका तत्कालीन अध्यक्ष सुव्वा राममणि आ.दी. को मद्दत लिई उनैद्वारा प्रकाशित गराउन लगाए। यसरी सो पुस्तकलाई राममणि आ.दी. ले आफै प्रकाशक भई प्रकाशन गरे।[७९]

यसरी के भन्न सकिन्छ भने कृष्णलाल अधिकारीले सो पुस्तकलाई त्यस प्रकारले प्रस्तुत गरेका थिएनन्, जस्तो कि चन्द्रशमशेर र उनका चाकडियाहरूले बुझेका थिए, प्रस्तुत गरेका थिए। तर परिबन्द त्यस्तो नै पर्न गएको थियो।

यस्तैगरी के भन्न सकिन्छ भने चन्द्रशमशेर एकचोटि "लेखक र कविले जागरण दिने राष्ट्रिय भावना प्रचार गर्ने र राणा विरोधी भावना ल्याउने जस्ता लेखहरू प्रष्ट र अप्रष्ट रूपले नलेखून् र लेख्न नसकून भनी उनीहरूलाई तर्साउन र आफ्नो मुठ्ठीमा उनीहरूको विचार कैद गर्न चाहन्थे। किनभने त्यतिखेर केही नेपालीहरूले भारतमा शिक्षा हासिल गरी त्यहाँ चलेको अङ्ग्रेजी विरोधी भावनाको प्रभाव बोकेर आएका थिए। यस्तैगरी उनीहरूले केही पत्रिकाहरू पनि निकाली सामाजिक र धार्मिक चेतना ल्याउने प्रयास गर्दै थिए तर चन्द्रशमशेर यस प्रकारको भावना प्रचार गराउन चाहँदैनथे। अत: उनले आफ्नो माथिको उद्देश्य पूरा गर्न "मकै पर्वको" घटना घटाए। यसरी चन्द्रशमशेर आफ्नो उद्देश्यमा सफल पनि भए।

यस "मकै पर्व" सम्वन्धी एक विद्वान् आफ्नो लेखमा भन्छन्,

> "यसप्रकार 'मकै पर्वले' पाँच सातजनाको जागिर खोसियो। लेखकको जेलमा नै मृत्यु भयो। राजधानीमा हल्लाखल्ला भयो। कलम समाउनेहरूले डराएर कलम भाँचे। किताब पल्टाउने ठिटा-ठाटालाई वावुआमाले छासे। यता तीस-चालीस वर्षदेखि "भाषा" पट्टि डोरिएको नेपाली मन एकदम तर्सियो। पढ्ने पढाउने काम "राजकाजी" कुरा हो भन्ने मनमा भएकाहरूको प्रमाण वलियो भयो। केहीवेर चारैतिर चकमन्न देखियो। मकै पर्व सकियो।"[८०]

---

७८. भूपहरि पौडेल- माथि उल्लिखित पाद टिप्पणी नं. ७६, पृष्ठ २९

७९. कमल दीक्षित- माथि उल्लिखित पाद टिप्पणी नं. ७५, पृष्ठ १०७-१०८

८०. ऐजन

नेपालमा 'मकै पर्व' भएको समयमा नै वनारसबाट नै 'चन्द्र' नामक मासिक पत्रिका र ई. सं. १९१५ मा त्यहींबाट 'गोर्खाली' नामक साप्ताहिक पत्रिकाको प्रकाशन भयो। तर राम्ररी चल्न सकेन।[८१] यही समयमा खर्स्याङबाट श्री पारसमणि प्रधानको सम्पादनमा नेपाली भाषाको 'चन्द्रिका' मासिक निस्केको थियो।[८२]

यसरी 'मकै पर्व' को समयमा र त्यसपछि निस्केका उक्त पत्रिकाहरूको नाम 'चन्द्र' 'चन्द्रिका' रहनाले के शङ्का गर्न सकिन्छ भने ? के यिनीहरूले चन्द्रशमशेरलाई खुसी गराई आर्थिक सहायता प्राप्त गर्ने आशा गरेका थिए कि ?

यस प्रकार दिनपर दिन बढ्दै गएको अन्तर्राष्ट्रियस्थितिको ख्याल गरी विद्यार्थीहरूको बढ्दै गएको ज्ञान पिपासा शान्त गर्नाको निम्ति र व्यक्तिगत अस्तित्व कायम गराइरहन चन्द्रशमशेरले एक कलेजको स्थापना गर्ने विचार गर्दै थिए।

चन्द्रशमशेरले सर्वप्रथम नेपालमा कलेज खोल्ने कि नखोल्ने भन्ने विषयमा आफ्ना भाइ भतिजाहरूवीच छलफल गरे। जसमा स्वयम् चन्द्रशमशेरले, भीमशमशेर र जुद्धशमशेरले नेपालमा नै कलेज खोल्नु पर्छ भन्ने पक्षमा र अरूहरू खोल्नु पर्दैन भारतमा नै अध्ययन गर्न पठाएमा नै फाइदा हुन्छ भन्ने पक्षमा थिए तर चन्द्रशमशेर आर्थिक फाइदा हैन राजनीतिक फाइदा लिन चाहन्थे। अतः उनी नेपालमा नै कलेज खुलाउने तर्फ लागे।

चन्द्रशमशेरले नेपालमा कलेज खोल्ने कुराको सुरुवात पहिलोपल्ट ३१ डिसेम्बर ई. सं. १९१६ का नेपालमा रहेका तत्कालीन रेसिडेन्ट कर्णेल बेलीलाई पत्र लेखी गरेका थिए।[८३] ब्रिटिस भारत सरकारको साथसाथै पटना विश्वविद्यालयसँगको लामो पत्राचारपछि अन्तमा पटना विश्वविद्यालयअन्तर्गत रहने गरी नेपालमा कलेज खोल्ने अनुमति १ अगष्ट १९१८ ई. सं. मा ब्रिटिस भारत सरकारले दियो।[८४] सो अनुमति पाएको २८ दिन पछि अर्थात् २८ अगष्ट ई. सं. १९१८ (१२ भाद्र १९७५ वि.सं) दरबार स्कुलको मजलिस घरमा त्रिभुवन चन्द्र कलेजको स्थापना भई नेपालमा पहिलो कलेजको अध्यापन कार्य सुरु भयो।[८५]

---

८१. गृष्मवहादुर देवकोटा- माथि उल्लिखित पाद टिप्पणी नं. ३८, पृष्ठ ४७-४८

८२. ऐजन, पृष्ठ ५०

८३. राजेश गौतम- "त्रि-चन्द्र कलेजको इतिहास", जिओ सोभिनियर (नेपाल, जिओलोजिकल क्लव त्रिचन्द्र म. कलेज, सन् १९९६), पृष्ठ ६-८

८४. ऐजन

८५. ऐजन

सुरूमा कलेजमा इन्टरमिडियट तहको कला र विज्ञानको अध्यापन गर्ने अनुमति प्राप्त गरेता पनि आफ्नो भएको स्रोतको आधारमा कलातर्फको पढाइ तुरुन्त नै सञ्चालन गर्‍यो भने विज्ञानको पढाइ वि.सं. १९७७ (१९२० ई. सं.) बाट मात्र सुरु गरिएको थियो।[८६] कला विज्ञानतर्फ अङ्ग्रेजी, नेपाली, संस्कृत अनिवार्य विषयहरू थिए भने अन्य विषयमा तर्कशास्त्र, गणित र इतिहास विषयहरू र विज्ञानका अन्य विषयहरूमा फिजिक्स र केमेस्ट्रीहरू थिए।[८७] जुन वास्तवमा दुवै सङ्कायर्फ रहेको अनिवार्य विषयहरू जस्तै थिए। छात्रहरूले रोजेका विषय भने त्यतिखेर अध्ययन गर्न पाएका थिएनन्।

यसरी सो कलेज खुल्दा त्यहाँ कतिजना छात्रहरू थिए भन्ने विषयमा किटान गरेर वताउन सक्ने आधारहरू छैनन्। कसैले २४ जना, कसैले २९ जना त कसैले ८ जना भनी उल्लेख गरेका छन्। तर, प्राप्त कागजपत्रहरूको आधारमा १९१८-१९ ई. स. मा ८ जना र १९१९-० ई. सं. मा पनि ८ जना नै छात्रहरू भर्ना भएको देखिन्छ।[८८] कलेजको प्रिन्सिपल पदमा दरबार स्कुलका तत्कालीन हेडमास्टर बटैकृष्ण मैत्रयलाई नै राखिएको थियो।

कलेजको आफ्नै भवनको निर्माण पनि चन्द्रशमशेरले वीर पुस्तकालय र घण्टाघरको नजिकै रहेको गेहेन्द्रशमशेर र उनका छोराहरू भैरवशमशेर र जनकशमशेरको जग्गामा सुरु गरिसकेका थिए। उक्त भवनको निर्माण पूरा हुन १४ महिना लाग्यो सो भवन तयार भएपछि १३ अक्टोबर ई. सं. १९२९ अर्थात् २७ आश्विन १९७६ वि.सं. का दिन श्री ५ त्रिभुवन वीरविक्रम शाहदेवले पहिलो वर्षको कक्षा कोठामा लगाइएको चाँदीको ताल्चा चाँदीको साँचोबाट खोली उद्घाटन गरेका थिए।[८९]

उक्त कलेजको भवन निर्माण गर्न ७० हजार रूपैयाँ खर्च लागेको थियो। प्रधानमन्त्री चन्द्रशमशेरले फिजिक्स र केमेस्ट्रीको लागि आवश्यक सामानहरू किन्न र कलेजको पुस्तकालयको लागि पुस्तकहरू किन्न ५ हजार रूपैयाँ व्यक्तिगत रूपमा दिएका थिए।[९०]

---

८६. ऐजन
८७. ऐजन
८८. ऐजन
८९. ऐजन
९०. ऐजन

जेहोस् सो कलेज जसरी र जुन प्रेरणाले स्थापना गरेका हुन् उनले सो कलेज उद्घाटन गरेर आएको दिन सबै समक्ष 'म आफ्नो खुट्टामा आफैले बन्चरो हान्दैछु' भनेका थिए, साथै भीमशमशेर र भाइ जुद्धशमशेरलाई औंल्याउँदै एउटा गँजडी छ, अर्को रण्डीवाज यस्ता नायेहरूले पछि कसोगरी राजकाज चलाउलान्- जङ्गबहादुरको समयमा जनता भेडा समान सोभ्ता थिए भने वीरशमशेरको समयमा जनता साँढेभ्कै भइसकेका थिए, मेरो समयमा अहिले जनता सिंह समान भइरहेछन् पछि हुनेहरूको समयमा जनता के के कस्ता हुने हुन् र यी नाथेहरूले कसोगरी राजकाज सम्हाल्ने हुन् भनी प्रष्टसँग भनेका थिए।[९१] यसले के प्रष्ट गर्दछ भने चन्द्रशमशेरले वास्तविक रूपमा इमान्दारीपूर्वक उक्त कार्य गरेका थिएनन्। किनभने हामीले माथि नै भनिसकेका छौं कि उच्च शिक्षा हासिल गर्न भारत जाने नेपालीहरू प्रमाणपत्र लिएर आउनाका साथै भारतमा चलेको स्वतन्त्रता आन्दोलनवाट प्रभावित भई क्रान्तिकारी विचारधारा पनि बोकेर फर्कन्थे। यो राणा निरङ्कुश शासकको लागि प्राणघातक थियो भन्ने कुरा बुझेका चन्द्रशमशेरले नेपालीहरूले उच्च शिक्षा हासिल गर्ने अवसर दिई क्रान्तिकारी विचारधाराबाट वञ्चित गर्न काठमाडौंमा नै कलेज खोलेका थिए।

वि.सं. १९८१ (ई. सं. १९२४) मा यस कलेजको नाम त्रिभुवन चन्द्र कलेजबाट छोट्याइ त्रि-चन्द्र कलेज राखियो भने सोही वर्षदेखि वी. ए. तर्फको कक्षा पनि खोलिएको थियो।[९२]

यसै वर्षदेखि शिक्षा डाइरेक्टर पदलाई शिक्षा डाइरेक्टर नभनी डाइरेक्टर जनरल भनिन थालियो। यस प्रकार सर्वप्रथम डाइरेक्टर जनरल हुने व्यक्ति वहादुरशमशेर थिए। डाइरेक्टर जनरलको त्यतिखेर कुनै पनि कार्यालय थिएन। उनले गर्नुपर्ने सबै कार्य दरवार स्कुल र त्रि-चन्द्र कलेजका प्रिन्सिपलले नै गर्दथे। तर, स्थापना गरिएका विभिन्न पाठशालाहरूको रेखदेख गर्न एउटा इन्सपेक्टर कार्यालयको स्थापना गरिएको थियो।[९३]

यस्तैगरी चन्द्रशमशेरले काठमाडौं बाहिर धनकुटा, पालपा, गौंडा भएको ठाउँमा र व्यक्तिहरूको आग्रहमा उनीहरूले भनेका ठाउँमा स्कुल स्थापना गर्ने अनुमति दिएका थिए। यस्तैगरी ई. सं. १९२४ मा केही अङ्ग्रेजी मिडिल स्कुल ललितपुरमा स्थापना

---

९१. पुरुषोत्तमशमशेर ज.ब.रा.- श्री ३ हरूको तथ्य वृत्तान्त, (वाराणसी परमवीरशमशेर ज.व.रा., वि.सं. २०४७), पृष्ठ ११६

९२. स. रा. शि. स. को रिपोर्ट- माथि उल्लिखित पाद टिप्पणी नं. ८, पृष्ठ ८

९३. तारामान सिंह स्वाँर- माथि उल्लिखित पाद टिप्पणी नं. २०, पृष्ठ १०

गरे, जसलाई पछि हाइस्कुल बनाइयो। १९८१ साल आश्विन १९ गते र मार्ग २० गते क्रमश: ललितपुर र भक्तपुरमा एक एक वटा मिडिल स्कुलको स्थापना गर्ने आदेश भएको थियो।

यस समयसम्म रानीपोखरी संस्कृत पाठशालामा मध्यमा पढाउने व्यवस्था थियो। तर, पनि वि.सं. १९८० देखि प्रधान पण्डित सोमनाथले आफू खुशी विभिन्न विषयमा शास्त्री र आचार्यसमेत पढाउन थाले र २-४ जनालाई उत्तीर्ण पनि गराए। यसरी पाठशालामार्फत् नै 'शास्त्री' पढाउने व्यवस्था गरिदिए।[९४]

चन्द्रशमशेरको समयमा नै जनकपुरको मटिहानीमा एक संस्कृत पाठशाला खोली गुठीको शेष आयबाट चलाउने र पाठशाला पनि चलाउने व्यवस्था त्यहाँका वासिन्दाहरूले गरे।[९५] र यस पाठशालाले विहारतर्फको संस्कृत कलेजसँग सम्बन्ध कायम गरी मध्यमा र शास्त्री परीक्षासमेत लिन थाल्यो।[९६]

कलेज स्थापना भएको करिब ११ वर्षपछि पटना वि. वि. ले काठमाडौंमा परीक्षा केन्द्र खोल्ने अनुमति ३० अक्टोबर १९२८ मा दियो र पहिलोपल्ट ई. सं. १९२९ मा (अर्थात् १९८६ वि.सं.) मा पहिलोपल्ट काठमाडौंमा परीक्षा केन्द्र खोलियो। सो परीक्षा सञ्चालन गर्न पटना वि. वि. का केमेस्ट्रीका एसोसिएट प्रोफेसर बाबु पन्नालाल काठमाडौं आएका थिए।[९७]

चन्द्रशमशेरलाई तराईका नेपालीहरूले (खासगरी सिराहाको) रेल यात्राको क्रममा भोग्नु परेको समस्या बताइ वि.सं. १९७२ मा सिराहामा नै स्वामी दामोदरनन्दको प्रयासमा खोलिएको त्रि-चन्द्र अङ्ग्रेजी मिडिल स्कुल' को नै एउटा कोठामा उनी स्वामीको प्रयासमा स्कुलका विद्यार्थी तथा शिक्षकहरूले सञ्चालन गर्ने गरी 'त्रि-चन्द्र पुस्तकालय' पनि स्थापना गरेका थिए। यो पुस्तकालय प्रत्येक स्कुल वा कलेज खोलिने पुस्तकालय जस्तो नभई विद्यार्थी र सर्वसाधारण जनतालाई पनि शिक्षा ज्ञान दिनु रहेको थियो। पुस्तकालयमा भारतबाट प्रकाशित हुने पत्रपत्रिकाहरू, पुस्तकहरू साथ केही धार्मिक पुस्तकहरू रहेको बुझिन्छ। पुस्तकालय प्रत्येक दिन साँझ खोलिन्थ्यो र यसको रेखदेख गर्नेमा विद्यालयका नै शिक्षक पण्डित न्यायकेशरी चालिसे थिए। यो पुस्तकालय १ वर्षसम्म चलेर बन्द भयो।

---

९४. ऐजन, पृष्ठ २३

९५. वावुराम आचार्य- माथि उल्लिखित पाद टिप्पणी नं. ४४, पृष्ठ १२

९६. नेपालमा शिक्षा- माथि उल्लिखित पाद टिप्पणी नं. ४, पृष्ठ २३

९७. राजेश गौतम- "त्रि-चन्द्र कलेजको इतिहास", माथि उल्लिखित पाद टिप्पणी नं. ८३

यस्तैगरी वि.सं. १९८३ सालमा पाल्पाका केही उत्साही युवकहरू मिली तानसेनमा एउटा पुस्तकालय स्थापना गरे 'उक्त पुस्तकालयलाई 'पुस्तक पढ्ने दलान' नामकरण गरिएको थियो। यो पुस्तकालय १ वर्षसम्म चलेर रहेपछि दोस्रो वर्ष प्रवेश गर्दा यसको वार्षिकोत्सव भव्यताका साथ मनाइयो। यो खबर पाल्पाका तैनाथ वाला प्रतापशमशेरले केन्द्रलाई जानकारी गराएपछि चन्द्रशमशेरले सो पुस्तकालयलाई तुरुन्त बन्द गर्ने आदेश पठाए र कडा चेतावनीका साथ उक्त पुस्तकालय बन्द गराइयो।[९८]

यसरी विस्तारै विस्तारै शिक्षाको भण्डारको स्थापना हुँदै त्यसको सङ्ख्या बढ्दै गयो।

चन्द्रशमशेरको नै समयमा (१९८२ साल वैशाखमा) श्री धर्माचार्यको सम्पादनमा "नेवारी भाषाको" 'बुद्ध धर्म' मासिक पत्रिका निस्कियो। यो बुद्ध धर्म सम्बन्धी ज्ञान दिलाउने पत्रिका भएता पनि नेपालमा र विदेशबाट निस्केको नेवारी भाषाको पत्रिकाहरूमा पहिलो पत्रिका थियो।[९९]

यसरी अहिलेसम्म निस्केको पत्र पत्रिकाहरूको मुख्य उद्देश्य भाषाको सेवा गर्ने र सामाजिक र धार्मिक ज्ञान दिलाउने मात्र थियो। अनि सामाजिक र धार्मिक चेतना ल्याउनु थियो। तर, यसपछि प्रकाशित हुने र भएका पत्रिकाहरूले भाषाको सेवा गर्नु लगायत नेपाली जनतालाई राजनीतिक चेतना दिलाउने प्रयास पनि गर्न थाले।

यसरी राजनीतिक विद्रोहको बिजुल फुकेर वि.सं. १९८३ मा खड्गशमशेरका ज्वाइँ श्री ठाकुर चन्दन सिंहको[१००] सम्पादनमा नेपाली भाषाको 'गोर्खा संसार' साप्ताहिक पत्रिका निस्क्यो। यो राजनीतिक विचारधाराको पत्रिका हुनाका साथै 'गोर्खा लिगको' मुखपत्र थियो, तापनि यसले नेपालको एक तन्त्रीय राणा शासनको आलोचना पनि गरेको थियो। त्यसपछि १९८५ साल श्रावण २५ गतेदेखि उनकै सम्पादनमा नेपाली भाषाको अर्को पत्रिका 'तरुण गोर्खा' निस्कन थाल्यो।[१०१] तर चन्द्रशमशेरले आफ्नो अर्थ जालमा पारेर सो पत्रिका बन्द गराए।[१०२]

---

९८. भवेश्वर पंगेनी- पाल्पामा प्रजातान्त्रिक आन्दोलनका सय दिन (२००७), (काठमाडौं, श्रीमती निमा पंगेनी, वि.सं. २०४९), पृष्ठ ८

९९. गृष्मवहादुर देवकोटा- माथि उल्लिखित पाद टिप्पणी नं. ३८, पृष्ठ ५०

१००. कन्जनमोयो मजुम्दार- नेपाल एन्ड द इन्डियन नेसनलिस्ट मोभमेन्ट- (कलकत्ता फिर्मा के. एल. मुखापाध्याय, ई. सं. १९७५), पृष्ठ २८, फुटनोट नं. ४७

१०१. गृष्मवहादुर देवकोटा- माथि उल्लिखित पाद टिप्पणी नं. ३८, पृष्ठ ५१

१०२. ऐजन

पछि ठाकुर चन्दन सिंहले एउटा अङ्ग्रेजी साप्ताहिक पत्रिका 'द हिमालय टाइम्स' को प्रकाशित गरेका थिए।[१०३]

वि.सं. १९८४ मा चार भञ्ज्याङ बाहिर कलैयामा सर्वप्रथम एउटा मिडिल स्कुल खोल्ने काम सुरु भएको थियो।

यसरी त्रि-चन्द्र कलेजमा लाग्ने घण्टीसँगसँगै राणा शासकहरूका मुटुमा पनि ढ्याङ्ग्रो वज्न थाल्यो। बितेका केही अवधिमा धेरैजना नेपाली विद्यार्थीहरूले स्कुलको शिक्षा पूरा गरी उच्च शिक्षाका लागि यस कलेज र भारतका अरू कलेजमा भर्ना हुन जान थाले। यी विद्यार्थीहरूले 'मानवअधिकार' भन्ने के हो ? र कस्तो हुन्छ भन्ने कुरा प्रष्ट वुझ्न थालिसकेका थिए र आफू कस्तो शासनमा, कस्तो स्थितिमा रहेको हो सो पनि उनीहरूले वुझिरहेका थिए। अब उनीहरूले यसको विरोधमा आवाज निकाल्न थालिरहेका थिए। उता भारतमा गएर बस्ने नेपालीहरूले प्रष्ट विरोध गर्न थालिसकेका थिए। यस प्रकारको समयमा नै चन्द्रशमशेरको मृत्यु हुन गयो।

चन्द्रशमशेरको मृत्युपछि भीमशमशेर नेपालको प्रधानमन्त्री र श्री ३ सरकार भए। यिनको २८ वर्षको मुख्तियारीको समयलाई देख्दा शिक्षित समुदायले यिनीबाट केही राम्रो सुधार हुने, केही अधिकार प्राप्त गर्ने र शासनको रूपमा पनि केही खुकुलो हुने आशा गरेका थिए। तर, जब उनी प्रधानमन्त्री र श्री ३ महाराज भए, उनले आफूलाई परिवर्तन गरी पुराना शासकहरूझैं निरङ्कुश शासक नै प्रमाणित गरे।[१०४]

तर, पनि प्रधानमन्त्री र श्री ३ महाराज हुनासाथ 'उनले हिन्दी, उर्दू, अङ्ग्रेजी, नेपाली र नेवारीमा देशको उन्नति (हुन) गराउन कस-कसको के-के सुझाउ छ भनी इस्तिहार जाहेर गर भनी घोषणा गरे।"[१०५]

उनको यस प्रकारको घोषणाले नेपालमा शिक्षा प्रचार गर्ने प्रयत्न नेपालका नवयुवकहरूले गर्न थाले। त्यसै अनुरूप ई. सं. १९३० मा जोगवीर सिंह र अरू उत्साही युवकहरूले सरकारी आज्ञा प्राप्त गरी एउटा लाइब्रेरी खोल्ने योजना गरे र एउटा आवेदन-पत्र तयार गरे, जस्मा ४५-४६ जना व्यक्तिको हस्ताक्षर थियो। तर, भीमशमशेरको पहिलो नीति र व्यवहार देखेका यी नव युवकहरूलाई उनको नीति र व्यवहार फरक भएको हुँदा थाहा थिएन। फलस्वरूप उनीहरूको सो आवेदन पत्र

---

१०३. टेकवहादुर खत्री- द पोस्टेज स्ट्याम्पस् अफ नेपाल, (काठमाडौं, शारदा कुमारी के.सी., द्वितीय संस्करण)

१०४. नेत्रवहादुर थापा- ए सर्ट हिस्ट्री अफ नेपाल- (काठमाडौं, रत्न पुस्तक भण्डार, ई. सं. १९७३), पृष्ठ २३६

१०५. धर्मरत्न यमी- माथि उल्लिखित पाद टिप्पणी नं. ७४, पृष्ठ १७४

सिंहदरवार पुग्नु अघि नै यस योजनामा नै लाग्ने एक व्यक्ति रामचन्द्र अधिकारीले यसको सुईंको भीमशमशेरलाई गरिदिएकाले हस्ताक्षर गर्नेहरूमध्ये र योजना बनाउने, जोगवीर सिंह, हरिकृष्ण श्रेष्ठ, वैकुण्ठप्रसाद श्रेष्ठ लाकौल, लक्ष्मीप्रसाद देवकोटा, कृष्णप्रसाद खतिवडा खत्यौडा ? धर्मराज थपालिया, लक्ष्मीरञ्जन जोशी, शंकरदेव पन्त, कृष्णप्रसाद कोइराला, चित्तधर तुलाधर 'उपासक', महेन्द्रविक्रम शाह, साहु चन्द्रबहादुर, हर्षदास तुलाधर, तुलसीमेहर श्रेष्ठ, धर्मवीर सिंह, सिद्धिरत्न कंसाकार, तिलकमणि आ. दी., लीलाराज तुलाधर, पदमबहादुर शाह, वसन्तमणि आ. दी., जितेन्द्र बहादुर शाह, नारायण मल्ल, रामचन्द्र अधिकारी, खड्गवहादुर न्यौपाने, कृष्णदेव भट्टराई, सिद्धिचरण श्रेष्ठ, प्रेमबहादुर कंसाकार, लीलाराज जोशी, मदनबहादुर, भैरवप्रसाद जोशी, ठाकुरनाथ, राजाराम शर्मा खतिवडा, केदारनाथ शर्मा, झङ्कनाथ उपाध्याय, केशवबहादुर क्षेत्री, नारायणभक्त र वासुदेव शर्मा आदि व्यक्तिहरू पक्राउमा परे।[१०६] र उनीहरूलाई मुद्दा चलाइयो।

यी मुद्दालाई पनि वसन्तशमशेरको नै मुद्दासँगसँगै पेश गरिएको थियो। यसरी यसलाई 'राजकाज' मुद्दाको रूप दिने प्रयत्न गरेको देखिन्छ।[१०७] तर यसो गर्न राणा वर्ग सफल भएनन्। फलस्वरूप समातिएका ४५-४६ जनाले सय सय रूपैयाँ दण्ड तिरी स्वतन्त्र भए। जसबाट उठेको आधा रकम रामचन्द्र अधिकारीलाई पुरस्कार स्वरूप दिइयो।

वि.सं. १९८४ मा चार भञ्ज्याङ बाहिर कलैयामा सर्वप्रथम एउटा मिडिल स्कुल खोल्ने काम सुरु भएको थियो।

भीमशमशेर प्रधानमन्त्री भएपछि अङ्ग्रेजी स्कुल, कलेजसमेतको काम हेर्न डाइरेक्टर जनरलमा मे. ज. मृगेन्द्रशमशेर र संस्कृत भाषा एवं फुटकर पाठशालासमेतको काम हेर्न डाइरेक्टरको पदमा पण्डित हेमराजलाई वि.सं. १९८६ मा नियुक्त गरेका थिए।[१०८]

यसै वर्षको चैत महिनामा पुन: संस्कृत र भाषा पाठशालाको काम हेर्न 'पाठशाला बन्दोबस्त नागरिक फाँट' र अङ्ग्रेजी स्कुल कलेज' बन्दोबस्त अङ्ग्रेजी फाँट नाउको बेग्लाबेग्लै अड्डा स्थापना गरिएको थियो।[१०९]

भीमशमशेर समयमा नै वि.सं. १९८७ साल फागुन १९ गते अङ्ग्रेजी शिक्षा दिन पाटनमा एउटा हाईस्कुल, भक्तपुरमा एउटा मिडिल स्कुलको स्थापना भएको

---

१०६. लेखकले हर्षदास तुलाधरसँग वि.सं. २०४४/१/२८ मा लिएको अन्तर्वार्तावाट

१०७. वालचन्द्र शर्मा- माथि उल्लिखित पाद टिप्पणी नं. ३६, पृष्ठ ३६७-३६८

१०८. लेखकले गुणदेव भट्टराईसँग लिएको अन्तर्वार्तावाट

१०९. तारमान सिंह स्वाँर- माथि उल्लिखित पाद टिप्पणी नं. २०, पृष्ठ १०-११

थियो। सोही समयमा प्राविधिक ज्ञान दिनको लागि काठमाडौंमा एउटा टेक्निकल स्कुलको स्थापना गरिएको थियो। उक्त स्कुलमा सबैभन्दा पहिले कृषि त्यसपछि कटाइ, बुनाइ र रङ्गाइको काम सिकाउन थालियो। पछि त्यसै वर्षको चैत ३० गते उक्त स्कुलमा इन्जिनियरिङ्ग शाखा पनि खुलाइयो। त्यस समय उक्त स्कुलका विभिन्न शाखाहरूमा निम्न शिक्षकहरूलाई नियुक्त गरिएको थियो।

कृषि - क. प. देवीबहादुर बस्न्यात

कटाइ - श्री हर्षरत्न

बुनाइ - श्री शिवप्रसाद भट्टराई

रंगाइ - श्री रुद्र दास

इन्जिनियरिङ - श्री कुलरत्न[११०]

भीमशमशेरको समयमा म्याट्रिकुलेसन परीक्षा काठमाडौं केन्द्रमा सञ्चालन हुन थालेको थियो। यो परीक्षाको सञ्चालन पटना विश्वविद्यालयले भीमशमशेरको अनुरोधमा गरेको थियो।[१११]

यसरी भीमशमशेरको समयसम्ममा नेपाल राज्यभरमा गरी १ वटा महाविद्यालय, ४०वटा भाषा पाठशाला, ९ वटा संस्कृत पाठशाला, १०८ वटा फुटकर पाठशाला र १ वटा आयुर्वेद पाठशालाहरूको स्थापना भइसकेको थियो।

भीमशमशेरको मृत्युपछि जुद्धशमशेर नेपालका प्रधानमन्त्री र श्री ३ महाराज भए।

जुद्धशमशेरको शिक्षादीक्षा दरबारबाट नै सुरु भएको थियो। कलिलो उमेरदेखि स्कुल जान थाले पनि ९ वर्षको उमेरमा स्वास्थ्यको कारणले सो कार्य रोकियो। १२ वर्षको उमेरमा पुनः स्कुल जान थाले। तर, पनि स्वास्थ्यको कारणले गर्दा पढाई राम्ररी चलाउन सकेनन्। जसले गर्दा फोर्थ क्लासमा पढ्दापढ्दै स्कुलबाट झिकिए। स्कुलबाट झिकिए तापनि उनलाई दरबारमा नै शिक्षकहरू राखी प्रशासन सम्बन्धी र राजनीति सम्बन्धमा शिक्षा दिन थालियो। यसरी कुनै उच्च शिक्षा प्राप्त गर्न नसकेता पनि उनी नेपाली र हिन्दी साहित्य, रामायण, महाभारत राम्ररी पढ्न र बुझ्न सक्दथे।[११२]

---

११०. ऐजन

१११. ऐजन

११२. ईश्वरीप्रसाद- द लाइफ एन्ड टाइम्स अफ महाराजा जुद्धशमशेर जंगबहादुर राणा अफ नेपाल, (न्यु दिल्ली, एसियन पब्लिसिङ्ग हाउस, ई. सं. १९७५, पृष्ठ ४६-४७

जुद्धशमशेरले आफ्नो शासनकालमा अगाडिदेखि रहेको संस्कृत पाठशालाको विकास गर्नपट्टि ध्यान दिए। वि.सं. १९८९ (ई. १९३२) सालमा यस पाठशालाको अध्यापकहरूको तलब वृद्धि गरे। यस्तैगरी यसको एक वर्षपछि त्यहाँको अध्यापकहरूको सङ्ख्या पनि बढाइ दोब्बर गरे।[११३]

यसरी नै यस विद्यालयबाट वेद, व्याकरण, न्याय, ज्योतिष, साहित्य, यी विषयमा मध्यमा परीक्षा दिलाउने व्यवस्था भएकाले ५ विषयमा मध्येमा दिने छात्रहरू र स्वतन्त्ररूपले अरू विषयमा शास्त्री आचार्य दिनेहरूको सङ्ख्या पनि वृद्धि हुँदै गयो। जसले गर्दा जुद्धशमशेरको समयमा यसको प्रगति राम्रो देखिएको थियो।[११४]

जुद्धशमशेरको समयमा सर्वप्रथम एस. एल. सी. परीक्षा लिने अधिकार पटना विश्वविद्यालयको हातबाट नेपालको शिक्षा विभागले आफ्नो हातमा लियो। जुद्धशमशेरले उक्त परीक्षाको प्रबन्ध गर्न सम्बत् १९९० साल कार्तिक १६ गते एक सनद जारी गरी परीक्षा खर्च बापत १८००।- रूपैयाँ दिने निर्णय गरी एस. एल. सी. बोर्डको स्थापना गरियो। उक्त परीक्षा नियन्त्रक पदमा अङ्ग्रेजी भाषाका विद्वान् नन्दराम उप्रेतीलाई नियुक्ति पनि गरे। आफ्नो हातमा एस. एल. सी. परीक्षा सञ्चालन गर्ने अधिकार लिएपछि १९९२ साल आषाढ १ गते पहिलोपल्ट एस. एल. सी. परीक्षा काठमाडौं नेपालको शिक्षा विभागले सञ्चालन गरेको थियो।[११५]

जुद्धशमशेरले १९९६ साल आश्विन १२ गतेदेखि सरकारी स्कुल खोल्ने प्रथा बन्द गरे र जनताले खोलेका स्कुललाई सरकारले नाम मात्रको सहायता दिई सरकारी रेखदेखमा चलाउनु पर्ने नियम चलाए।[११६]

यस अनुरूप विराटनगरमा श्री कृष्णप्रसाद कोइरालाको उद्योगबाट १९९५ साल श्रावण १६ गते एक हाइस्कुल र त्यसपछि काठमाडौंमा तीर्थराज सुवालको उद्योगबाट १९९६ साल आश्विन १५ गते 'जुद्धोदय पब्लिक हाइस्कुल' को स्थापना भयो। यसको पहिलो प्रधानाध्यापक शारदाप्रसाद उपाध्याय थिए। यस स्कुलको प्रधानाध्यापक र एकजना कर्मचारी सरकारी दरबन्दीमा रहने व्यवस्था त्यतिखेर भएको थियो। त्यस्तो सुविधा पाउने यो पहिलो स्कुल थियो।

---

११३. नेपालमा शिक्षा- माथि उल्लिखित पाद टिप्पणी नं. ४, पृष्ठ २३

११४. ऐजन

११५. तारामान सिंह स्वाँर- माथि उल्लिखित पाद टिप्पणी नं. २०, पृष्ठ ११-१२

११६. कृष्णराज अर्याल- माथि उल्लिखित पाद टिप्पणी नं. ३, पृष्ठ २८

जुद्धशमशेरले आफ्नो समयमा नेपाली भाषाको प्रचार गर्न धेरै कार्यहरू गरे। नेपाली भाषा ग्रन्थहरूलाई प्रोत्साहन दिन पुरस्कारको व्यवस्था भयो। सरदार रुद्रराज पाण्डेले सन् १९३४ ई. मा नेपाली सामाजिक उपन्यास लेखेका हुनाले तीन सय रूपैयाँ, वासुदेव भट्टराईले भारतवर्षको इतिहास लेखेका हुनाले दुई सय पचास र जनकराज श्रेष्ठले 'किन कसरी ?' लेखेका हुनाले दुई सय रूपैयाँ पुरस्कार दिइयो।[११७]

यिनको नै समयमा नेपाली पत्रिकाको लहरमा साहिंलो भई १९९१ साल फाल्गुणमा श्री ऋद्धिबहादुर मल्लले सम्पादनमा नेपाली भाषाको 'शारदा' मासिक पत्रिका जन्मियो। जुद्धशमशेरको शासनकालमा जन्मिएको यस पत्रिकाको पालन पोषणको निम्ति सरकारद्वारा आर्थिक सहयोग प्राप्त थियो। यसकारण यस पत्रिकामा राष्ट्रिय, देशीय तथा स्थानीय महत्त्वपूर्ण खबरको साटो सवारी भित्रियो, बाहिरियो, सुपुत्र जन्मियो, श्रीमान् स्वर्गवास भयो इत्यादि नाथ र गाथको स्तुति रहनु त स्वभाविकै थियो।[११८] तापनि नेपाली साहित्यको उन्नति गर्न 'शारदा' पत्रिकाको ठूलो योगदान रहेको कुरामा भने शङ्का गर्न सकिदैन।

यस्तैगरी नेपाली पत्रिकाको क्रममा साहिंलो भई १९९२ साल भाद्र १ गते 'उद्योग' पाक्षिक जन्मियो।[११९] यही सालमा कालिंगपोंगबाट 'नेबुला' नामक पत्रिका निस्केको थियो। त्यसमा नेपाली भोटे, ल्याप्चे तीन भाषामा लेख हुन्थ्यो।[१२०] वि.सं. १९९३ मा 'माधवी' भन्ने पत्रिका बनारसबाट प्रकाशित भएको थियो। बनारसबाट निस्किएका नेपाली पत्रिकाहरूमध्ये सबैभन्दा लामो समयसम्म निस्किएको पत्रिका यही नै थियो।[१२१]

जुद्धशमशेरले १९९३ साल मार्ग २५ गते एक खडग निशाना सनद जारी गरी डाइरेक्टर जनरललाई सल्लाह दिन सर्वप्रथम एजुकेसन बोर्डको स्थापना गरे। जस्मा बडाकाजी मरिचमान सिंह, क. क. डम्बरशमशेर थापा, क.क. गंगाबहादुर, ची. क. गम्भीरजङ्ग थापा, पं. लेखनाथ पौड्याल, पं. सोमनाथ, हे. मा. रुद्रराज पाण्डे, क. प. बालकृष्णशमशेर ज. ब. रा., प्रो. खडानन्द, मि. सु. जङ्गमान सिंह, सु. जगमान सिंह, सु. नगेन्द्रमान सिंह, डा. सिद्धिमणि, प्रो. नरेन्द्रमणि, सरदार माणिकलाल, क. प. तिलकशमशेर, खड्ग नरसिंह राणा, पाटन स्कुलका हेडमास्टर, ने. भा. प्र. स.का

---

११७. लेखकले गुणदेव भट्टराईसंग लिएको अन्तर्वार्तावाट
११८. गृष्मवहादुर देवकोटा- माथि उल्लिखित पाद टिप्पणी नं. ३८, पृष्ठ ३१
११९. ऐजन, पृष्ठ ३२
१२०. ऐजन, पृष्ठ ५२
१२१. ऐजन, पृष्ठ ४९

सुपरिन्टेन्डेन्ट, प्रो. बोधविक्रम, ले. क. अनन्तशमशेर, वृ. क. शिवप्रताप, पं. कुलचन्द्र गौतमलाई मनोनित नियुक्ति गरिएको थियो।[१२२]

जुद्धशमशेरले १९९७ साल आश्विन १८ गते प्राइभेट स्कुल खोल्न पाउँ भनी दरखास्त दिने व्यक्तिले उसको आफ्नो तजविजले खोल्न पाउने व्यवस्थाको एक सनद जारी गरे। यसको लगत्तै पछि १९९७ साल माघ २५ गते अर्को सनद जारी गरी सरकारी स्वीकृति नलिई कुनै पनि स्कुल खोल्न नपाउने सनद जारी गरे। पब्लिक स्कुल सञ्चालन गर्ने स्वीकृति पाएमा उक्त स्कुलले सरकारबाट एक जना प्रधानाध्यापक र एकजना कारिन्दा र केही रकम आर्थिक सहायताको रूपमा पाउने र अरू शुल्कबाट स्कुल संस्थापकले उठाउने व्यवस्था गरिएको थियो।[१२३] महावीर स्कुलको ऐतिहासिक घटना यो सनद जारी भएपछिकै घटना हो।

जुद्धशमशेरका समयमा भारतमा बढ्दै गएको जन चेतनाको प्रभाव नेपालमा पनि पर्दै आइरहेको थियो। त्यतिखेर भारतमा महात्मा गान्धीको प्रेरणाले धेरै राष्ट्रिय विद्यापीठहरूको स्थापना भएको थियो। त्यसैको अनुकरण गरी ई. सं. १९३६-३७ (वि.सं. १९९२-९३) मा काठमाडौंमा पनि केही उत्साही युवकहरूद्वारा महावीर स्कुलको स्थापना भयो। यो स्कुल काठमाडौंको खोल्ह टोलीमा स्थापित भएको थियो। यो स्कुल फत्तेबहादुर, चिनियामान, रामेश्वर र आनन्दमानका उत्साहबाट स्थापना भएको थियो।[१२४]

वि.सं. १९९४ को ज्येष्ठ महिनादेखि यस स्कुलको कार्यक्रमको निश्चित भयो र पूर्णबहादुर, टंकविलास, गंगालाल, वाकपतिराज, इन्द्रप्रसाद प्रधान, सिद्धिचरण श्रेष्ठ, सूर्यबहादुर आदिले पढाउन थाले। तर १९९७ साल कार्तिक २ गते यसका लगभग २८ जना अध्यापकहरू गिरफ्तार गरिए। जसमध्ये चिनियामान र उनका दाजु फत्तेबहादुरलाई जन्म कैद गरियो। चिनियामानको जेलमा नै मृत्यु भयो। अरू अध्यापकहरूमध्ये पूर्णनारायण र चन्द्रमान मास्केलाई १८-१८ वर्ष र सिद्धिचरण श्रेष्ठलाई १२ वर्षको जेल सजाय दिइयो। शेष व्यक्तिहरूमध्ये प्रत्येकलाई दश रूपैयाँ चार पैसा दण्ड गरियो।[१२५]

यस्तैगरी शुक्रराज शास्त्री, केदारमान व्यथित, मुरलीधर शर्मा, आनन्दराज, शंकरप्रसाद शर्मा आदि २१ व्यक्तिको सहयोगले "नेपाली नागरिक अधिकार समिति"

---

१२२. तारामान सिंह स्वाँर- माथि उल्लिखित पाद टिप्पणी नं. २०, पृष्ठ १२

१२३. ऐजन

१२४. वालचन्द्र शर्मा- माथि उल्लिखित पाद टिप्पणी नं. ३६, पृष्ठ ३७५

१२५. ऐजन

नामक एक संस्थाको स्थापना गरिएको थियो। जसको मुख्य उद्देश्य लेख, प्रवचन, पुराण-वाचन, सेवा समिति कार्य आदिको माध्यमवाट जनचेतनाको भाव फैलाउने थियो तर यसको विकास भने हुन सकेन।[१२६]

जुद्धशमशेरले भगवती प्रेस ठँहिटीमा छापिने उद्योग मासिक पत्रिकालाई वि.सं. १९९५ साल वैशाख २० गते एक सनद जारी गरी वार्षिक ९००।- रूपैयाँ आर्थिक सहयोग गरेका थिए। यस पत्रिकाका सम्पादक सूर्यभक्त जोशी थिए।[१२७]

जुद्धशमशेरको समयमा नै अर्थात् ई. सं. १९३८ मा शिक्षासम्बन्धी एउटा कानुन बन्यो, जसअनुसार जनताले शिक्षा प्राप्त गर्न सक्ने अधिकार कानुनी रूपबाट नै प्राप्त गरे। यसरी यसभन्दा अगाडि शिक्षा प्राप्त गर्नुलाई कानुनी रूपबाट अधिकार प्राप्त गर्न सकेका थिएनन्।

यसपछि यिनले काठमाडौं पहाड र तराईका विभिन्न स्थानहरूमा नयाँ स्कुल र पाठशालाहरू खोलेर आर्थिक सहयोग पनि दिए।

यस प्रकार एकातिर सरकारी स्कुल खोल्ने कार्य बन्द गरी पब्लिक स्कुल खोल्ने नियम कायम गरे तापनि जनताले खोलेको स्कुल उपर नराम्रो आँखा लगाई बन्द गर्नु अर्कोतिर आफैले नै स्कुल खोल्न लगाउनाको कारण- शायद दिनपर दिन बढ्दै गएको राजनीतिक चेतनाको प्रचार हुन नदिनु र अर्कोतिर "शिक्षा प्रेमी" हुँ भन्ने देखाउनु नै थियो।

यस्तैगरी आफ्नो समयमा यिनले योग्य विद्यार्थीहरूलाई प्रोत्साहन दिनको निम्ति दरबार स्कुलमा "निबन्ध प्रतियोगिता" गर्ने र राम्रो गर्नेलाई चाँदीको तक्मा दिने र वार्षिक परीक्षामा प्रथम हुनेलाई सुनको तक्मा दिने व्यवस्था गरे।

जुद्धशमशेरले 'गोरखा भाषा प्रकाशिनी' समितिको नाउँ पनि फेरि 'नेपाली भाषा प्रकाशिनी समिति' भनी राखे। यसै अन्तर्गत वि.सं. १९९७ साल आश्विन १८ गते एक सनद जारी गरी संस्कृत आदि भाषाका उच्चतम ग्रन्थहरूको नेपाली भाषामा अनुवाद गर्न "भाषानुवाद परिषद्" पनि खोलियो। यसको अध्यक्ष पदमा पुष्करशमशेरलाई नियुक्ति गरिएको थियो। यसको कार्यालयको निम्ति 'सरस्वती सदन' नाउँमा भवन पनि बनाइयो।[१२८]

१९९८ सालमा डाइरेक्टर जनरलको पदमा मे. ज. शारदाशमशेरलाई नियुक्ति गरिएको थियो।[१२९]

---

१२६. ऐजन, पृष्ठ ४०३-४०४

१२७. तारामान सिंह स्वाँर- माथि उल्लिखित पाद टिप्पणी नं. २०, पृष्ठ २५

१२८. ऐजन, पृष्ठ १३

१२९. ऐजन

१९९९ साल ज्येष्ठ ७ गते जुद्धशमशेरले 'पास जाँच अड्डाको लागि ठेकिएको सालबसाली हाकिम कारिन्दाको दस्तखतवाटै झिक्न पाउने व्यवस्था गरी एक सनद जारी गरेका थिए। त्यसै वर्ष एजुकेसन वोर्डका सदस्यहरूको ठाउँ खाली भएमा कमान्डर-इन-चिफले सदस्य कायम गर्न सक्ने गरी सदर भएअनुसार उक्त बोर्डको खाली ठाउँमा मे. ज. पुष्करशमशेर, पं. तीर्थप्रसाद, पं. नयनराज, डि. सीताराम, इन्स्पेक्टर सूर्यप्रसाद उपाध्याय, सम्पादक श्री प्रेमराज, शेषराज दली, लेक्चर भक्तबहादुर माझीलाई नियुक्ति गरिएको थियो।[130]

यिनले नेपाली भाषा प्रकाशिनी समितिअन्तर्गत भाषानुवाद परिषद् पनि खोलियो। यस प्रकाशन समितिको लागि सरस्वती सदन नाउँको भवन पनि बनाइयो।[131] १९४० डिसेम्बर महिनामा ५०-६० हजार रूपैयाँको निकासा पनि गरिदिएका थिए।[132]

ई. सं. १९४३ मा मे महिनामा जुद्धशमशेरले सांस्कृतिक र ऐतिहासिक वस्तुका सङ्कलनार्थ एक भवनको स्थापना गरी त्यसको उद्घाटन पनि गरे। जसलाई 'जुद्ध जातीय कला-शाला' नाम राखियो। यस्तैगरी जाउलाखेलमा शैक्षणिक महत्त्वलाई पनि ध्यानमा राखी पशुपंक्षीशालाको स्थापना पनि गरे।[133]

सन् १९४३ अक्टोबरदेखि अहिलेसम्म साप्ताहिक रूपले निस्किरहेको गोरखापत्रलाई हप्ताको दुईपटक छाप्ने व्यवस्था पनि गरे।[134] तर भारतबाट आउने पत्रिकाहरू उपर भने कडा निगरानी राखे।

महावीर स्कुलमा शिक्षकहरूको सम्बन्धमा क्रान्तिकारीहरूसित सम्बन्धित रहेकाले र पछि स्थापना भएको नेपाल नागरिक अधिकार समिति र 'प्रजा परिषद्मा' धेरै अङ्ग्रेजी शिक्षा लिएका मान्छेहरू मात्र थिए। यो कुरालाई ध्यान दिएर जुद्धशमशेरले देशमा अङ्ग्रेजी शिक्षालाई बढावा दिन चाहँदैनथे।

त्यसैले यस समयमा वीरगञ्जमा प्रसिद्ध व्यापारी 'हजारीमल मारवाडी' ले अङ्ग्रेजी शिक्षा दिने एक हाइस्कुल खोल्न अनुमति माग्दा जुद्धशमशेरले अनुमति दिएनन्। तर, हजारीमलले आफ्नो शैक्षिक प्रेमलाई रोक्न सकेनन्। अतः विदेश भूमिमा नै भए पनि स्थापना गर्ने निधो गरी वीरगञ्जको रक्सौलनिर स्थापना गरे। जसले गर्दा जुद्धशमशेरले पनि वीरगञ्जका नै जनताहरू लगाई १९९५ सालमा एक त्रि-जुद्ध

---

१३०. ऐजन
१३१. मेदिनीप्रसाद शर्मा- माथि उल्लिखित पाद टिप्पणी नं. ३३, पेज ११३
१३२. वालचन्द्र शर्मा- माथि उल्लिखित पाद टिप्पणी नं. ३६, पृष्ठ ३८१-३८२
१३३. ऐजन, पृष्ठ ३८२
१३४. ऐजन

हाइस्कुल नामको पब्लिक स्कुलको स्थापना गरेका थिए।[१३५] उक्त स्कुलमा हेडमास्टरको रूपमा वार्षिक १२००।- खाने गरी अमृत प्रधानलाई १९९८ साल भाद्र ८ गते नियुक्ति गरिएको थियो।[१३६]

त्यसवेलासम्म अंङ्ग्रेजी स्कुलहरूको सङ्ख्या पनि निकै भइसकेको हुँदा उक्त स्कुलहरूको निरीक्षण गर्न १९९८ सालमा इन्स्पेक्टर अफ स्कुल अफिसको स्थापना भयो।[१३७] यसको पहिलो इन्स्पेक्टरको रूपमा १९९९ साल आश्विन २२ गते सूर्यप्रसाद उपाध्याय (ढुङ्गेल) लाई नियुक्ति गरिएको थियो। पछि उनी जनक्रान्तिमा संलग्न हुन बनारस गएपछि उनको ठाउँमा रामराज पन्तलाई नियुक्ति गरिएको थियो।[१३८] वि.सं. २०००, मार्ग १० गतेको सनदवाट बनारस विश्वविद्यालयमा नेपाली भाषा र साहित्यको पठनपाठनको व्यवस्था नेपाल सरकारको तर्फबाट हुने व्यवस्था गरेअनुसार 'बनारस विश्वविद्यालय' 'नेपाल चेयर' को स्थापना भयो। सो नेपाल चेयरमा काम गर्न श्री रामराज पन्तलाई इन्स्पेक्टर पदबाट सरुवा गरी पठाइयो र उनको ठाउँमा ऋषिकेश शाहलाई नियुक्ति गरियो।[१३९]

वि.सं. २००१ साल माघ १२ गतेको सनदले सर्वप्रथम उपत्यका बाहिर वीरगञ्जमा एस. एल. सी. परीक्षाको केन्द्रको स्थापना गरियो।[१४०]

वि.सं. २००२ सालमा मे. ज. मृगेन्द्रशमशेरलाई पुन: डाइरेक्टर जनरलको पदमा नियुक्ति गरियो।[१४१]

१९९३ सालमा तौलिहवामा पशुपति प्रताप पुस्तकालयको स्थापना भयो। जुन पुस्तकालय आजसम्म पनि सञ्चालन भइरहेको छ। यो पुस्तकालय स्थापना गर्नेहरूमा पदमबहादुर सिंहको महत्त्वपूर्ण भूमिका रहेको थियो।

पाल्पामा पुस्तकालयको रूपमा स्थापित 'पुस्तक पढ्ने दलान' लाई बन्द गराइएको करिब १७-१८ वर्ष पछि वि.सं. २००१-०२ सालतिर स्थानीय व्यक्ति प्रयागलाल श्रेष्ठको अगुवाइमा तानसेन टक्सार टोलमा एउटा अर्को पुस्तकालय खोलियो जसलाई 'धवल पुस्तकालय' भनेर नामकरण गरिएको थियो। यस पुस्तकालयले वि.सं.

---

१३५. वावुराम आचार्य- माथि उल्लिखित पाद टिप्पणी नं. ४४, अङ्क ५, पृष्ठ ७-८
१३६. तारामान सिंह स्वांर- माथि उल्लिखित पाद टिप्पणी नं. २०, पृष्ठ १३
१३७. गोपीनाथ शर्मा- माथि उल्लिखित पाद टिप्पणी नं. १४, पृष्ठ १४१-१४२
१३८. ऐजन
१३९. ऐजन
१४०. तारामान सिंह स्वांर- माथि उल्लिखित पाद टिप्पणी नं. २०, पृष्ठ १५
१४१. ऐजन

२००२ सालमा सरकारी स्वीकृति प्राप्त गरेको थियो।[१४२] यो पुस्तकालय अहिले पनि सञ्चालन भइरहेको छ।

यस प्रकार देशमा शिक्षाको माग वढ्दै गइरहेकाले आफ्नो नीति अङ्ग्रेजी स्कुल नखोल्ने हुँदा र विदेशीहरूको अगाडि पनि लाज मनु स्थिति हुन जाने भएकाले 'आधार स्कुल' खोल्ने योजना बनाए।[१४३] यस प्रकारको स्कुलको जन्मदाता महात्मा गान्धी थिए। उनको जुद्धशमशेरको समयमा उनको नाम लिनु पनि अपराध सम्भिइन्थ्यो। एकपल्ट उनको नै राष्ट्रिय विद्यापिठको अनुकरण गरी केही युवकहरूले 'महावीर स्कुल' स्थापना गर्दा जुद्धशमशेर सो स्कुल बन्द पनि गरेका थिए। तर, समयको परिवर्तनअनुसार उनले नै आविष्कार गरेको शिक्षा प्रणालीलाई जुद्धशमशेरले आफ्नो र सन्तानको सुरक्षाको लागि अपनाउनु पर्‍यो।

यसका २ कारणहरू बताउन सकिन्छ। (१) यस किसिमको शिक्षाले एकातिरबाट अर्थोत्पादक हुनाले सामान्य जनताका निम्ति बहुतै उपयोगी थियो।

(२) अर्कोतिर यसमा राजनीतिको गन्ध पनि नरहने हुनाले राणा सरकारले आफ्नो निम्ति लाभदायक सम्भेका थिए।

यस शिक्षा प्रणालीमा पुस्तकी शिक्षा नदिइ दिनहुँ गरेका कामको डायरी लेखाएर विद्यार्थीहरूलाई लेखपढ सिकाइन्थ्यो। यसरी कृषि कला र ललितकला, वस्त्रकला, काष्ठकला, चर्मकला आदि शिल्पकलाको शिक्षा प्रयोगात्मक रूपमा दिइन्थ्यो। यसका साथै प्रसङ्ग मिलाइ गणित, प्राकृतिक, भूगोल, आर्थिक भूगोल र आर्थिक इतिहासको शिक्षा मुखले दिने नियम थियो।[१४४]

त्रि-चन्द्र कलेज र दरबार स्कुलको अवस्था राम्रो गर्न जुद्धशमशेरले क. रु. १७०१८ र मो. रु. १९०२।८८ पटके खर्च दिएका थिए।[१४५] कलेजमा र स्कुलमा व्यायाम, खेलकुद र औषधिको पनि व्यवस्था गरिदिए।

सहकारी ओभरसियरीको तालिम पनि देशमै दिइने व्यवस्था गरी आवश्यक खर्च पनि दिए। यस्तै गरी वैज्ञानिक तरिकाबाट खेतीगर्न कृषि स्कुल पनि खुले।

यसरी जुद्धशमशेर शिक्षित नभए पनि विद्वान्हरूको कदर गर्दथे। नेपालमा कलाकौशलको उन्नति होस् भन्ने जुद्धशमशेर चाहन्थे।

---

१४२. भवेश्वर पंगेनी- माथि उल्लिखित पाद टिप्पणी नं. ९०, पृष्ठ ११
१४३. स. रा. शि. स. को रिपोर्ट- माथि उल्लिखित पाद टिप्पणी नं. ८, पृष्ठ ८
१४४. वावुराम आचार्य- माथि उल्लिखित पाद टिप्पणी नं. ४४, पृष्ठ ८
१४५. गोरखापत्र- २००२ साल, मार्ग २९ गते

जे होस् उनको परस्पर विरोधी चारित्रिक विशेषता भएता पनि, महावीर स्कुल काण्ड जस्ता एक दुई घटनालाई छोडी हेर्ने हो भने, जुद्धशमशेर एक वास्तवमा शिक्षाप्रेमी शासकको रूपमा देखा पर्छन्।

तर जुन प्रकारले देशमा राजनीतिक चेतनाको विकास भइरहेको थियो-त्यससित संघर्ष गर्न सक्ने क्षमता अप्रजातन्त्रवादी जुद्धशमशेरको मस्तिष्कमा थिएन। अतः उनले आफ्नो स्वइच्छाले नेपालको प्रधानमन्त्री र श्री ३ महाराजको पदमा पद्मशमशेरलाई राखेर कृष्ण गण्डकीको तटमा बस्न पुगे।[१४६]

जुद्धशमशेरले आफ्नो स्वइच्छाले राज्य त्याग गरेपछि पद्मशमशेर नेपालका प्रधानमन्त्री र श्री ३ महाराज भए। प्रधानमन्त्री र श्री ३ महाराज हुनासाथ सबभन्दा पहिले देशको भलाइपट्टि ध्यान दिई देशको सुधार गर्नपट्टि ध्यान दिए। किनभने आधुनिक युगमा जनतालाई हातमा नलिएसम्म राज्य गर्न गाह्रो हुन्छ भन्ने उनले देखेका थिए।

अतः महाराज भएको १२ औं दिनमा नै "म राष्ट्रको नोकर हुँ" भनी घोषणा गरेकाले दुनियाँको ध्यान र सहानुभूति उनीप्रति गएको थियो।[१४७]

पद्मशमशेरले पनि आफू सत्तामा आउनासाथ देशमा कायम भएको आधार शिक्षाको साथै अरू शिक्षाको पनि विकास गर्ने विचार गरे। यसरी उनले "मृगेन्द्रशमशेरको सल्लाह लिएर त्यस अनुरूप नै जुद्धशमशेरले चलाएको 'आधार शिक्षा प्रणाली' लाई चालु गराइरहनलाई नयाँ स्कुलहरू खोल्ने मात्र हैन कि चलिरहेको अङ्ग्रेजी स्कुलहरू र भाषा पाठशालाहरू पनि विस्तारै विस्तारै आधार स्कुलको साँचोमा ढाल्ने योजना गरे।"[१४८]

यस प्रकारको आफ्नो योजना सफल पार्न पद्मशमशेरले 'आवश्यक शिक्षकहरू तयार पार्न २००१ सालमा केही ग्रेजुयटहरूलाई वर्धा (भारतमा) मा तालिम लिन पठाए।

यसरी तालिम लिई आएका शिक्षकहरूले काठमाडौंमा एक 'शिक्षक शिक्षण, केन्द्र खोली यसमा अङ्ग्रेजीको प्रवेशिका वा संस्कृतको मध्यमा परीक्षामा उत्तीर्ण भएका विद्यार्थीहरूलाई ६ महिना वा एक वर्षसम्म शिक्षा दिई, शिक्षक तयार गर्ने योजना ठीक गरे।[१४९]

---

१४६. वालचन्द्र शर्मा- माथि उल्लिखित पाद टिप्पणी नं. ३६, पृष्ठ ३८५
१४७. प्रमोदशमशेर- माथि उल्लिखित पाद टिप्पणी नं. १२, पृष्ठ १५५
१४८. कृष्णराज अर्याल- माथि उल्लिखित पाद टिप्पणी नं. ३, पृष्ठ १८
१४९. वाबुराम आचार्य- माथि उल्लिखित पाद टिप्पणी नं. ४४, पृष्ठ ९

यसरी उनीहरूको (तालिम प्राप्त शिक्षकको) अध्यक्षतामा काठमाडौंमा एक 'शिक्षक तालिम केन्द्र' खोलियो र शिक्षक तयार गर्नाको निम्ति सरकारबाट भत्ता दिई विद्यार्थीहरू भर्ना गरिए।[१५०]

आधार शिक्षाको वढी महत्त्व पद्मशमशेरको नै समयमा देखा पऱ्यो। उनले त्यसलाई प्रचार गर्ने योजना वि.सं. २००३ सालमा वनाए। उनले आधार शिक्षाको स्कुल खोल्न 'यस ठाउँको जग्गा नाप जाँच गरी पठाइ दिनु' भन्ने तालुकवालालाई आदेश भै आएमा सो वमोजिम नाप जाँच गरी जाहेर गर्नु भनी पहाड बन्दोबस्त विर्ताफाँट नाममा वि.सं. २००३ साल पौष २६ गते एक छाप पठाए।[१५१] यसपछि वि.सं. २००४ साल ज्येष्ठ १० गते छाउनीमा सर्वप्रथम आधार शिक्षा तालिम केन्द्रको नामले एक छात्रावासहितको एउटा स्कुलको स्थापना हुनाको साथै सोही वर्ष जेठ १७ गते डाइरेक्टर जनरलले जनाउ दिएको स्कुलहरूको का. स. चलाइदिनु भन्ने नेपाल हुलाक गोश्वारा डाँक फाँटको नाउँमा सनद भए अनुसार ठाउँ ठाउँमा पब्लिक स्कुलहरूले शिक्षा विभागमा र शिक्षा विभागले सो स्कुलहरूमा समेत काज सरकारी गरी चलाउन पाउन बन्दोबस्त भयो।[१५२]

सोही वर्ष आधार शिक्षातर्फको काम गर्ने पाठशाला बन्दोबस्त अङ्ग्रेजी फाँटबाट छुट्याई आधार शिक्षा गोश्वारा नाउँको नयाँ अड्डा खडा गरियो।[१५३] उक्त गोश्वाराको कामसमेत सञ्चालनको लागि २००३ सालमा खडा गरिएको इन्स्पेक्टर पदलाई डेपुटी सेक्रेटरी आधार शिक्षामा परिणत गरी उक्त पदमा तारामान सिंह स्वाँरलाई नियुक्ति गरियो।[१५४]

सम्वत् २००४ साल आश्विन १६ गते अधिराज्यका विभिन्न १४ ठाउँहरूमा १४ वटा आधार स्कुलहरू स्वीकृत गरिएका थिए। यसका साथसाथै निरीक्षण व्यवस्थामा पनि परिवर्तन गरी डेपुटी इन्स्पेक्टर एन्ड अर्गनाइजर अफ वेसिक स्कुल भनी पूर्व र पश्चिम २ फाँट गरी पूर्वको जनकपुर र पश्चिमको पाल्पामा सदरमुकाम गरियो। पूर्व फाँटको रेखदेख गर्न दीर्घराज कोइराला र पश्चिमको फाँटको रेखदेख गर्न रामसिंह ठकुरीलाई नियुक्ति गरिएको थियो।[१५५]

---

१५०. कृष्णराज अर्याल- माथि उल्लिखित पाद टिप्पणी नं. ३, पृष्ठ १८

१५१. गोपीनाथ शर्मा- माथि उल्लिखित पाद टिप्पणी नं. १४, पृष्ठ १४८

१५२. ऐजन, पृष्ठ १५१

१५३. तारामान सिंह स्वाँर- माथि उल्लिखित पाद टिप्पणी नं. २०, पृष्ठ १५

१५४. ऐजन

१५५. ऐजन, पृष्ठ १६

तर उक्त आधार शिक्षाले जुन रूपबाट विकसित हुनु पर्ने थियो, हुन सकेन। यसको मुख्य कारण शिक्षकहरू तालिमको छोटो अवधि भएकाले दक्ष हुन नसकेकाले, छात्रहरू र अभिभावकहरूको यस शिक्षाप्रति आस्था नभएकोले र सरकारको चिसो नीतिले गर्दा यो शिक्षा प्रणाली राम्ररी चल्न सकेन। पछाडि गएर २०१२ सालमा त यस प्रकारको स्कुलको निशाना नै रहेन।

यस सम्बन्धी वावुराम आचार्य भन्छन्,

> "... ४ लाखको आवादी भएको काठमाडौंमा १० वटा स्कुलहरू खोलियो, तर ८० लाख आवादी भएको बाँकी पाहाड र तराईको निम्ति २००.वटा स्कुलहरू खोलिनु पर्दथ्यो। तर, यहाँ शिक्षाको प्रश्नभन्दा वृत्तिका प्रश्नको महत्त्व थियो। 'शिक्षक शिक्षण केन्द्रमा' पहाड र तराईका योग्य विद्यार्थीहरूले भन्दा बढ्ता उपत्यकाका अयोग्य विद्यार्थीहरूले स्थान पाउँथे। यिनीहरू पहाड र तराईमा जान राजी नहुने हुँदा उपत्यकामा नै जम्मा भए। जसले गर्दा वढी स्कुल काठमाडौंमा भए र यही कारणले गर्दा यो शिक्षा असफल पनि भयो।"[१५६]

यसप्रकार 'आधारभूत शिक्षा नेपालमा भए पनि यो नाम मात्रको थियो। यो शिक्षा शासकवर्गको सुविधाको लागि मात्र गरिएको थियो भन्ने कुरा हामीले माथि नै वर्णन गरिसकेका छौं र माथिको विचारले पनि प्रष्ट गर्दछ। त्यसैले के भन्न सकिन्छ भने "यो शिक्षा ज्ञान दिनभन्दा बढी नेपालीको राजनीतिक विचार रोक्नलाई ल्याइएको थियो।"[१५७] यसरी उनीहरूको (राणाहरूको) शिक्षाप्रतिको नीति र कार्यले यो कुरा पनि प्रष्ट गर्दछ कि "... यसलाई अगाडि बढाउनुभन्दा त्यही रूपमा राख्न चाहन्थे, जुन रूपमा अगाडि थियो।"[१५८]

जे भएता पनि पद्मशमशेरले आफ्नो शासनको सुरुदेखि अनेकौं शैक्षिक सुधार गरी जनताको ध्यान आफूप्रति आकर्षित गर्दै आएका थिए।

जसअनुसार सुरुमा नै उनले अगाडि भीमशमशेरले स्थापना गरेका भक्तपुर स्कुललाई सरकारी स्कुल गराई, काठमाडौंमा एक स्कुलको स्थापना गरे। जसलाई पद्मोदय हाइस्कुल भनेर भनियो।

---

१५६. वावुराम आचार्य- माथि उल्लिखित पाद टिप्पणी नं. ४४, पृष्ठ ९-१०
१५७. त्रैलोक्यमान उप्रेती- माथि उल्लिखित पाद टिप्पणी नं. २४, पृष्ठ ३७
१५८. केदार श्रेष्ठ- माथि उल्लिखित पाद टिप्पणी नं. ५०, पृष्ठ २९

यिनको समयमा भारत स्वतन्त्र भएकोले पद्मशमशेरले गोवर्धन मास्के, हीराप्रसाद, प्रेमबहादुर र पुष्पलाल आदिको मद्दत लिई मेचिदेखि महाकालीसमम अनेकौं प्राइमरी स्कुलहरू, हाइस्कूलहरू खुलाउनलाई स्वतन्त्रता दिए तर सरकारी सहायता नपाउँदा धेरै स्कुलहरू बन्द पनि भए।[१५९]

यी कार्यक्रमहरूभन्दा पनि बढी पद्मशमशेरको देन 'स्त्री शिक्षा' प्रदान गर्नु नै मान्न सकिन्छ। नारी शिक्षालाई पहिलोपल्ट प्रोत्साहन दिदै काठमाडौंमा एक सरकारी कन्या पाठशाला खोले। जसलाई 'पद्म कन्या हाइस्कुल' भनेर भनियो। त्यस्तै गरी नारीहरूलाई उच्च शिक्षा प्रदान गर्न भविष्यमा एक कलेज स्थापना गर्ने एक योजना बनाइ आवश्यक धनको व्यवस्था पनि गरे। जसअनुरूप पछि पद्मकन्या कलेजको स्थापना पनि भयो।

यसै समयमा नै राजाज्ञा नलिइ प्रेमबहादुरले आफ्नै दलानमा 'प्रदीप्त पुस्तकालय' खोले। यस प्रकार खोलिएको यो पुस्तकालय नेपालमा पहिलो थियो। यो पुस्तकालय वि.सं. २००३ साल पौष १३ गते वेलुकीपख उद्घाटन गरिएको थियो। यो पुस्तकालयको उद्घाटन बढी रोचक ढङ्गले भएको थियो। ... बेलुकीपख दलानभित्र निस्पट्ट अँध्यारो थियो। वाहिर चोकमा एकसय जना जति निमन्त्रित व्यक्तिहरू थिए। बेलुकी ठीक ६ बजे प्रेमबहादुर कंसाकार र तीर्थराज तुलाधर दलानभित्र पसी त्यहाँ रहेको २ वटा पानस बाली त्यस उज्यालोमा नजिकै कालो कपडाले छोपेको टेबुलवाट उक्त कालो कपडा झिके। त्यसपछि त्यहाँ वत्ती बल्यो र करिब २०० जति किताबहरू टेवुलमा थिए। निमन्त्रित व्यक्तिहरू त्यहाँ आएर पुस्तकहरू पढ्न थाले।" यसरी उक्त पुस्तकालयको स्थापना भएको थियो। यो पुस्तकालय खोल्नमा मद्दत गर्नेहरूमा विष्णुसुन्दर, मथुरालाल श्रेष्ठ आदि थिए।[१६०]

यस्तैगरी २००३ साल वसन्त पञ्चमीको दिन विराटनगरमा मुन्सी दयाशंकर गुप्ताको नेतृत्वमा ऋषिकेशर कोइराला आदिको सहयोगबाट घरघरबाट पुस्तकहरू सङ्कलन गरी 'आदर्श विद्या मन्दिर पुस्तकालय' को स्थापना गरे। सोही दिन मङ्गलबजार (ललितपुर) मा पनि 'शारदा पुस्तकालय' को स्थापना भएको थियो।

वि.सं. २००३ साल कार्तिक १९ गते एक खड्ग निशाना जारी गरी शारदा मासिक पत्रिकालाई आर्थिक सहयोग वापत वार्षिक ९००।- रूपैयाँ प्रदान गरिएको थियो।[१६१]

---

१५९. धर्मरत्न यमी- माथि उल्लिखित पाद टिप्पणी नं. ७४, पृष्ठ २३१

१६०. मदनसेन बज्राचार्य- प्रेमवहादुर कसा: या जीवनी- यें, प्रेमवहादुर कसा: अभिनन्दन समारोह समिति, ने. सं. ११०९ (२०४६), पृष्ठ ३५-३७

१६१. तारामान सिंह स्वाँर- माथि उल्लिखित पाद टिप्पणी नं. २०, पृष्ठ २५

यिनले २००३ साल पौष ८ गतेदेखि गोरखापत्रलाई हप्ताको तीनपटक निकाल्ने तुल्याए।[१६२] यसप्रकार २०१७ सालसम्म यो हप्ताको तीनपटक मात्र निस्कने रह्यो। त्यसपछि यो दैनिक पत्र भएको थियो।

पद्मशमशेरले २००४ सालमा अर्थात् १६ मे १९१७ ई. सं. का दिन नेपालमा पहिलोपल्ट वैधानिक सुधार गर्ने घोषणा गरे र २६ जनवरी १९४८ ई. सं. को दिन विधानको घोषणा गरे।[१६३] जसको एक धारामा नि:शुल्क र अनिवार्य प्राइमरी शिक्षाको व्यवस्था गरिएको थियो। तर त्यो व्यवहारमा आउन सकेन।[१६४]

तर पनि यो संविधानले गाउँ गाउँमा स्कुल सञ्चालन गर्न स्थानीय पंचायतहरूलाई त्यहाँबाट उठेको मालपोतको ५ प्रतिशत खर्च गर्न सक्ने अधिकार दिएको थियो। यसरी गाउँ गाउँको स्कुललाई पूर्ण रूपले सञ्चालन गर्ने एउटा दरिलो आर्थिक स्रोतको व्यवस्था गरिदिएका थिए।

वि.सं. २००४ सालमा नै केदारमान सिंह 'व्यथित' को प्रयासबाट काठमाडौंमा 'साहित्य परिषद्को' स्थापना भयो। यसको तत्त्वावधानमा २००४ जेठ १५ गते नेपालमा प्रथम विराट सार्वजनिक कवि सम्मेलन पनि गरियो।[१६५]

वि.सं. २००४ सालमा धनकुटामा पहिले सार्वजनिक विद्यालय भवन र पछि नाम फेरि सार्वजनिक शिक्षा निकेतन नामक पुस्तकालय, गौरमा 'शारदा पुस्तकालय', वीरगञ्जमा 'हिमाल सार्वजनिक पुस्तकालय, बन्दीपुरमा पद्म पुस्तकालय, वुटवलमा महावीर पुस्तकालयहरू स्थापना भएका थिए।

वि.सं. २००४ सालमा 'साहित्य परिषद्को' 'साहित्य स्रोत' पत्रिका, घरेलु इलम पत्रिका, र काठमाडौं म्युनिसिपल पत्रिका प्रकाशित भएका थिए। विदेशबाट (दिल्लीबाट) 'जवान' नामक नेपाली भाषाको साप्ताहिक पत्रिका प्रकाशित भएको थियो।[१६६]

विदेशबाट निस्कने गरेका नेपाली पत्रिकाहरूमा बनारसबाट २००४ साल माघ १३ गते श्री लक्ष्मीप्रसाद देवकोटा, श्री नारायणप्रसाद उपाध्याय, श्री बालचन्द्र शर्मा, श्री कृष्णप्रसाद उपाध्यायहरूका सम्पादनमा निस्केको नेपाली भाषाको 'युगवाणी'

---

१६२. गृष्मबहादुर देवकोटा- माथि उल्लिखित पाद टिप्पणी नं. ३८, पृष्ठ ३३

१६३. प्रमोदशमशेर- माथि उल्लिखित पाद टिप्पणी नं. १२, पृष्ठ १५९

१६४. ऐजन

१६५. बालचन्द्र शर्मा- माथि उल्लिखित पाद टिप्पणी नं. ३६, पृष्ठ ३९०

१६६. गृष्मबहादुर देवकोटा- माथि उल्लिखित पाद टिप्पणी नं. ३८, पृष्ठ ३३

साप्ताहिक,[१६७] नेपाली पत्रजगतमा राजनीतिक चेतना बढ्ता भएको नेपालको एकतन्त्रीय सत्ता ढाल्न खोज्ने यो पहिलो समाचार पत्र हो। यसभन्दा अगाडि नेपालमा परिवर्तन ल्याउने उद्देश्य लिएर निस्केको अर्को कुनै पत्रिका थिएन।

यसप्रकार हेर्ने हो भने पद्मशमशेरको समयलाई शिक्षा विकासको क्रमले हेर्ने हो भने देवशमशेरपछि राख्न सकिन्छ।

यसरी शिक्षाको क्षेत्रमा जुन उल्लेखनीय सेवा गरे त्यसका लागि नै उनलाई 'स्कुलका पिता' भनेर भनिन्छ।[१६८] भने नारी शिक्षाको इतिहासमा उनलाई प्रथम अग्रदूतको रूपमा स्मरण (गर्न सकिन्छ) गरिन्छ।

पद्मशमशेर पछि मोहनशमशेर नेपालका प्रधानमन्त्री र श्री ३ महाराज भए। यिनको समयमा पूर्ण रूपमा संघर्षकालीन समय भएकाले, त्यस्ता कुनै सुधार गर्न सकेनन्। तर पनि यता कता केही शैक्षिक कार्य भने गर्न सफल भए।

यिनले वि.सं. २००५ (ई. सं. १९४८) बाट त्रि-चन्द्र कलेजमा वि. एस्सी. को अध्यापन कार्य सुरु गराए।[१६९]

यिनले आफू प्रधानमन्त्री र श्री ३ महाराज भएपछि नै नेपालमा पहिलोपल्ट विश्वविद्यालय स्थापना गर्ने सम्बन्धी चर्चा हुन थाल्यो र वि.सं. २००५ साल भाद्र १० गते (ई. सं १९४८ अगष्ट) मा उनले एक "विश्वविद्यालय कमिसन (आयोग) को नियुक्ति गरे र पाँच लाख रूपैयाँ विश्वविद्यालयको लागि छुट्याइ दिएका थिए।[१७०] वि.सं. २००५ साल भाद्र १४ गते आइतबार विश्वविद्यालय कमिसनको वैठक सरस्वती सदनमा पहिलोपल्ट बसेको थियो।[१७१] उक्त कमिसनका सदस्यहरू निम्न थिए,

(१) मृगेन्द्रशमशेर (अध्यक्ष), (२) विजयशमशेर (उपाध्यक्ष), (३) सुवर्णशमशेर (सदस्य), (४) गुरुज्यू हेमराज पाण्डे (सदस्य), (५) जीतेन्द्रबहादुर शाह (सदस्य), (६) नयनराज पाण्डे (सदस्य), (७) बालकृष्णशमशेर (सदस्य), (८) खड्गनरसिंह राणा (सदस्य), (९) यज्ञबहादुर बस्नेत (सदस्य), (१०) सूर्यजङ्ग थापा (सदस्य), (११) सरदार गुञ्जमान सिंह (सदस्य), (१२) रुद्रराज पाण्डे (सदस्य), (१३) नरेन्द्रमणि आ. दी. (सदस्य), (१४) डा. सिद्धिमणि आ. दी. (सदस्य), (१५) भीमबहादुर पाण्डे (सदस्य), (१६)

---

१६७. ऐजन, पृष्ठ ३३

१६८. ईश्वरराज अर्याल- नयाँ नेपालको इतिहास, (काठमाडौं नेपाल, रत्न पुस्तक भण्डार, वि.सं. २०३५ साल, सत्रौं संस्करण), पृष्ठ २३२

१६९. राजेश गौतम- माथि उल्लिखित नं. ८३

१७०. कृष्णराज अर्याल- माथि उल्लिखित पाद टिप्पणी नं. ३, पृष्ठ २९

१७१. गोपीनाथ शर्मा- माथि उल्लिखित पाद टिप्पणी नं. १४, पृष्ठ १६०

प्रो. ऋषिकेश शाह (सदस्य), (१७) बोधविक्रम अधिकारी (सदस्य), (१८) प्रो. सुधीरकुमार राय चौधरी (सदस्य), (१९) प्र. क्षितिज चन्द्रचक्रवर्ती (सदस्य), (२०) प्रा. आशुतोष सेन (सदस्य), (२१) प्रो. भवनाथ ढुङ्गाना (सदस्य), (२१) प्रयागराज पाण्डे (सदस्य), (२२) प्रा. आशुतोष गंगुली (सदस्य), (२३) वेदनाथ (सदस्य) र (२४) देवराज विद्या वाचस्पति (सदस्य)।[१७२]

नेपालमा त्यसबेलासम्म बालवालिकाका लागि बाल शिक्षाको कुनै व्यवस्था थिएन। वि.सं. २००५ को भाद्र ९ गतेको सनदले काठमाडौंमा सर्वप्रथम 'मेन्टेश्वरी स्कुल' को नामले बालबालिकाको लागि एउटा स्कुल खुल्यो।[१७३] त्यो स्कुल साविकमा श्रेस्ता पाठशाला बसेको रानीपोखरी छेउको (हाल क्षेत्रीय अदालत बसेको) भवनमा सुरु भयो। उक्त स्कुल सञ्चालन गर्न भारतबाट झिकाइएको खुवचन्द्र भाम्रा र उनका श्रीमती मोहनी देवी भाम्रालाई प्रधानाध्यापक र शिक्षकमा नियुक्ति गरिएको थियो। अरू शिक्षकहरूमा दार्जिलिङ्गबाट आएका चन्द्रा महत र विष्णु दाहाल थिए। पछि यी दुई शिक्षकहरूलाई मद्रासको अडायर भन्ने तालिम लिन पठाइएको थियो।[१७४] यी स्कुललाई पछि ल्यावोरेटरी मा. विद्यालयको नै एक भाग बनाइ त्यसै विद्यालयअन्तर्गत राखियो।

यिनले आफ्नो समयमा एक संस्कृति कलेजको पनि स्थापना गरेका थिए। यस्तै गरी 'सेन्ट जेभियर्स स्कुल' स्थापना गर्ने विषयमा पनि यिनको समयमा नै पहिलोपल्ट कुरा चलेको थियो।[१७५] यसको स्थापना भने ई. सं. १९५४ मा भएको थियो।

वि.सं. २००५ साल कार्तिक ८ गते विदेशमा पढ्न जाने लड्काहरूलाई भत्ता दिने निश्चित दरबन्दी कायम गरी कम्पनी रूपैयाँ ५०,०००।- को साल वशाली निकासाको खड्ग निशान भएको थियो।[१७६]

यिनको समयमा कलकत्ताबाट २००५ कार्तिक २१ गते श्री विलाल मोक्तानको सम्पादनमा नेपाली भाषाको 'नेपाल पुकार' साप्ताहिक पत्रिका निस्केको थियो। पत्रिका निस्कँदा नेपाल प्रजातन्त्र काङ्ग्रेसको मुखपत्र भएर जन्म्यो र त्यसपछि 'नेपाल काङ्ग्रेस' को मुखपत्र भयो।[१७७]

समाचारभन्दा लेख प्रधान भएको यो पत्रिका नेपालको एकतन्त्रीय राणा शासन र शासकको विरोध प्रचार गर्नमा "युगवाणी" भन्दा पनि अगाडि बढेको थियो।

---

१७२. ऐंजन, पृष्ठ १६०-१६१

१७३. तारामान सिंह स्वाँर- माथि उल्लिखित पाद टिप्पणी नं. २०, पृष्ठ १६

१७४. ऐंजन

१७५. स्वतन्त्र विश्व, वर्ष २०, सङ्ख्या ४, पृष्ठ ४

१७६. तारामान सिंह स्वाँर- माथि उल्लिखित पाद टिप्पणी नं. २०, पृष्ठ १६-१७

१७७. गृष्मवहादुर देवकोटा- माथि उल्लिखित पाद टिप्पणी नं. ३८, पृष्ठ ५३

पत्रिकालाई मोहनशमशेरले नेपालभित्र ल्याउन प्रतिबन्ध लगाएका थिए। तर, पनि यतिखेर नेपालीहरू जागरुक भैसकेका र उनीहरूको त्यस पत्रिकाप्रति चाहना भएकाले लुकिछिपी नेपाल आउने गर्दथ्यो। यसरी नेपालभित्रको नेपालीहरूलाई राजनीतिक रूपले जागृत गराउन यो पत्रिकाले महत्त्वपूर्ण भूमिका खेल्यो। यसप्रकार आफ्नो उद्देश्यमा सफल हुने यो नै पहिला पत्रिका थियो।

२००५ सालमा भोजपुरमा नारदमुनि थुलुङको सक्रियतामा 'श्री राम पुस्तकालय' को स्थापना गरिएको थियो। यसै साल दाङ घोराहीमा 'त्रिभुवन मोहन पुस्तकालय' को पनि स्थापना भएको थियो।

वि.सं. २००६ साल श्रावण ३१ गते स्कुल तथा कलेजमा पढ्ने विद्यार्थीहरूको स्वास्थ्यसम्बन्धी जाँचको लागि शिक्षा विभाग स्वास्थ्य फाँट खडा भयो।[१७८] यसको हाकिम पदमा डा. भीमवहादुर प्रधानलाई नियुक्ति गरियो। उनलाई सहयोग गर्न एक जना कम्पाउण्डर पनि दरबन्दीमा राखिएको थियो।[१७९]

वि. सं. २००६ साल भाद्र १७ गते स्कुलको निरीक्षण भ्रमण गर्न आउने र अरू सरकारी काममा जाने आउने मानिसको निम्ति बास र खाना सुपथ मूल्यमा बन्दोबस्त गर्नु पर्ने भएमा गरिदिनु भनी पश्चिम, पूर्व १ नं देखि धनकुटा, इलाम, पाल्पा, डोटी, र जुम्लासमेतमा जिम्मावाल थरी, मुखियाहरूलाई उर्दी पूर्जी लगाउनु भन्ने गढी गौंडा, गोश्वाराका नाममा खड्ग निशाना भयो।[१८०]

वि.सं. २००६ साल कार्तिक २१ गते कलेज, स्कुलसमेत पाठशाला बन्दोवस्त अङ्ग्रेजी फाँटको मातहत सबै ठाउँको दरबन्दी खालीहरूमा तालुकावालाले म्यादी गर्न पाउने सनद भएको थियो।[१८१]

यसरी यिनको समयमा यिनले गरेका शैक्षिक सुधारहरूलाई हेर्ने हो भने के भन्न सकिन्छ भने यिनको सम्पूर्ण समय आफ्नो सत्ता कायम गर्ने प्रयत्नमा नै वित्यो। तर त्यसमा उनी असफल भए।

यसरी यिनको समयमा नै (२००७ साल फाल्गुण ७ गतेमा) नेपालमा राणा शासन खतम भई प्रजातन्त्रको सुरुवात भयो।

---

१७८. तारमान सिंह स्वाँर- माथि उल्लिखित पाद टिप्पणी नं. २०, पृष्ठ १७

१७९. ऐजन

१८०. ऐजन

१८१. ऐजन

यसरी राणाकालमा नेपाली शिक्षाले कैयौं विघ्नबाधाहरू पार गर्नु परेको हुनाले राम्रो किसिमले र व्यवस्थित रूपमा आशातीत प्रसार हुन सकेन। यसको असर नेपाली समाजमा पूर्ण रूपले पर्‍यो। जसले गर्दा समाजको बहुसङ्ख्यक जनता अज्ञानी र अशिक्षित नै रहे।

यसरी के भन्न सकिन्छ भने राणा शासकहरूले सच्चा हृदयले शिक्षाको विकास गर्न चाहेका थिएनन् भन्ने कुरा देशमा अल्पसङ्ख्यक या नगन्य रूपमा भएता पनी केही प्रतिष्ठित संस्कृतका विद्वान्हरू हुँदाहुँदै पनि १५ वर्षको केही नजान्ने परिवारको एक नवयुगलाई[१८२] शिक्षा विभागको जिम्मा लगाउनुबाट पनि प्रष्ट हुन्छ।

राणाकालीन अवधिमा नेपाली शिक्षाको विकास वा उपलब्धि के कस्तो थियो निम्न तथ्याङ्कले नै प्रष्ट गर्दछ।

---

१८२. डिल्लीरमण रेग्मी- नेपाल, (वनारस ओंमप्रकाश कपुर, नेपाल नेसनल काङ्ग्रेस, ई. सं. १९४८), पृष्ठ १७-१८

सन् १९५० सम्मको तथ्यांङ्क[१८३]

सम्वत् १९५७ साल चैत १५ गतेको रानबले खुलेका पाठशालाहरु

१.	काठमाडौं, पाठशाला	पं. केदारनाथ भट्टराई, पकनाजोल	वार्षिक रु. ३६०।-
२.	त्रिपुरेश्वर पाठशाला	पं. गोपाल भट्ट, पाटन	वार्षिक रु. ३००।-
३.	बागमती पारि पाठशाला	पं. बुद्धिसागर पोखरेल, ठमेल	वार्षिक रु. ३००।-
४.	देउपाटन पाठशाला	पं. भद्रदत्त लामिछाने, वानेश्वर	वार्षिक रु. ३००।-
५.	पाटन पाठशाला	पं. भद्ररमण पण्डित, काठमाडौं	वार्षिक रु. ३००।-
६.	वैद्यनाथ पाठशाला	पं. चन्द्रशेखर रेग्मी, टुकुचा	वार्षिक रु. ३००।-
७.	भादगाउँ पाठशाला	पं. धर्मदत्त खनाल, पाटन	वार्षिक रु. २४०।-
८.	खोकना पाठशाला	पं. प्रेमनाथ खनाल, पाटन	वार्षिक रु. १२०।-
९.	चोभार पाठशाला	पं. हेमचन्द्र उपाध्याय, चोभार	वार्षिक रु. १२०।-
१०.	कीर्तिपुर पाठशाला	पं. गौरीनाथ, कीर्तिपुर	वार्षिक रु. १२०।-
११.	मक्षेगाउँ पाठशाला	पं. भूमिनन्द रिजाल, कालीमाटी	वार्षिक रु. १२०।-
१२.	थानकोट पाठशाला	पं. वेदनिधि सुवेदी, दहचोक.	वार्षिक रु. १२०।-
१३.	नैकाप पाठशाला	पं. वेदनिधि आचार्य, नैकाप	वार्षिक रु. १२०।-
१४.	बलम्भु पाठशाला	पं. हरिनाथ लामिछाने, कालीमाटी	वार्षिक रु. १२०।-
१५.	भीमढुङ्गा पाठशाला	पं. प्रेमसागर दवाडी, नैकाप	वार्षिक रु. १२०।-
१६.	फस्कू पाठशाला	पं. नेत्रलोचन, फस्कू	वार्षिक रु. १२०।-

१८३. (क) कृष्णराज अर्याल- माथि उल्लिखित पाद टिप्पणी नं. ३, पृष्ठ २९
(ख) तारामान सिंह स्वाँर- माथि उल्लिखित पाद टिप्पणी नं. २०, पृष्ठ १८-२६
(ग) गोपीनाथ शर्मा- माथि उल्लिखित पाद टिप्पणी नं. १४, पृष्ठ १६३-१६७

सम्वत् १९९८ साल जेठ ५ गते रोज ५ का सनदले खुलेका पाठशालाहरू

१.	काठमाडौं जनता पाठशाला	पं. भुवनलाल पाण्डे, महाबौद्ध	वार्षिक रु. १८०।-
२.	पाटन पाठशाला	पं. नित्यारमण पण्डित, काठमाडौं	वार्षिक रु. ९६।-
३.	रुद्रदह पाठशाला	पं. बुद्धिसागर सिग्द्याल, रुद्रदह	वार्षिक रु. ९६।-
४.	पुल्चोक पाठशाला	पं. कुञ्जविलास गौतम, पाटन	वार्षिक रु. १८०।-
५.	डिल्लीबजार पाठशाला	पं. सत्यप्रसाद अर्याल, डिल्लीबजार	वार्षिक रु. १८०।-
६.	हाँडीगाउँ पाठशाला	पं. डिल्लीराम मिश्र, त्रिपुरेश्वर	वार्षिक रु. १८०।-
७.	भादगाउँ पाठशाला	पं. श्रीधर ढुङ्ग्याल, सिन्हामंगल	वार्षिक रु. १२०।-
८.	सुन्दरीजल पाठशाला	पं. सूर्यकान्त पोखरेल, गोकर्ण	वार्षिक रु. १२०।-
९.	चापागाँउ पाठशाला	पं. छविलाल पोडे, काठमाडौं	वार्षिक रु. १२०।-
१०.	त्रिपुरेश्वर पाठशाला	पं. तीर्थराज तिमिल्सिना, चौभार	वार्षिक रु. १२०।-
११.	सिन्हामंगल पाठशाला	पं. ॐकारेश्वर ढकाल, डिल्लीवजार	वार्षिक रु. १२०।-
१२.	स्युचाटार पाठशाला	पं. गोविन्दकेशरी भण्डारी, कालिमाटी	वार्षिक रु. १२०।-
१३.	जितपुर पाठशाला	पं. हरिप्रसाद लम्साल, नैकाप	वार्षिक रु. १२०।-
१४.	हरिसिद्धि पाठशाला	पं. गंगादत्त ढकाल, हरिसिद्धि	वार्षिक रु. १२०।-
१५.	संखमूल पाठशाला	पं. महादेव रिसास, पाटन	वार्षिक रु. १२०।-
१६.	वानेश्वर पाठशाला	पं. काशिनाथ आचार्य, चावहिल	वार्षिक रु. १२०।-
१७.	फरपिङ्ग पाठशाला	पं. सूर्यनाथ पौडेल, फरपिङ्ग	वार्षिक रु. १२०।-
१८.	देवपाटन पाठशाला	पं. गैरीनाथ ढकाल, गौचर	वार्षिक रु. १२०।-
१९.	गोदावरी पाठशाला	पं. वेनरधी सुवेदी, गोदावरी	वार्षिक रु. १८०।-

१९५८ साल आश्विन १२ गते रोज ५ देखि थप

१. काठमाडौंमा वार्षिक रु. २४०।- को दरबन्दीसहितको पाठशाला- १
२. पाटनमा वार्षिक रु. २४०।- को दरबन्दीसहितको पाठशाला- १
३. ठिमीमा वार्षिक रु. २४४।- को दरबन्दीसहितको पाठशाला- १
४. रनोकनामा वार्षिक रु. २४४।- को दरबन्दीसहितको पाठशाला- १
५. त्रिपुरेश्वरमा वार्षिक रु. २४४।- को दरबन्दीसहितको पाठशाला- १
६. भादगाउँमा वार्षिक रु. २४०।- को दरबन्दीसहितको पाठशाला- १
७. कीर्तिपुरमा वार्षिक रु. १२०।- को दरबन्दीसहितको पाठशाला- १
८. बालाजुमा वार्षिक रु. १२०।- को दरबन्दीसहितको पाठशाला- १
९. दोलखामा वार्षिक रु. १२०।- को दरबन्दीसहितको पाठशाला- १
१०. धर्मस्थलीमा वार्षिक रु. १२०।- को दरबन्दीसहितको पाठशाला- १
११. चाँगुमा वार्षिक वार्षिक रु. १२०।- को दरबन्दीसहितको पाठशाला- १
१२. बुंगमतीमा वार्षिक रु. १२०।- को दरबन्दीसहितको पाठशाला- १
१३. बुढानीलकण्ठमा वार्षिक रु. १२०।- को दरबन्दीसहितको पाठशाला- १
१४. गोकर्णमा वार्षिक रु. १२०।- को दरबन्दीसहितको पाठशाला- १
१५. सिस्नेरीमा वार्षिक रु. १२०।- को दरबन्दीसहितको पाठशाला- १
१६. ठिमीमा वार्षिक रु. १२०।- को दरबन्दीसहितको पाठशाला- १
१७. बाडे गाउँमा वार्षिक रु. १२०।- को दरबन्दीसहितको पाठशाला- १
१८. लुभुमा वार्षिक रु. १२०।- को दरबन्दीसहितको पाठशाला- १
१९. रामहिटीमा वार्षिक रु. १३०।- को दरबन्दीसहितको पाठशाला- १
२०. विसंखुमा वार्षिक रु. १२०।- को दरबन्दीसहितको पाठशाला- १

अङ्ग्रेजी महाविद्यालय

त्रि-चन्द्र कलेज १९७६

अङ्ग्रेजी हाइस्कुलहरू

दरबार हाइस्कुल, १९३३
विभिङ्ग स्कुल, १९८७
ललितपुर हाइस्कुल, १९८७/११/३१
एग्रिकल्चर स्कुल,१९९३
विराटनगर आदर्श वि. प. स्कुल, १९९५/४/१६

जुद्धोदय पब्लिक हाइस्कुल, १९६६/६/१५
इञ्जिनियरिङ्ग स्कुल, १९९९
वीरगञ्ज पब्लिक हाइस्कुल, १९९९/५/८
भक्तपुर पद्म हाइस्कुल, २००३/२/२७
श्रीपद्मोदय हाइस्कुल पब्लिक, २००४/२/१०
आधार अभ्यास स्कुल, २००३/१२/३१
पाल्पा श्री पद्मोदय हाइस्कुल पब्लिक, २००४/२/१०
राजविराज श्री पद्मोदय विद्यालय प.. हाइस्कुल, २००४/२/२०
राजविराज श्रीपद्मोदय विद्यालय, प. हाइस्कुल, २००४/२/१०
इलाम पद्मोदय आदर्श विद्यालय, २००२/१०/४
छाउनी आधार शिक्षक तालिम केन्द्र स्कुल, २००४/२/१०
डिल्लीवजार पद्मोदय कन्या स्कुल, २००४/३/२९
महोत्तरी जनकपुर हाइस्कुल , २००४/५/१२
शान्ति निकुञ्ज हाइस्कुल, २००४/५/२५
पाटन नागबहाल श्री पद्म शारदा विद्यालय हाइस्कुल, २००४/५/२५
धनकुटा गोकुण्डेश्वर हाइस्कुल, २००४/७/१
डडेलधुरा हाइस्कुल, २००४/९/१०
धरान हाइस्कुल, २००४/९/१०
भद्रपुर हाइस्कुल, २००४/९/११
डोटी हाइस्कुल, २००५/३/१०
डडेलधुरा सोसडिमाडी लेक हाइस्कुल, २००५/३/१०

मिडिल स्कुलहरू
कलैया मिडिल स्कुल, १९८४
जुद्धकला पाठशाला, १९८७
धुमुवा स्कुल विभिङ्ग, १९९३/६/२१
गौर प्राइभेट स्कुल, १९९६/६/२४
नयाँ मुलुक जुद्ध मिडिल पं. स्कुल, २००१/१/२९
जैसीदेवल श्री पद्मोदय सीताराम मिडिल स्कुल, २००४/२/१०
दाङ घोराही श्रीपद्मोदय मि. स्कुल, २००४/२/१०

चावेल श्री विनायक स्कुल, २००४/५/२५
ठमेल शान्ति विद्यागृह, २००४/५/२५
क्षेत्रपाटी कोचिङ्ग स्कुल, २००४/५/२५
न्होखा सरस्वती विद्यालय, २००४/५/२५
न्होखा श्रीपद्मकन्या विद्यापीठ,२००४/५/२५
असन निर्मल विद्यापीठ, २००४/५/२५
काठमाडौं कन्या स्कुल, २००४/५/२५
पाटन हौंगल आदर्श सरल विद्यालय मिडिल स्कुल, २००४/५/२५
पशुपति गौशाला आधार स्कुल, २००४/६/१६
गोदावरी किटिनी आधार स्कुल, २००४/६/१६
कीर्तिपुर पाँगा आधार स्कुल, २००४/६/१६
सिनामंगल पशुपति गौचर आधार स्कुल, २००४/६/१६
पाल्पा आधार स्कुल, २००४/६/१६
दार्चुला आधार स्कुल, २००४/६/१६
डोटी आधार स्कुल, २००४/६/१६
डंडेलधुरा आधार स्कुल, २००४/६/१६
पोखरा आधार स्कुल, २००४/६/१६
बनेपा आधार स्कुल, २००४/६/१६
भीमफेदी आधार स्कुल, २००४/६/१६
वीरगञ्ज आधार स्कुल, २००४/६/१६
जनकपुर आधार स्कुल, २००४/६/१६
महोत्तर पिपरा मिडिल स्कुल, २००४/७/१
ल. पु. पटको कन्या मि. स्कुल, २००४/९/१०
धर्मथली धर्म विद्याश्रम, २००४/९/१०
वुद्धि विकास मखन मि. स्कुल, २००४/९/१०
कुश्लेचौर मिडिल स्कुल, २००४/९/१०
हनुमाननगर मिडिल स्कुल, २००४/९/१०
तौलिहवा श्री पद्म मि. स्कुल, २००४/९/१०
सप्तरी भुलुवाही मिडिल स्कुल, २००४/९/१०
सप्तरी श्री पद्मोदय विद्यालय मिडिल स्कुल वस्तीपुर, २००५/३/१०

वीरगञ्ज कन्या मिडिल स्कुल, २००५/८/२५
पाल्पा पब्लिक कन्या स्कुल, २००५/८/२८
इलाम मिडिल स्कुल, २००५/११/२३
भोजपुर मिडिल स्कुल, २००५/८/२८
धनकुटा सिंह वाहिनी मि. स्कुल, २००६/२/११

प्राथमिक स्कुल
ट्यौड प्राइमरी स्कुल, २००४/५/२५
केल कोचिंग क्लास, २००४/५/२५
मासंगल्ली प्राइमरी स्कुल, २००४/५/२५
टलाछी प्राइमरी स्कुल, २००४/५/२५
नक्साल नन्दी विद्यालय प्रा. स्कुल, २००४/९/१०
लुभु प्राइमरी स्कुल, २००४/९/१०
वुढाखेल प्राइमरी स्कुल, २००४/९/१०
पूर्व १ नं. सि. पा. प्राइमरी स्कुल, २००५/३/४
मन्टेसरी स्कुल, २००५/५/९
संस्कृत महाविद्यालय १
धार्मिक स्कुलहरू - अनुमानित ४०
(बौद्ध र इस्लाम)

सन् १८५३ ई. तिर नै दरवार स्कुलको स्थापना भई स्कुली शिक्षासित परिचित भइसकेको नेपालले ई. १९५० सम्ममा देशको कुना-काप्चाका गाउँहरूमा समेत स्कुलहरू खोलिसक्नु पर्ने थियो। तर, माथि दिइएको तथ्याङ्कले स्पष्ट रूपमा देखाउँदछ कि वास्तविकता ठिक उल्टो थियो।

एकतन्त्रीय राणा शासनकालमा माथि उल्लेख गरिएका पत्रिकाहरूबाहेक नेपालमा अरू पत्रिकाहरू निस्किएन्। जे जति निस्किए, त्यसबखतको शासनअनुसार नै तिनीहरू निस्कन सफल भएका छन्। तिनीहरूलाई आर्थिक सहायता दिई अदृश्य रूपवाट निकाल्न प्रेरणा दिने पनि राणा प्रधानमन्त्रीहरू नै थिए।[१८४] यसरी जे

---

१८४. धर्मरत्न यमी- माथि उल्लिखित पाद टिप्पणी नं. ७४, पृष्ठ २३१

जस्तोसुकै अनुहारको नै किन नहोस् त्यसको श्रेय पनि त्यतिखेरका त्यसैबखतका शासकहरूलाई नै दिन सकिन्छ।

यासबगा राणाकालमा नेपालभित्र थोरै मात्र पत्रिकाको प्रकाशन भएको कुरा हामीलाई प्रष्ट भइसकेको छ र सरकारको समर्थन नगरी निस्कन नपाउने हुँदा तिनीहरूले सरकारको स्तुति गाई गाईकन आफ्ना पाना भर्दथे र केही मात्र भाषासम्वन्धी लेखहरू लेख्दथे या छाप्दथे। जसले गर्दा तिनीहरूले जनताहरूलाई जागृत तुल्याउने कुनै कार्य गर्न सकेन।

राणा शासनकालमा राणा सरकारको विरोध गरी नेपाली जनताहरूलाई जागृत तुल्याउने पत्रिका विदेशवाट मात्र प्रकाशित हुन्थ्यो। तर, तिनीहरूको प्रभाव त्यतिखेर नेपालभित्रको नेपाली समाजमा विशेष पर्न नसकेको देखिन्छ। किनभने राणा शासकहरूले त्यस्ता पत्रिकालाई नेपालभित्र प्रवेश गर्न प्रतिबन्ध लगाउँदथे र लगाइरहेका पनि थिए। सकेसम्म त बन्दै नै गर्न लगाउँदथे धन खर्च गरेर भएता पनि ...। जेहोस्, नेपाल भित्रका नेपालीहरूलाई प्रभाव पार्न नसके तापनि यसले प्रवासमा बस्ने नेपाली र भारतमा अध्ययन गर्न वसेका नेपालीहरूलाई प्रभावित पार्न सफल भएको देखिन्छ। तर, पनि यसले त्यतिखेरको देशको सामाजिक र राजनीतिक अवस्थामा भने कुनै पनि परिवर्तन ल्याउन सकेन पछि विदेशबाट राजनीतिक भावना जागृत गर्ने र प्रष्ट रूपमा राणा शासक शासनको विरोध गरी २००४ सालमा 'युगवाणी' र पछि २००५ सालमा 'नेपाल पुकार' प्रकाशित भए। यसको प्रभाव नेपालभित्र पनि परेको अनुमान गर्न सकिन्छ किनभने मोहनशमशेरको समयमा 'नेपाल पुकार' लाई नेपालभित्र ल्याउन प्रतिवन्ध लगाएता पनि नेपालभित्रका नेपालीहरू लुकिछिपी पढ्थे। यसले भने केही हदसम्म राजनीतिक जागरण नेपालभित्रका नेपालीहरूमा ल्याउन सफल भएको थियो। जुन राणाकालको अन्तिम समय थियो।

त्यसकारण के भन्न सकिन्छ भने सङ्ख्यामा जतिसुकै पत्रिकाहरू निस्किएका देखिए तापनि आशानुरूप नेपालमा शिक्षाको बत्ती बाल्न तिनीहरूले सकेनन्। शिक्षाको ज्योतिवाट वञ्चित राणाकालीन नेपाली समाज हरेक दृष्टिले पिछडिएको थियो।

राणाकालीन समाज वा सामाजिक स्थिति

नेपाल राज्यको एकीकरण हुनुभन्दा अगाडि यहाँ धेरै साना-साना राज्यहरू थिए। जनमा विभिन्न जातका शासकहरू र प्रजाहरू थिए भन्ने कुरा इतिहासले नै प्रष्ट गरेको छ। त्यसैले पृथ्वीनारायण शाहले यी टुक्रे राज्यहरूलाई एकीकरण गरी राजनीतिक रूपले बलियो पारेपछि सामाजिक रूपले पनि बलियो पार्न जातजातिमा एकताको भावना फैलाउनको निम्ति "नेपाल चार जात छत्तीस वर्णको फूलबारी हो।"[१] भनी घोषणा गरिएका थिए।

नेपालको प्राचीन इतिहास हेर्ने हो भने किराँतकालमा र लिच्छविकालमा नेपालमा रहेको जातिजातिमा त्यस्तो भिन्नता थिएन। जुन प्रकारको भिन्नता मल्लकालमा र शाहकालमा थियो। यद्यपि त्यस प्रकारको भिन्नता हटाउने प्रयास गरेका थिए तापनि मल्लकालका र शाहकालका शासकहरू धार्मिक दृष्टिकोणले ग्रसित भएको पाउँछौं, यसले गर्दा त्यो भिन्नता हट्नाको बदला झन् जड भएर कायम भएको थियो।

नेपाली समाजमा यस प्रकारको भिन्नताको सुरुवात कसले गऱ्यो भनेर हेर्ने हो भने हामी जयस्थिति मल्लको समयमा पुग्दछौं र उनलाई नै आक्षेप लगाउन सक्दछौं। उनले आफ्नो शासनकालमा ठुलठूला विद्वान्हरूको सहयोग लिई मनुस्मृतिको आधारमा नेपाली समाजलाई विभाजन गरी जातपात, छुवाछूतको नियम बनाए र सोही समयमा शिक्षाको आधारमा ठूलो जात र सानो जातको वर्गीकरण गरे। जुन व्यवस्थापछिको मल्लकाल र शाहकालमा पनि कायम नै रह्यो। यसरी नै त्यस व्यवस्थाले राणाकालमा पनि उही रूप लिई आजसम्म पनि कायम नै रहेको पाउँछौं।

नेपालमा कति जातिहरू छन् भन्ने विषयमा ज्यादै भेग भएको कारणले गर्दा प्रष्ट बनाउन सकिदैन। तर, एक विद्वान्ले नेपाली जातिलाई जातीय आधारमा 'चार' भागमा विभाजित गरेका छन्। उनका भनाइअनुसार 'हिन्दू, बौद्ध, मुसलमान र अरू जातीय परम्परामा आधारित जातहरू ...।[२] उक्त भनाइलाई राम्ररी हेर्ने हो भने नेपाली

---

१. योगी नरहरिनाथ- दिव्य उपदेश, पृथ्वीको अर्ति, (वाराणसी, योग प्रचारिणी महासभा, वि.सं. २०१३, सातौं प्रकाशन), पृष्ठ १४

२. डोरबहादुर विष्ट- "हिन्दू राज्य र त्यसको सामाजिक स्तर", (नेपाल ए प्रोफाइल, काठमाडौं, ई. सं. १९७७), पृष्ठ ५३

समाजलाई जातीय दृष्टिकोणले विभाजन गर्नुभन्दा धार्मिक दृष्टिकोणले विभाजन गर्नु झन् सजिलो र न्यायपूर्ण देखिन्छ कि भन्न सकिन्छ किनभने नेपालमा हिन्दूहरूको बहुसङ्ख्या छ। बारतनमा तिनीहरू प्राचीनकालमा भारतबाट नै आएका थिए। तिनीहरूमा बाहुन र क्षेत्रीहरू नै उल्लेखनीय छन्। त्यसबाहेक थारू, यादव आदि जातिहरू पनि भारतबाट आएका थिए। त्यसकारण तिनीहरूको समाज भारतको प्राचीन हिन्दू सभ्यताअनुसार संगठित थिए र छन् पनि। त्यसैले उनीहरूलाई भारतीय हिन्दू समाजबाट पृथक पारी हेर्न असम्भव नभए पनि कठिन भने अवश्य छ। अर्थात् भौगोलिक परिस्थितिले गर्दा र समयको प्रवाहको प्रभावले गर्दा केही परिवर्तन अवश्य आएको छ तापनि त्यसको मूलरूप भने कायम नै छ। त्यस्तै बौद्ध धर्माबलम्बी केही जनजातिहरू पनि नेपालमा छन्। हुन त ती जनजातिहरूले भारतीय सभ्यताको उपहार बौद्ध धर्म मान्दछन्, तर तिनीहरू तिव्वततिरबाट प्राचीनकालमा नै नेपालमा पसेका थिए भन्न सकिन्छ। किनभने तिनीहरूका भाषा तिब्बती भाषाबाट प्रभावित रहेको स्पष्ट देख्न सकिन्छ। तिनीहरूको रीतिथितिमा पनि तिब्बती सभ्यतासित सम्बन्ध रहेको बुझिन्छ र अन्तिम तर मुख्य कुरा उनीहरूको शारीरिक बनोटमा रहेको छ। थेप्चे नाक, साना साना आँखा देखेपछि तिनीहरू तिब्बती वंशज रहेको कुरामा कुनै शंका बाँकी रहँदैन। ती जनजातिमा उदाहरणको रूपमा गुरुङ्ग, मगर, राई, लिम्बू, शेर्पा आदिलाई लिन सकिन्छ। हुन त ती सब जनजाति मूलरूपमा तिब्बती सभ्यताको अंग हुन् तर नेपालको शक्तिशाली बहुसङ्ख्यक हिन्दू समाजको प्रभावबाट भने अछूत रहन सकेन र कैयौं हिन्दू रीतिथितिलाई अपनाइसकेका पनि छन्।

यसरी हेर्ने हो भने हिन्दू धर्मको पूर्ण छाप नेपाली समाजमा परेको देखिन्छ। यसैको आधारमा नै नेपाली समाजलाई चार भागमा विभाजन पनि गरिएको थियो। ब्राम्हण, क्षेत्री, वैश्य, शुद्र। क्रमश: यिनीहरूको स्तर पनि समाज त्यस्तै रूपले माथिबाट तलसम्म कायम भएको थियो।

यसरी नै मल्लकालमा झैं राणाकालमा पनि ब्राम्हण र क्षेत्री सर्व शक्तिमान हुन पुगे। उनीहरूले नै समाजको निम्ति नियम कानुन बनाउन पुगे। वैश्य र शुद्र उक्त जातिभन्दा तल रही उनीहरूले बनाएको नियम कानुनलाई मान्ने र त्यही अनुरूप चल्ने बन्न पुगे।

ब्राम्हण वर्गपछि क्षेत्री जाति अनुरूप समाजका ठकुरी जाति र राजा रजौटाको दोस्रो स्थान थियो। वैश्यमा नेवार जातिहरू पनि पर्दथे। तर पनि तिनीहरूको भिन्दै

अस्तित्व थियो। शुद्रमा लिम्बू, राई आदि पर्दथे भने दमाई, सार्की, मुर्गी, तेली, प्रसाद, डुम आदि अछूत जातिमा पर्दथे।[3]

नेवारहरू वैश्य भैकन पनि उनीहरूको भिन्दै अस्तित्व थियो। यिनीहरू बुद्ध धर्मालम्वी र हिन्दू धर्मावलम्वी दुवै प्रकारका छन्। यद्यपि 'नेवार' के हुन् भन्ने विषय प्रष्ट भएको त छैन। किनभने पेटेजको भनाइअनुसार 'नेवार' मंगोल हुन्।[४] भने ह्यामीन्डर्फ 'नेवार' मंगोल हो कि आर्य छुट्याउन सक्दैनन्।[५]

वास्तवमा ह्यामिण्डर्फको भनाइ निश्चित नै तथ्यपूर्ण छ। किनभने नेवार जातिको निर्माण शताव्दीयौंको विकासको फलस्वरूप भएको हो भन्ने विश्वास गरिन्छ। कारण नेपालमा भारतवाट भागेर आएका जातिहरू लिच्छवि र मल्लहरूको बसोबास हुनु अघि यहां तिव्वत वंशका किराँतीहरूले राज्य गर्दथे। यसरी तिब्बत वा चीनबाट आएका मानिसहरू र भारतबाट आएका मानिसहरूको समिश्रणबाट नै 'नेवार' जातिको उत्पन्न भएको हो र दुई सभ्यताको सङ्गम पनि हो।

त्यसैले नेवार समाज हिन्दू धर्म र बुद्ध धर्म दुवैलाई स्वीकार गर्छन्। कसैलाई घृणा गर्दैनन्। उनीहरूको आफ्नै भाषा र साहित्य छ। यस स्थितिले पनि उक्त कुरालाई प्रमाणित नै गर्दछ।

यद्यपि नेवार समाजमा 'ज्यापू' जस्तो बौद्ध धर्म मान्ने कि हिन्दू धर्म मान्ने भन्न नसकिने समूह पनि छ। यसरी नेवार नेवारमा नै पनि केही फरक त प्रष्ट देख्न सकिन्छ पनि। यसको कारणमा ह्यामिण्डर्फ भन्छन्,

> "नेवार समूह अगाडि एउटै थियो। तर अरू जातिहरू बाहिरबाट आएर नेवार जातिमा मिलेका हुनाले नेवारमा धेरै जात र जाति र नियमहरूमा फरक देखा पर्न आएको हो। त्यसैले यी नेवारहरूलाई दुई भागमा विभाजन गर्न सकिन्छ 'एक समूह' र 'व्यक्ति'।[६]

---

३. राजेश गौतम र अशोक उपाध्याय- ट्राइमल इथीनोग्राफी अफ नेपाल, (भारत, ... फेट अफ नेपाल, सन् .... , पृष्ठ ....

४. लुसियानो पेटेज- मिडिभल हिस्ट्री अफ नेपाल, (इटाली, रोमा इन्स्टिच्यूट, इटाली यानो ई. सं. १९४८), पृष्ठ १७९

५. भन फुरर ह्यामिन्डर्फ- काष्ट एन्ड किन अफ नेपाल, इन्डिय एन्ड सिलोन, (नयाँ दिल्ली, स्टरलिंग पब्लिकेसिङ्ग, ई. सं. १९७८), पृष्ठ ६८

६. ऐजन, पृष्ठ ६८

त्यसैले के भन्न सकिन्छ भने "नेवार समाज" हिन्दू र बौद्धधर्म मांन्ने समूह भए तापनि या मोङ्गल्वाइड (Monglold) जातिका मानिसहरू भएता पनि नेपाली समाजमा हिन्दू धर्मको प्रधानता भएको कारणले गर्दा त्यस जाति र त्यसको सभ्यतामा हिन्दू सभ्यताको प्रभाव बढ्‌ता रहेको स्पष्ट अनुभव गर्न सकिन्छ।

यसरी नेवारी समाजमा पनि हिन्दू धर्मको झैं नै माथिदेखि तल्लो जातसम्म जातीय वर्गीकरण गरिएको छ। जयस्थिति मल्लको पालामा नेवार जातिमा ४ मुख्य जात र ६४ अन्य जातको विभाजन गरिएको भएता पनि ह्यामिन्डर्फ नेवारमा ३३ जाति मात्र भएको कुरा वताउँछन्।[७]

हिन्दू सभ्यताको प्रभाव बढी रहेको तथ्य नेवारमा मात्र सत्य-हैन, अरू अरू मोङ्ल्वाइड (Monglold) जनजातिमा पनि उक्त कुरा लागु हुन्छ। ब्राम्हण र क्षेत्रीको समाजसँग हज्जारौं वर्ष सँगसँगै बसिसकेको हुनाले गुरुङ, मगर, राई आदि जनजातिहरूले पनि हिन्दू चालचलनको अनुकरण गर्न थालिसकेका छन्। त्यसकारण नेपाली समाज विभिन्न जनजातिको मिश्रित इकाइ भएता पनि हिन्दू सभ्यतावाट प्रभावित रहेको छ भन्दा अत्युक्ति हुने छैन।

जसले गर्दा राणाकालमा नेपाली जनताहरूले हिन्दू धर्मअनुसार नै काम, कर्तव्य र अधिकार पाएका थिए र त्यही अधिकार क्षेत्र भित्र बसेर परम्परादेखि चलिआएको चालचलन रीतिरिवाज प्रचलन गर्दै आएका पनि थिए र छन्।

नेपाली समाजमा कतिसम्म हिन्दू धर्मको छाप परेको थियो र छ भन्ने कुरा यहाँका ती जातिहरूले ब्रम्हान्को शिरदेखि ब्राम्हान्, पाखुराबाट क्षेत्री, छाती अथवा जाँगवाट वैश्य र खुट्टावाट शुद्र जातिको उत्पत्ति भएको हो।[८] भन्ने कुरालाई प्रष्ट रूपमा स्विकार्छन् र त्यस्तैअनुसारको स्थिति र व्यवहार पनि गर्छन् र यसै अनुरूपको धर्मशास्त्रअनुसार जातीय व्यवस्था पनि चल्दै रह्यो। जुन राणाकालमा पनि कायम नै रह्यो। अझ भन्ने हो भने अगाडिको भन्दा बढी रूपमा कायम भयो। किनभने राणाहरूको जातीय व्यवस्थाको रेखदेख गर्ने जिम्मा कट्टरपन्थी ब्राम्हणहरूलाई नै सुम्पेका थिए। "जसले गर्दा त्यतिखेरका राजगुरु भ्याटिकन सहरमा पोप जस्तै थिए। जसको सामाजिक र धार्मिक जीवनमा ठूलो प्रभुत्व थियो। समाजमा यिनीहरूको

---

७. ऐजन, पृष्ठ ८१-८५

८. हरिगोविन्द शास्त्री- मनुस्मृति, (वाराणसी, चौरम्वा संस्कृत सिरिज अफिस, वि.सं. २०२१), पृष्ठ ६१

राणाहरूको भन्दा तल्लो तहको स्थान थियो तापनि धार्मिक दृष्टिकोणले उनीहरूभन्दा माथि ...।"[९]

यसप्रकार सामाजिक रीतिस्थिति हेरफेर गर्ने, चलिआएका सामाजिक तथा धार्मिक नियमलाई कडाइका साथ कायम राख्न पतिया दिन र जातिपातिको मुद्दामा न्यायाधीशको काम गर्न राजगुरु र पुरोहितहरू पछि पर्दैनथे। त्यस्ता कामहरूमा राणाहरूले पनि उनीहरूलाई नै अगुवा बनाउँदथे। यसरी समाजमा ब्राह्मण र ब्राह्मणवादको बोलवाला थियो भने "राणा शासकहरूले हिन्दू धर्मको आडमा नै समाजमा सामाजिक र धार्मिक स्वतन्त्रतामाथि तगारो हाली अन्धविश्वासको कालो कुवामा हाली, गिराइ आफूले स्वतन्त्र रूपमा शासन गरेका थिए। किनभने कानुन सामाजिक रीरिस्थितिमा आवद्ध भएता पनि धर्म परम्परामा गुथिएता पनि त्यसको प्रयोग राणा शासकको मुखमा भर पर्दथ्यो।"[१०] त्यसैले लेखक भन्छन्,

> "राणाहरूले एकतन्त्री शासन दरिलो बनाउन हिन्दू धर्मको ठीक नियम पालना गराउन विभिन्न समयमा ऐन सवालसमेत धर्मको आड लिएर बनाएको जनताको शोषण गरेका थिए। ... यसरी राणाहरूले धर्मको आड लिएर नेपाली जनतामा तानाशाही शासन जमाएका थिए।"[११]

किनभने राणा प्रधानमन्त्रीहरूमा जात लिन र दिन सक्ने व्यक्ति निहित थियो। कुनै अपराध गर्दा कसैलाई दण्ड दिंदा, जात पतीत गराइन्थ्यो। उनीहरूलाई खुशी लागेमा पानी नचल्ने जातलाई पानी चल्ने जातमा ल्याउन सक्दथे। जस्तो वीरशमशेरले 'कौ जात (नेवार) को पानी नचल्ने जातलाई पानी चल्ने गराए किनकि उनकी कान्छी महारानी कौ' जाति कि थिइन्।[१२]

यसरी कसैको जात लिनु पतिया दिनु, तल्लो जातमा राखी दिनु त राणा प्रधानमन्त्रीहरूको मुखमा भर पर्दथ्यो। यस्तो भएता पनि राणाहरूले परम्परादेखि चलिआएको जातीय ढाँचालाई बिगारेनन्, बरु बढी मजबुत गराउन खँदिला कार्यहरू

---

९. जयनारायण निरौला, माथि उल्लिखित पाद टिप्पणी नं. , पृष्ठ ३-४

१०. डिल्लीरमण रेग्मी- ऐ सेन्चुरी अफ फेमेली अटोक्रेसी इन नेपाल, (नेपाल, द नेपाली नेसनल काङ्ग्रेस, ई. स.. १९५८, दोस्रो प्रकाशन), पृष्ठ २५-३१

११. जयनारायण निरौला- माथि उल्लिखित पाद टिप्पणी नं. ९, पृष्ठ ३

१२. ऐंजन, पृष्ठ ४१

गरेका थिए। जसको लागि जङ्गबहादुर, चन्द्रशमशेरका "मुलुकी ऐन" प्रमाण छन्। यसरी के भन्न सकिन्छ भने राणा प्रधानमन्त्रीहरूले तयार गरेका कानुनी व्यवस्थाहरू सामाजिक सुधार गर्नुभन्दा बढी जातिपाति व्यवस्थाको संरक्षण त्यसलाई दरिलो बनाउन नै तयार गरेका थिए। जनलाई जनतासम्मले स्वीकार गरी कायम गरेका थिए।

त्यतिखेर धार्मिक नीतिलगायत जातीय भावना कति उग्र थियो भन्ने कुरा बोल्डफिल्डले आफ्नो पुस्तकमा वर्णन गरेका छन्-

> "एकपटक जङ्गवहादुर कि रानी बिरामी भएकी थिइन्। त्यसवेला उनी (वर्ल्डफिल्ड) ब्रिटिश दूतावासका डाक्टर थिए। उनले विरामीलाई उपचार गर्न खोज्दा जङ्गबहादुरकी रानीले डाक्टरलाई म्लेच्छ भनेर छोएको खण्डमा जात जान्छ भनी छुन दिइनन्। त्यन्तैगरी बमबहादुर कि रानी "नानी पाउने व्यथाले सिकिस्त भएकी हुँदा बमवहादुर र राजगुरु भई डाक्टर (वल्डफिल्ड) लाई बोलाई ल्याए। तर, सुडेनीहरूले डाक्टरलाई छुनै दिएनन्। जसले गर्दा वमवहादुरले डाक्टरलाई केही फिस दिई माफी मागेका थिए।"[१३]

जङ्गबहादुरको बेलायत यात्रा नामक पुस्तकबाट पनि यो कुरा थाहा पाइन्छ कि उनले हिन्दू धर्मशास्त्रअनुसार समुन्द्रपार गरी म्लेच्छ सँगसँगै बसी हिंडेको खाएकामा (यद्यपि उनले सँगै बसेर खाएका थिएनन्, तापनि) बेलायबाट फर्की आउँदा हिन्दूहरूको पवित्र तीर्थस्थलहरू रामेश्वर, द्वारिका, काशी आदि विभिन्न देव देवताको मन्दिरमा गई आफूलाई पवित्र पारी हिन्दू धर्मको नियम पालन गरी नेपाल आएका थिए।[१४]

यसरी काठमाडौं आइसकेपछि उनले राजगुरु धर्माधिकारबाट पतिया पनि लिएका थिए।[१५]

यसरी जङ्गबहादुरको कार्यहरू हेर्दा उनी कट्टर हिन्दू धर्मावलम्वी देखिन्न। त्यसैले उनी नेपाली समाजलाई पनि आफ्नो जातीय धर्मअनुसार चलून भन्ने चाहन्थे र त्यस्तै किसिमका नियम, कानुन बनाउन चाहन्थे र बनाएका थिए पनि।

---

१३. एच. ओ. वल्डफिल्ड- स्केचेज फ्रम नेपाल, (नयाँ दिल्ली, कस्मो पब्लिकेसन, ई. सं. १९०४), पृष्ठ २४९-२५४

१४. जंगवहादुरको वेलायत यात्रा- सं. कमलमणि दीक्षित, (काठमाडौं, साझा प्रकाशन, वि.सं. २०३०), पृष्ठ ६२-६३

१५. जयनारायण निरौला- माथि उल्लिखित पाद टिप्पणी न.. ९, पृष्ठ ४६

वेलायत यात्रावाट फर्केर आएपछि नयाँ जोशका आधारमा देशको केही सुधार गर्नपट्टि ध्यान दिएका थिए। यसमा पनि सामाजिक स्थितितिर ...। त्यसैले १९१० वि. सं. (१८५४ ई सं.) मा ऐन बनाइ समाजमा केही खराब रीतिहरू हटाउने प्रयत्न गरे। यसरी बनाइएको ऐनको महत्त्वपूर्ण अङ्ग प्रजाका आर्थिक अवस्थाहरूमा परिवर्तन ल्याउनु थियो। उदाहरणका लागि कमारा कमारीको किनबेच, आफ्नी स्वास्नीलाई बेच्नु, आफ्नो शरीरलाई बेच्नु आदि कुराहरू कानुनमा उधृत गरिएको थियो। सानातिना सामाजिक व्यक्तिगत कसुरवाला जस्तै कुटपिट गर्ने, गाली गर्ने, नग्न शरीर प्रदर्शित गर्ने र अरूलाई थुक्ने व्यक्तिलाई दण्ड सजाय गर्ने व्यवस्था यस कानुनमा थियो। यसका साथ अरू सामाजिक पक्षहरूलाई पनि यसले प्रष्ट गरेको थियो- राम्रो रूपमा वा नराम्रा रूपमा ...। त्यसैले यो कानुनी पुस्तक मात्र छैन कि त्यस समयको 'जन जीवनको, समाजको ऐना पनि थियो' भन्न सकिन्छ।

नेपालमा विभिन्न जातहरूको आफ्नै प्रकारको परम्परा तथा सामाजिक नियमहरू थिए र छन् पनि। राणाहरूले यी जातको परम्परालाई त्यति ख्याल नराखी हिन्दू धर्मअनुसारले नियम कानुन बनाएर र त्यसै अनुसार देशको सामाजिक परम्परा कायम गर्ने कोसिस गरे। यसको मतलव यो होइन कि राणाहरूले हिन्दू धर्म नमान्ने अरू धर्मावलम्बीको सामाजिक कार्यमा बाधा पुऱ्याए। बल्की धार्मिक सहिष्णुताको अवलम्बन गरेका थिए। उनीहरूले कुनै पनि जातिको परम्परालाई कायम राख्न दिएका थिए। तर उनीहरूले नै मुलुकी ऐन बनाउँदा भने धेरै हिन्दू धर्ममा आधारित भएर नै बनाएका थिए। यो कुरा जङ्गबहादुरको मुलुकी ऐनमा नै प्रष्ट गरिएको छ। मुलुकी ऐनमा भनिएको छ,

> "... परम्परादेखि आजसम्म हिन्दू धर्माबलम्बीहरूले गाईलाई देवताको अङ्ग भनी पूजा गर्दै आएको छ। अतः कसैले जानी जानी गाई माऱ्यो भने त्यसलाई डामल (डाम्ने) गर्ने, कानुन तयार गरिएको थियो। त्यस्तै गरी जानी जानी गाईमाथि हतियार चलायो भने जिउ मारेन भने नमासिने जात भए अंश सर्वस्व गरी छोडि दिने र मासिने जात भए मासिदिने।"[१६]

यस्तैगरी गोठमा बाँधेको गाईगोरु बाघले खायो, आगोले जलायो, बज्र पऱ्यो अथवा अरू कुनै कारणबाट दाम्लैमा गाईगोरु मरेमा भवितव्य भएको मानिन्थ्यो।

---

१६. श्री ५ सुरेन्द्र विक्रम शाहदेवको शासनकालमा बनेको मुलुकी ऐन, १९१०, ((नेपाल, श्री ५ को सरकार, कानुन तथा न्याय मन्त्रालय, वि.सं. २०२२), पृष्ठ २९६

यस्तोमा अदालतले अमालबाट २ आना दस्तुर दिई पतियाको पूर्जी गराइदिन्थ्यो। तर, लाटाले गाईगोरु केही चीजले हिर्काएर घाउ लगाएमा १० कोर्रा हानी पतिया दिने नियम थियो।[१७]

राणाकालमा जातभातमा पनि कट्टरता थियो। (कति कट्टरता थियो भन्ने कुराको वर्णन गर्न निश्चित पनि सकिन्न) जङ्गबहादुरको सो ऐनले नै जातको वर्गीकरण गरेको छ,

१. ब्राम्हण
२. तागाधारी जात क्षेत्री
३. नमासिने मतवाली
४. मासिने जात
५. छिटो हाल्नु नपर्ने
६. छिटो हाल्नु पर्ने[१८]

यसरी माथिल्लो जातले, तल्लो जातको हातबाट भात खाएमा जुन जातको हातबाट खाएको छ, त्यही जातमा घटेर जान्थ्यो।[१९]

जङ्गबहादुरको सो ऐनले ब्राम्हण, क्षेत्री, वैश्य र शुद्रलगायत पानी चल्ने, छिटो हाल्नु नपर्ने र छिटो हाल्नु पर्ने आदि जातको कानुनमा व्यवस्था गरेका थिए। जसअनुसार पानी नचल्ने र छोएमा छिटो हाल्नु पनि नपर्नेमा- मुसलमान, धोवी, मधेसको तेली, कसाही, कुसुले, कुलु, म्लेच्छ, चर्याडा (चुरेटो) थिए। यस्तैगरी छिटो हाल्नुपर्ने जातमा सार्की, कामी, दमै, गाइने, चुनार, हुर्क्या, दमै वादी, पोड्या र च्यामे थिए।[२०]

ऐनको अनुसार तागाधारी क्षेत्री जातका विधवा अथवा ११ वर्ष माथिको कन्यालाई भात र खाना नचल्ने कम तागाधारीले राजीखुशीसँग करणी गरी भात पानीमा बारेमा ऐनद्वारा १२०।- रु. दण्ड गरी भातपानीको पतिया दिने व्यवस्था थियो। त्यस्तैगरी तागाधारी जात कसैले जानीजानी आफूभन्दा घटी तागाधारी लगायत पानी चल्नेसम्मको हातको भात र पानी चल्ने छिटो हाल्नुपर्ने जातका हातको भात पानी

---

१७. ऐजन, पृष्ठ २९८

१८. ऐजन, पृष्ठ ३७०

१९. ऐजन, पृष्ठ ४०७-४१२

२०. ऐजन, पृष्ठ ६७८-६८१

खाई आफ्ना दाजुभाइलाई आफ्नो हातको भात पानी खुवाएको रहेनछ भने त्यस्तालाई दण्ड गरिदैनथ्यो। तर, जुन जातका हातको भात पानी खाएको छ उसै जातमा मिलाइन्थ्यो। यदि कसैले आफूभन्दा घटी र जनै लाउने जातको हातको भातपानी खाई आफ्ना दाजुभाइलाई पनि बोरेको रहेछ भने ५०।- रु. दण्ड गरी उसै जातमा मिलाइन्थ्यो। अरू दाजुभाइलाई धर्माधिकारबाट केही रकम लिएर पतिया दिइन्थ्यो।[२१]

यस्तैगरी नमासिने मतवालीले पानी नचल्ने जातको हातबाट भात खाई आफ्नो समाजलाई भात पानीका बारेमा १००।- रु. दण्ड गर्नाका साथै जनै झिकी उसै जातमा मिलाइने व्यवस्था थियो।[२२]

माथिल्लो जात ब्राम्हण, क्षेत्री आदिले पानी नचल्ने र छिटो हाल्नुपर्ने जस्तै म्लेच्छ, कसाही, कामी, सार्की, च्यामे माथि जातको हातको भात पानी खाई आफ्नो बन्धु वर्गलाई भात पानीमा बारेमा त्यस्ताको अंश सर्वश्व गरी जुन जातका हातको भात पानी खाएको हो उसै जातको १ अक्षर खोसी सोही जातमा मिलाइ दिने गरिन्थ्यो।[२३]

त्यस्तैगरी नमासिने मतवाली जात, गुरुङ, मगर, नेवार, आदिले जानी जानी आफूभन्दा घटी नमासिने लगायत पानी चल्नेसम्मका जातको हातको भात र पानी नचल्ने र छिटा हाल्नु पर्ने जातको हातबाट भात पानी खाई आफ्ना समाजलाई धेरैको रहेनछ भने दण्ड हुँदैनथ्यो। तर जुन जातका हातको भात पानी खाएको हो सोहीमा मिलाइ दिने नियम थियो। यस्ता जातहरूले आफूभन्दा तल्ला जातको भात खाई बोरेमा १०।- रु. दण्ड गरी पतिया दिइन्थ्यो।[२४]

यस्तैगरी मतवाली जातले जानीजानी आफूभन्दा घटीको मासिने जात तर पानी चल्नेसम्मका हातको भात पानी खाई आफ्ना बन्धुवर्गलाई पनि भात पानी नखुवाएमा जुन जातको हातको भात खाएको हो उसैमा मिलाइन्थ्यो। तर अरूलाई पनि भात खुवाएमा वा बोरेमा त्यस्ता व्यक्तिलाई अंश सर्वश्व गरी जुन जातको हातबाट भात खाएको हो उसै जातको १ अक्षर खोसी भात पानीबाहेक गरी त्यसै जातमा मिलाइ दिने व्यवस्था थियो।[२५]

---

२१. ऐजन, पृष्ठ ४०८

२२. ऐजन

२३. ऐजन

२४. ऐजन

२५. ऐजन

यस्तैगरी पानी नचल्ने छिटा हाल्नु पर्ने जातले पानी नचल्ने जातका हातको भात पानी खाई आफ्ना दाजुभाइ बोरेको नभएमा दण्ड हुँदैनथ्यो। तर, जुन जातका हातको भात खाएका हो उसैमा मिलाई दिने कानुन थियो। दाजुभाइ बोरेमा ५।- रु. दण्ड गरी दाजुभाइले भातमा लिन्छौं भने सोहीअनुसारले मिलाई दिने व्यवस्था थियो तर दाजुभाइले त्यस्ता व्यक्तिलाई हामी लिदैनौं भनेको खण्डमा जुन जातको हातको भात खाएको हो उसैमा मिलाइन्थ्यो।[२६]

यदि पानी नचल्ने जातले पानीमा पाऱ्यो भने त्यो पानीमा पर्ने आफू खुसी पौंनी (तल्लो जात) भएमा मासिदिने व्यवस्था थियो तर अगाडि नै मानिएको भएमा र अछूत जातका कमाराकमारी भएमा २ वर्षसम्म कैद गर्ने व्यवस्था थियो र पछि छुटेपछि कमाराकमारी मालिककै हुन्थ्यो।[२७]

जङ्गबहादुरले बनाएको कानुनअनुसार नै कसैले पानी नचल्ने र छोइ छिटो हाल्नु पर्ने जातले छोएको सिन्की, गुन्द्रुक, अमिल्याएको तामा र काटेको छोडाएको फलफूल आदि खाएमा त्यस्तो अनाचार गरेबापत ४ पैसा दण्ड हुन्थ्यो, तर जात जाँदैनथ्यो। यसरी नै जैशी बाहुनले उपाध्यायलाई र अरू कसैले आफूभन्दा माथिल्लो जातलाई दही च्यूरा मुछेको खुवाएमा खुवाउनेलाई २०।- रु. र जानी जानी खानेलाई १०।- रु. दण्ड गरी धर्माधिकारले पतिया गराइ दिन्थे।[२८]

दनुवार, कुमाले, माझी, दराई आदि जातहरूले तागाधारी जातहरूले पकाएको ठाउँमा गई जबरजस्तीसँग दालभात छोइ दिएर खुवाए भने हुनेलाई बिगोबमोजिमको दण्ड गर्ने व्यवस्था ऐनमा उल्लेख थियो। यसरी छोइ दिनेलाई दण्ड भएपछि खानेको जात जाँदैनथ्यो। खुशीराजीले खाएको वा खुवाएको भएमा खुवाउनेलाई दण्ड गरिदैनथ्यो। कुनै उपाध्याय ब्राम्हणले जानी जानी हाँसको मासु खाएमा ११ आना दण्ड गरी धर्माधिकारबाट पतिया पाउँथ्यो।[२९]

यसरी राणाकालीन सो मुलुकी ऐनमा कानुनमा केही बुँदा हेर्दा समाजलाई धार्मिक तथा सामाजिक बन्धन लगाएर परम्परादेखि चलिआएको नियमलाई यथास्थिति राख्न खोजिएको देखिन्छ। यसले जातीय व्यवस्थालाई बलियो बनाउन खोजेको पनि

---

२६. ऐजन, पृष्ठ ४०८-४०९

२७. ऐजन, पृष्ठ ४१२

२८. ऐजन

२९. ऐजन

देखिन्छ। त्यस वेलाको ऐन कानुनले नेपाली समाजलाई जातीयताको नियमलाई हिन्दू धर्मअनुसार कठिन तरिकाले पालन गर्न लगाएको थियो। हिन्दू समाज नै जातिपातिको आधारमा वनेको समाज हो। प्रत्येक जातका हाँगाहरू पनि थिए र अझ पनि छन्। एक जातले अर्को जातसँग विहेवारी गर्न सँगै खाने हुनै सक्दैनथ्यो। जुन कुरा उक्त ऐनले नै प्रष्ट पारेको थियो।

राणाकालमा कुनै पनि चाडपर्व वा अरू कुनै मौकामा एकले अर्को जातसँग एक ठाउँमा बसी खानु नहुने र खान नपाउने व्यवस्था पनि थियो। हालसम्म पनि एक जातले अर्को जातसँग खुलस्त रूपमा वसेर खान र बिहेवारी गर्न सकेको छैन। यद्यपि राणाकालमा जस्तो अहिलेको कानुनले कुनै प्रकारको त्यस्तो बन्देज लगाएको छैन, बरु स्वतन्त्रता नै दिएको छ।

हिन्दूहरूमा भएको आपसी छुवाछूत, तल्लो माथिल्लो जातको उठवास, खानपीन सँगै भएका पाँच भलादमी बसी दण्ड सजाय, गाईको मासु खाने, तल्लो जातसँग मिलेर सँगै वसी खाना खानु, माथिल्लो जात वा वर्गको लागि अपराध ठहर्दथ्यो। यो कुरा राणालाई भन्दा पहिलेदेखि चलिआएको हिन्दू धर्मको एक अभिन्न परम्परा थियो। यसैलाई सङ्ग्रह गरी जङ्गबहादुरले सो मुलुकी ऐन बनाएका थिए। जसमा जातीय परम्परामा बढी जोड दिएको पाइन्छ।[३०]

जङ्गबहादुरको उक्त ऐनअनुसार ब्राम्ह्रण, क्षेत्री, राजपूत ठकुरी आदि जातले लगाउने जनैको ठूलो महत्त्व भएको कुरा प्रष्ट गरेको थियो।[३१]

जनै नपाउने जातका कुनै व्यक्तिलाई जनै लाउनेको छोरो हो भनी सरकारको हुकुमवाहेक अरू कसैले जनै दिएमा जनै लगाउनेको जनै झिकी जुन जातको हो उसै जातमा मिलाइन्थ्यो। तर जनै दिने मुख्य व्यक्तिलाई ६०/-रु व्रतबन्ध गराउने पुरोहितलाई र मन्त्र सुनाउने गुरूलाई ५/-५/-रु दण्ड गर्न व्यवस्था थियो र दण्ड नतिरे कैद गर्ने व्यवस्था थियो।[३२]

यस्तैगरी यदि कसैले वेहकमा अर्कोको जनै भिकिदियो भने त्यस्तालाई १००/-रु दण्ड हुन्थ्यो र दण्ड नतिरे ऐनबमोजिम कैद गरिन्थ्यो। अदालत, अड्डा गैडा आदिका

---

३०. ऋषिकेश शाह- एन इन्ट्रोडक्सन टु नेपाल, (काठमाडौं, रत्न पुस्तक भण्डार, ई. सं. १९७५), पृष्ठ १७९

३१. १९१० सालको मुलुकी ऐन- माथि उल्लिखित पाद टिप्पणी नं. १६, पृष्ठ ४१३-४१४

३२. ऐजन, पृष्ठ ११३

हाकिम आदि कसैले पनि तागाधारी जातको जनै नजाने कुरामा जनै झिक्न लगाएमा आदेश दिनेलाई १००/-रु र अन्य कर्मचारीहरूले त्यस्तो काम गर्नु हुँदैन नभनी कचहरीमा बस्नेलाई ५०/-रु दण्ड दिने व्यवस्था थियो। जनै झिकिएको चुडालिएका व्यक्तिको जात जाँदैनथ्यो, बरु प्रायश्चित्त पाउँथ्यो।[३३]

राणाकालको सो ऐनले आफ्नो शक्ति कायम गराइरहनको निम्ति धर्म र धर्मशास्त्रको आडमा कार्यहरू गर्दथे। यसरी उनीहरू आफ्नो फाइदाको निम्ति कतिको जातसम्म पनि लिन्थे वा उसको जात पनि घटाइ दिन्थे।

जङ्गबहादुरको सो ऐनले यस सम्वन्धी पूर्ण व्यवस्था गरेको पाइन्छ। जस अनुरूप "राजकाज अपराधी" हरूलाई, हाडनाता करणी गर्नेहरूलाई जसरी जात पतित गराइन्थ्यो, त्यसरी नै जात पतित गराइन्थ्यो।[३४]

यस्तैगरी तागाधारी जातले त्यस्तो ह्याडनातामा करणी गरे ऐन बमोजिम अंश सर्वस्व गरी जनै झिकी मुडी, सुंगुरको मासु खुवाइ जात पतित गराइ नमासिन्या शुद्ध जातमा र शुद्र जातको भए अंश सर्वस्व गरी कुकुरको मासु खुवाइ मुडी जात पतित गरी भोटे जातमा मिलाई पूर्वको भए पश्चिमपट्टि र पश्चिमको भए पूर्वपट्टिको नदी कटाइ दिने व्यवस्था थियो।[३५]

यस्तैगरी ब्राम्हण वर्गले त्यस्तो कार्य गरे तागाधारीलाई गरे झैं जात पतित गरिन्थ्यो। यस्तो गरिएको व्यक्तिलाई कसैले पतिया दिएमा, त्यो पतिया पुन: फिर्ता लिइन्थ्यो। तर त्यस्तालाई पानीको पतिया दिई पानी चल्ने जातमा मिलाइन्थ्यो।[३६]

यस प्रकार जात लिने र दिने जस्तो महत्त्वपूर्ण कार्य राणा प्रधानमन्त्रीको हातबाट हुन्थ्यो। त्यसैले कसैले धर्म विपरीत केही कार्य गरे मात्र पनि पतिया लिनुपर्ने वा जातबाट पतित हुनु पर्ने स्थिति देखा पर्दथ्यो। पछिपछि यतिसम्म भयो कि पतित हुने डरले ठूल ठुला शिक्षित वर्ग समेतलाई नछाडेको पाइन्छ।

यस प्रकार जातिपातिको विषयमा जङ्गबहादुरको ऐनले कट्टरपन्थी धार्मिक विचारलाई झन कट्टरतापूर्वक समाजमा कायम गराएको पाइन्छ। त्यसैले पि. थोमस भन्छन्,

---

३३. ऐजन, पृष्ठ ४१४

३४. ऐजन, पृष्ठ २१२

३५. ऐजन

३६. ऐजन, पृष्ठ ५२७

"कुनै मन्दिर, मेला तथा हाट बजारमा छिटो हाल्नुपर्ने जात अरू माथिल्लो जातसँग बसेको पाइएमा दुवै माथि कडा दण्ड दिइन्थ्यो। हिन्दू जातीय धर्मले अशुद्ध जातिलाई मन्दिरमा पनि जान मनाही गरेको थियो। उनीहरूले मन्दिरको फूल प्रसाद लिनु पर्दथ्यो।[३७]

जङ्गबहादुरको मुलुकी ऐनमा व्यवस्थित नियम कानुन हेर्दा उनको भनाइ ठिकै जस्तो प्रष्ट हुन्छ। किनभने कुनै पनि नियम नमान्नेलाई जातबाट मात्र पतन गराउने हैन कि दाससमेत बनाउने व्यवस्था थियो।[३८]

राणाकालीन समयमा जात, भात तथा पानीको समेत पतिया अथवा शुद्धिकरण त्यस समयको धर्माधिकारले गर्न सक्दथ्यो। पतिया अथवा शुद्धीकरण दिंदा धर्माधिकारको ऐनमा तोकिदिएअनुसार दस्तुर लिने गर्दथे। यसरी लिएको दस्तुर जग्गाको किसिम र कस्तो खालको पतिया दिनु पर्ने हो हेरी ऐनमा तोकिदिएअनुसारले हुन्थ्यो। यसको उदाहरण हामीलाई कानुनको निम्न कुराले पुष्टि गर्दछ।

"कुनै पनि जातले व्यभिचार भै करण गरी भात पानीमा बोरेमा वा हरूसँग बसी भात पानी खाएमा पतिया दिनु पर्दा अवललाई २/-रु दोयमलाई१//रु.सिमलाई १/-रु. र चहारालाई /// रु. का दरले जग्गा हेरी दस्तुर लिई धर्माधिकारले पतियाको पूर्जी दिनु... अरू कसैले बीचमा पतिया दियो भने १/// वर्षे कैद गर्नु। पतिया दिन्या मतलब मात्रै दिन्यालाई १ वर्ष कैद गर्नु कैदका म्यादमा रूपैयाँ डबलको हिसाबले दिया लिई छाडिदिनु।[३९]

पतिया तथा जातको शुद्धीकरण विभिन्न अवस्थामा दिने व्यवस्था ऐनमा प्रष्ट रूपमा उल्लेख गरिएको छ। जस्तै- माथिल्लो जातले भन्नाले ब्राहमणले क्षेत्रीका, क्षेत्रीले नेवार लिम्बूका र नेवार, लिम्बू, राई, भोटे आदिले कामी दमाईका हातको पानी खाएमा र तल्लो जातले माथिल्लो जातसँग करणी गरे गराएमा जात पतित हुने व्यवस्था ऐनमा थियो।

---

३७. पि. थोमस- हिन्दू रिलिजन कस्टम एन्ड म्यानर, (वम्वई, टारापारे मेला, ई. सं. १९५६), पृष्ठ ६३

३८. ऋषिकेश शाह- माथि उल्लिखित पाद टिप्पणी नं. ३०, पृष्ठ २८३

३९. १९१० सालको मुलुकी ऐन, माथि उल्लिखित पाद टिप्पणी नं. १६, पृष्ठ ३७९

माथिल्लो जातको व्यक्तिले जात पतित हुने काम गरी अरूलाई भात पानीमा बोरेमा पतित भएका व्यक्तिको हातको भात खानेलाई धर्माधिकारले पतिया दिन्थ्यो। यसरी पतिया तथा शुद्धिकरण गर्न गराउन ठाउँ ठाउँमा धर्माधिकारका सहायक कार्यकर्ता राखिएको हुन्थ्यो। हाड नातामा बिग्रिएका र छिटो हाल्नुपर्ने जातसँग करणी भई भात पानी खाइसकेकालाई पानीको मात्र पतिया दिने व्यवस्था थियो। जातपातको व्यवस्था गर्दा निम्नानुसार पनि गरिन्थ्यो।

उपाध्याय ब्राह्मणदेखि तागाधारी जात गैह्रले आफूलाई जन्माउन्या र आफूले जन्माएका छोरीबाहेक आफ्ना हाडनातामा करणी गरी मुछिएका र राजकाजमा मुछिएका पतिया नभै यिनै पतितबाट जन्मिएका सन्तानले पानीको पतिया पाउँछन्... नमासिने शुद्ध जात हुन्छन्।[४०]

पतिया दिने अधिकार पूर्णतया राणा प्रधानमन्त्रीहरूमा हुन्थ्यो। तर त्यसको व्यवस्था भने धर्माधिकारले नै गर्दथ्यो। यदि धर्माधिकारले पतियाको अन्तिम दिन नसकेमा प्रधानमन्त्रीको हजुरमा यस्तो जाहेर हुन्थ्यो र पतिया दिने नदिने निर्णय प्रधानमन्त्रीको नै खुशी हुन्थ्यो। त्यसैले कस्तोलाई धर्माधिकारले पतिया दिन पाउँथ्यो भन्ने विषयमा पनि कानुनले व्यवस्था गरेको थियो।

धर्माधिकारले पतिया दिंदा भोरको मात्र पतिया दिनु, जानी जानी पन्याललाई सरकारको हुकुम र मुख्तियारको मर्जी भयो भन्या, ऐनमा पतिया नदिनु भनेकालाई हुकुम भयो भन्या, लालमोहर दस्तखत गराई लिई पतिया दिनु जानीजानी पतिया नदिना (नहुने) लाई विना लालमोहर दस्तखत गरी पतिया दियो भन्या धर्माधिकारलाई ५००/- रु. दण्ड गरी काम झिकिदिनु, कारिन्दाले यस्तो काम गरे भन्या ५०/- रु. दण्ड गरी जागिर खोसिदिनु।[४१]

यसरी जङ्गबहादुरले आफ्नो समयमा हिन्दू धर्मको आधारमा समाजको एक पक्षलाई पूर्ण रूपले अन्धकारमय बनाउन सहयोग गरेता पनि समाजमा सबै वर्गको उद्धार हुने कार्य पनि गरेका थिए। उनले नेपाली समाजमा चलिरहेको अति नराम्रो प्रथा बाँधा र दास प्रथा र जुवा प्रथामाथि कानुनीरूपी इँटको प्रहार गरी खोरोन्डो बनाउन प्रयास गरेका थिए। जसले गर्दा उनको हृदयमा 'मानवतावादी' भावना भएका कुरा स्पष्ट पनि हुन्छ।

---

४०. ऐजन, पृष्ठ ३८८

४१. ऐजन, पृष्ठ ३७९-३८०

जङ्गबहादुर सो ऐनले नेपालमा १२ महिना नै भरि जुवा खेल्ने कार्य बन्द गरी सो खेल्ने निश्चित दिन तोकिदिएका थिए। जस्तो-

तिहारको ५ दिन अधिराज्यभर, कृष्णाष्टमीको उपलक्ष्यमा पञ्चायण घाटमा २ दिन, नयाँ वर्षको उपलक्ष्यमा टुँडिखेलमा २ दिन र मृगस्थली विश्वरूप स्थान गऱ्याका ठाउँमा कार्तिक ५गतेदेखि ७ गतेसम्म २ दिन जुवा खेल्ने स्वतन्त्रता[४२] सो कानुनले दिएको थियो।

यस प्रकारको नियम कानुन बनाइ उनले जुवा खेल्ने उमेरसमेत तोकिदिएका थिए जसअनुसार १६ वर्ष उमेर पुगेकाले मात्र जुवा खेल्ने स्वतन्त्रता पाएका थिए। यस उमेरबाहेकहरूले खेले १२ वर्षसम्म उमेर भएकालाई १० दिन कैद, सो उमेरदेखि १६ वर्ष सम्मकोलाई १०/-रु. दण्ड गर्ने व्यवस्था गरेका थिए।[४३]

यस्तै गरी उनले जुवा खेल्दा जिन्सी सामान राखेर खेल्न नपाउने 'नगद' नै राखेर खेल्नु पर्ने नियम पनि उनले बनाइ दिएका थिए।[४४]

तर जङ्गबहादुरले यस प्रकारको नियम कानुन बनाइ, जुवा खेल्ने निश्चित दिनहरू तोकेता पनि उनी स्वयंले र उनका परिवारले नै त्यस नियमको उल्लङ्घन गर्दथे भन्ने कुरा पद्मजङ्गले लेखेको पुस्तक पढ्दा थाहा हुन्छ भनी एम.एस जैनले प्रष्ट गरेका छन्।[४५]

यस्तै गरी त्यतिखेर जुवाको चलन कस्तो थियो भन्ने कुरा जैनले नै प्रष्ट गरेका छन। उनी भन्छन कि -"तिहारको ५ दिनसम्म त उपत्यकाका अनेकौं सम्प्रदाय र वर्गका नेपाली जनताहरू तनमन दिएर जुवा खेल्दथे। पसलहरू त दशैं सकिएको ३ हप्तापछि नै पूर्णरूपले बन्द हुन्थे।[४६]

यसरी के प्रष्ट गर्न सकिन्छ भने जङ्गबहादुरको सो कानुन पूर्णरूपमा लागू हुन सकेको थिएन। यो कुरा पछाडि जुद्धशमशेरले पुन: यस्तै कानुनी व्यवस्था गरेबाट पनि प्रष्ट हुन्छ।

---

४२. ऐजन, पृष्ठ ३३६-३३९

४३. ऐजन, पृष्ठ ३३७

४४. ऐजन, पृष्ठ ३३८

४५. एम. एस. जैन- इमरजेन्सी अफ ए न्यू एरिस्टोक्रेसी इन नेपाल, (आग्रा श्री राममेहर एन्ड कम्पनी, ई. सं. १९०२), पृष्ठ १९२-१९३

४६. ऐजन, पृष्ठ १९२

जे होस् जङ्गबहादुरले नै कानुनको उल्लङ्घन गरे पनि स्वतन्त्र रूपमा, कुनै पनि उमेरका व्यक्तिले कुनै पनि प्रकारले जिन्सी वा नगद राखेर खेल्ने सो जुवा प्रथामा केही हदसमम बन्देज भने गरेका थिए।

यस्तैगरी जङ्गबहादुरको ध्यान गएको बाँधा तथा दास-दासी प्रथाको कहिलेदेखि सुरु भयो विषयमा विद्वान्हरूका बेग्लाबेग्लै विचारहरू छन्। यो प्रथा प्राचीनकालदेखि नै चलिआएको हो भन्ने कुरा श्याम भूर्तेलले नरेन्द्रदेवको अन्तर्लिगेश्वरको शिलालेख र सिद्धिनरसिंहको पाटनको शिलालेखमा उल्लेख भएको कुरा बताइ प्रष्ट गरेका छन्।[४७]

बाँधा भन्नाले साहुको ऋण लिएर तिर्न नसकी निश्चित समयसम्म साहुको ऋण चुक्ता गर्न राखिएको व्यक्ति हुन्थ्यो। यस्तै व्यक्ति साहुको ऋण तिर्ने निश्चित समयसम्म मात्र बस्दथ्यो र ऋण तिरी सकेपछि स्वतन्त्र हुन्थ्यो र यदि ऋण तिर्न नसकेमा बाँधाको रूपमा रहेको व्यक्ति कमाराकमारीको रूपमा बेचिन्थ्यो। यसरी कमाराकमारी हुने चलन राजी खुशीले हुने हुँदा यस्तो गर्न अड्डा अदालतले उनीहरूको (कमाराकमारीको) रजिस्ट्रेसन गरिदिन्थ्यो। यो कुरा जङ्गबहादुरको मुलुकी ऐनले नै प्रष्ट गर्दछ।[४८] तर पनि जङ्गबहादुरले यसलाई रोक्ने अनेकौं नियम कानुनहरू बनाइ दिएका थिए।[४९] तर त्यो लागु हुन सकेन।

जसरी बाँधा प्रथा नेपालको लागि पुरानो मानिन्छ, त्यसरी नै दासत्व प्रथा पनि पुरानो नै मानिन्छ। दास-दासी किनेर आजीवन आफ्नो घरमा नोकर बनाएर राखेकालाई भनिन्छ। यसरी किनेर ल्याएको व्यक्तिका दासदासीका छोरा छोरीहरू पनि त्यही घरमा दासदासी हुन्थे। उनीहरूको मालिकले आवश्यक परेको खण्डमा उनीहरूलाई बिक्री पनि गर्न सक्दथ्यो।[५०]

यसरी दासदासी बन्नाको कारणहरू के के हुन् भनेर हेर्ने हो भने धेरै कारणहरू देखा पर्छन्। जसमध्ये प्रमुख कारण गरिबी र आर्थिक समस्या नै देखा पर्छ। गरिब जनताले आफ्नो आर्थिक समस्या टार्न आफ्ना छोराछोरी अथवा आफूलाई बाँधा राखी कर्जा लिने र समयमा तिर्न नसक्दा दास-दासीको रूपमा बेचिने गर्दथे। यसरी

---

४७. श्याम भूर्तेल- स्लभरी इन एन्सेन्ट एन्ड मेडिभल नेपाल, भ्वाइस अफ हिष्ट्री पहिलो भाग, (त्रि. वि. इतिहास विभाग, १९७१), पृष्ठ ५५-५७

४८. १९१० सालको मुलुकी ऐन, माथि उल्लिखित पाद टिप्पणी नं. ३६, पृष्ठ ३५५

४९. ऐजन, पृष्ठ ३५२-३६१

५०. जयनारायण निरौला, माथि उल्लिखित पाद टिप्पणी नं. ९, पृष्ठ ८९

बाँधा नै दास-दासीको प्रथम रूप थियो। यसरी एक पटक दास-दासी भएर बेचिएपछि मालिकको आज्ञाविना घर छोडी कहीं जान पाइँदैनथ्यो।[५१]

यस्तैगरी सरकारी कर, मालपोत वा अन्य कुनै वक्यौता बाँकी भई तिर्न नसक्नेहरूलाई पनि दासदासी बनाउँदथे र बजारमा लगी बेच्दथे।

यस्तैगरी कानुनी रूपमा कसैले कानुनको विपरीत कार्य गरेको खण्डमा पनि त्यस्ता कार्य गर्न व्यक्तिलाई दासदासीको रूपमा प्रयोग गरिन्थ्यो। जस्तो कन्यालाई पानी नचल्ने अशुद्ध जातले जबर्जस्ती होस् अथवा मिलेमतोले होस् करणी गरेमा त्यस्तो तल्लो जातको व्यक्तिलाई दास बनाइन्थ्यो। यस्तैगरी देशका लागि लड्न गएका सिपाही पुलिस अड्डावाट कतै खटिइ गएका कर्मचारीहरूको स्वास्नीले अर्कालाई करणी गराएमा त्यस्तो आइमाई र करणी गर्ने व्यक्तिलाई दासदासी बनाइन्थ्यो।

यस्तैगरी सरकारको विद्रोह र विरोध गर्ने व्यक्ति जसको उमेर १२ वर्ष भन्दामाथि हुन्थ्योलाई जङ्गबहादुरभन्दा अगाडि दासदासीको रूपमा प्रयोग गर्ने चलन थियो।

यसप्रकार दासदासीको समाजमा कुनै पनि महत्त्व हुँदैनथ्यो। दण्ड सजाय गर्दा पनि एक स्वतन्त्र व्यक्ति र दासदासीलाई भिन्दाभिन्दै किसिमले गरिन्थ्यो। दासहरूले त झन् वढी सजाय पाउँथे।[५२] जुन कुरा जङ्गबहादुरको ऐनले पनि प्रष्ट गरेको नै छ।

पृथ्वीनारायण शाहको समयभन्दा अगाडिदेखि नै यस प्रथाले उग्ररूप लिएको थियो भन्ने कुरा उनले यस प्रथा उपर १८३० वि.सं. को लालमोहर गरी सात गाउँका दनुवारहरूले दास-दासी राख्न नपाउने गरेका कुराले नै प्रष्ट गर्दछ।[५३] उनी पछि नेपालमा यो प्रथा हटाउन भीमसेन थापा, रणजङ्ग पाण्डे, पुष्कर शाह आदिले प्रयास गरेका थिए, तर सफल भने हुन सकेनन्।[५४]

---

५१. चित्तरन्जन नेपाली- 'नेपालमा करिया मोचनको इतिहास', नेपाली, (ललितपुर, श्री दरवार मदन पुरस्कार गुठी, अङ्क २०, वि.सं. २०२१ (साउन, भदौ र असोज), पृष्ठ ३

५२. डव्लु. वुक. नोदि र सि. जे. मोरिस- द गोर्खाज देयर म्यानर एन्ड कस्टम (लन्डन वोर्डले, ई. सं. १९२८), पृष्ठ १०६-१०७

५३. चितरन्जन नेपाली- माथि उल्लिखित पाद टिप्पणी नं. ५१, पृष्ठ ४

५४. ऐजन, पृष्ठ ६-१०

यसप्रकार दास प्रथा उग्र रूपमा रहे पनि उनीहरूप्रति मालिकको राम्रो व्यवहार हुन्थ्यो र अन्य देशका दासदासीहरू हेरी नेपालका दासदासीहरू सुखी र आनन्दित नै थिए भनी राइटले भनेका छन्।[५५]

यसप्रकारको कुरीति उपर केही सुधार ल्याउन जङ्गबहादुरले आफूले बनाएको मुलुकी ऐनमा केही महल खडा गरे। उनको नियम कानुनले यस प्रथामा केही शिथिलता ल्याएको थियो।

जङ्गबहादुरले कमाराकमारीको बेचबिखन मनपरी गर्न नसकून भन्नको निम्ति तिनीहरूको उमेरअनुसारको मूल्य तोकिदिए। जसअनुसार-

	कमारा	कमारी
३ वर्ष कम उमेर	२०।-	२५।-
६ वर्षसम्मको	३०।-	३५।-
१२ वर्षसम्म	५०।-	५५।-
४० वर्षसम्म	१००।-	१२०।-
५० वर्षसम्म	६०।-	६०।-
६० वर्षसम्म	५०।-	५०।-

६० वर्ष माथिकाको भने मूल्य तोकिएको छैन।[५६] यी रकमअनुसार किनबेच गर्न पाइयो र बढी मूल्य लिई सो बेचबिखन गरेमा अड्डा अदालतले दण्ड सजाय दिन सक्दथ्यो। यसरी उमेर तोकिदिएता पनि ११ वर्ष उमेर नपुगेको कुनै पनि बालकलाई बेच्न नपाउने नियम पनि जङ्गबहादुरले बनाए। त्यसरी नै ११ वर्ष नपुगी उनकी आमा कमारी भएको ठाउँमा नै रहन सक्ने र आमा छोरी छुट्याइ बेच्न नसक्ने कुरा नियममा प्रष्ट उल्लेख गरेको देखिन्छ। तर, उमेर पुगेपछि भने बेच्न सक्ने व्यवस्था थियो।[५७]

नेपालमा दासदासीहरू कुन प्रकारले बेचिन्थे भन्ने कुरा प्रष्ट नभएको कुरा डेनियल राइट भन्छन्। उनको नै भनाइअनुसार नेपालमा दासभन्दा दासीको महत्त्व

---

५५. डैनियल राइट, हिस्ट्री अफ नेपाल, (काठमाडौं, नेपाल एन्टोक्युटेड वुक पब्लिसर्स, ई. सं. १९७२, पुन: प्रकाशन), पृष्ठ ४५

५६. १९१० सालको मुलुकी ऐन- माथि उल्लिखित पाद टिप्पणी नं. १६, पृष्ठ ३५६

५७. ऐजन, पृष्ठ २६२-३६३

ज्यादा थियो। किनभने दासीहरूले अरू दास र दासीहरू जन्माउन सक्दथे। त्यसले गर्दा उनीहरूको मोल दासको भन्दा बेसी हुन्थ्यो। त्यतिखेर १००।-रु. देखि २००।- रु. सम्म दासी बेचिन्थे भनी उनले बताएका छन्।[५८]

तर, जङ्गबहादुरले दास र दासीको मूल्य तोकिदिएपछि भने मूल्यमा विभिन्नता आउन सकेन र मालिकहरूले पनि दासदासीलाई बेची फाइदा लिन मनपरी बेच्न पनि पाएनन्। तर, पनि जङ्गबहादुरले निश्चित गरेको मूल्यसूची हेर्दा कमारीको नै मूल्य बढी भएकाले त्यसको कारण केही थियो भनेर भन्न सकिन्छ नै।

तर उक्त कानुनअनुसार भाइ अंश गर्दा ११ वर्षमुनिको कमारो लान पाउने व्यवस्था थियो। तर पनि छोरीलाई दाइजो दिंदा भने सो उमेरभन्दा बढी हुनु पर्दथ्यो। यसरीसँगै बसेका दाजुभाइले मात्र सगोलमा रहेको कमाराकमारी बेच्न पाउँथे र सल्लाह बेगर बेचेमा हकवालाले फिर्ता ल्याउन पर्दथ्यो।[५९]

जङ्गबहादुरको सो ऐनमा ब्राम्हण, क्षेत्री, राजपुतका छोराछोरी वा त्यस्ता व्यक्तिलाई कमाराकमारी बनाउन नपाइने व्यवस्था थियो र कसैले बिक्री गरेमा दण्डित हुन्थ्यो। यदि कसैले जनै लाउन व्यक्तिलाई कमाराकमारीका रूपमा बिक्री गरेमा रु. ३२०।- जरिवाना गर्ने र तल्लो जातको दासदासी नहुने जातको भएमा विक्री गर्ने गराउने र किन्नेलाई ३६०।- रु. जरिवाना गर्ने व्यवस्था थियो।[६०] र यस्तै गरी बेमन्जुरीमा कुनै पनि उमेरको व्यक्तिलाई दासदासी बनाउन पाइँदैनथ्यो।[६१]

यस्तैगरी तोकिदिएको जातदेखिबाहेकलाई दासदासी बनाउन नपाउने व्यवस्था जङ्गबहादुरले गरेका थिए। त्यसबेला खासगरी भूजेल वा घर्तीलाई दासदासी बनाउन पाउने व्यवस्था थियो। पहिला पहिला दासदासीका मालिकले गाई, गोरु जस्तोसँग साटफेर र किनबेच गर्दथे।[६२] तर, जङ्गबहादुरले यस्तो कार्यमा बन्देज लगाए।

---

५८. डेनियल राइट- माथि उल्लिखित पाद टिप्पणी नं. ५५, पृष्ठ ४५

५९. १९१० सालको मुलुकी ऐन- माथि उल्लिखित पाद टिप्पणी नं. १६, पृष्ठ ३५८-३६२

६०. ऐजन, पृष्ठ ३५५-३५६

६१. ऐजन, पृष्ठ ३६२-३६३

६२. कृष्णबहादुर थापा- 'ए नोट स्लेभ सेलिङ्ग एन्ड पर्जेजिंग इन नेपाल', **भ्वाइस अफ हिष्ट्री तेस्रो** भाग, (त्रि. वि. इतिहास विभाग २०३४ (१९७७)), पृष्ठ ११

पर्सिवल लन्डनको भनाइअनुसार जङ्गबहादुरले एक स्वतन्त्र व्यक्तिलाई विक्री गरी दास बनाउने प्रचलनलाई वन्द गरेका थिए। यस्तै गरी आमावाबुले आफ्नो कुनै पनि छोराछोरीलाई विक्री गरी दासदासी बनाउन पनि वन्देज गरेका थिए।[६३]

यति नै खेर जङ्गवहादुरले केही दासदासी भागी विदेश गई केही वर्षपछि फर्की आइ सरकारले तोकेका मूल्य साहुलाई तिरेमा अमलेख हुन पाउने नियम बनाई दिएका थिए। यस्तैगरी कोही दासदासी मालिक कहाँबाट भागी मोरङ वा सुर्खेत (नयाँ मुलुक) मा बस्न पुगे दासदासीबाट स्वतन्त्र हुने र तिनीहरूलाई ल्याइ मालिकले पुन: दासदासी बनाउन नपाउने व्यवस्था गरिदिएका थिए।[६४] तर जङ्गवहादुरको यस कार्यबाट धेरै युवकहरू भागी सो ठाउँमा वसी अमलेख हुन पाए पनि औलो लाग्ने जङ्गलमा गइ बस्नुभन्दा आफ्नो मालिकको घरमा दु:ख कष्ट गरी बस्न रुचाएका थिए।[६५]

जे भए पनि जङ्गवहादुरको उक्त कार्यलाई राम्ररी हेर्ने हो भने स्वच्छ दिलले नै दास प्रथालाई हटाउने प्रयास गरेको देखिन्छ। जसमा उनी सफल हुन सकेन, तापनि सो प्रथालाई पहिलेको भन्दा केही कम र त्यसलाई अनिवार्यतावाट आंगसिक र मालिकको मनपरी कार्यलाई बन्द गरी दासदासीको स्थितिलाई राम्रो बनाउन भने सफल भएका थिए। जसले गर्दा नै पछाडि चन्द्रशमशेरले त्यस कुरीतिलाई बन्द गर्न सफल भएका थिए।

जङ्गबहादुरपछि रणोद्दिप सिंह र उनी पछि वीरशमशेर क्रमश: प्रधानमन्त्री र श्री ३ महाराज भए यिनीहरू पनि हिन्दू धर्मका पक्षपाति थिए। जसले गर्दा यिनीहरूको समयमा जति सामाजिक सुधार भए ती जङ्गबहादुरले बनाएको कानुनअनुसार या त्यसैमा आधारित नै भएर गरेका प्रष्ट हुन्छ। त्यसैले के भन्न सकिन्छ, भने उनीहरूले गरेको सामाजिक सुधार जुनप्रकारले जातीय कट्टरता, छुवाछूत, माथिल्लो जात, तल्लो जातको भिन्नता र उनीहरूलाई दिइने दण्डको भिन्नतालाई सुधार गर्नेसित सम्बन्धित नभएर, उल्टो त्यसलाई नै कडा र कट्टरतापूर्वक प्रयास गर्नु नै थियो भनेर भन्न सकिन्छ। यस्तै गरी त्यस समयमा दासदासी प्रथा उपर पनि उनीहरूको ध्यान गएको देखिदैन।[६६]

---

६३. पर्सिवल लन्डन, दोस्रो भाग, (नेपाल, काठमाडौं, रत्न पुस्तक भण्डार, ई. सं. १९७६), पृष्ठ १६४-१६५

६४. ऐजन, पृष्ठ १६४

६५. ऐजन, पृष्ठ १६४-१६५

६६. (क) (रणोद्वीप सिंहको लागि)- नयराज पन्त, श्री ३ महाराज रणोद्वीप सिंह, पूर्णिमा, वर्ष ७, अङ्क १ (२५ पूर्णाङ्क) (काठमाडौं, इतिहास संशोधन मण्डल), पृष्ठ ४२

वीरशमशेर पछि देवशमशेर प्रधानमन्त्री र श्री ३ महाराज भए। यिनको छोटो समयमा पनि धार्मिक कट्टरता, जातीय भावना, छुवाछूत, तल्लो र माथिल्लो जातको स्थिति कायमै थियो। तर, देवशमशेर शिक्षित भएकाले देशमा राजनीतिक सुधार र समाजमा सामाजिक सुधार गर्न चाहन्थे। यसका लागि उनले सबैभन्दा पहिले थापाथली दरबारको भुइँ बैठकमा एक भारदारी सभा बोलाए भनी प्रमोदशमशेरले बताएका छन्। जसमा फौजी र निजामति तर्फका उच्च स्तरको हाकिमहरू लगायत साधु, सन्त, व्यापारीहरू, समाजमा मान र मर्यादा भएका र प्रसिद्ध पाएका नेपाली जनताहरूको साथै अशुद्ध जातका व्यक्तिलाई पनि बोलाएका थिए।[६७] जसलाई (आज) कुनै प्रधानमन्त्रीले यस प्रकारको सभामा बोलाई आफ्नो बैठकमा त के छन् र आफ्नो दरबारको ढोकाबाट पनि भित्र पस्न दिंदैनथे र दिएका थिएनन्।

त्यसरी बोलाएको सभामा राजाको विषयमा बाहेक अरू विषयमा खुलेआम बोल्ने अनुमति र स्वतन्त्रता देवशमशेरले दिएका थिए। यसरी अन्दाजी ६ घण्टासम्म स्वतन्त्र रूपले भाइ भारदारलगायत साधारण जनताले आफ्नो इच्छाअनुसार बोल्न पाएको राणा शासन सुरु भएपछि यो नै पहिलोपटक थियो। यद्यपि यस सभाले कुनै पनि कुराको पनि निश्चित निर्णय भने गर्न सकेन तर पनि यस सभा वा घटनाको राणा निरङ्कुशतन्त्रमा विशेष महत्त्व छ भनेर भन्न सकिन्छ।

यस्तैगरी देवशमशेरको ध्यान सामाजिक कुरीति दासदासी प्रथातर्फपट्टि पऱ्यो। जसलाई जङ्गबहादुरले सुधार गर्न खोजेका थिए।

देवशमशेरले आफ्नो राज्याभिषेकको उपलक्ष्यमा आफ्नी महारानीद्वारा केही करियाहरूलाई अमलेख गर्ने योजना बनाए। यसमा उनले सम्पूर्ण देशको करियाहरूलाई स्वतन्त्र गर्ने हैन कि श्री ५ महाराजाधिराज सरकारको र उनका भाइ भतिजाहरू कहाँ रहेका करियाहरू उन्मूलन मात्र गर्ने योजना बनाएका थिए उनीहरूले करियाहरूलाई अमलेख गराउन मन्जुर गरेका थिए।[६८]

(ख) (वीरशमशेरको लागि) प्रमोदशमशेर- राणा नेपाल इन इनसाइडर्स भ्यू, (काठमाडौं, श्रीमती आर राणा, ई. सं. १९७८), पृष्ठ ८९-१०४

६७. प्रमोदशमशेर- माथि उल्लिखित पाद टिप्पणी नं. ६६ (ख), पृष्ठ १०८

६८. चितरन्जन नेपाली- माथि उल्लिखित पाद टिप्पणी नं. ५१, पृष्ठ ११

तर देवशमशेरको सो कार्य सफल भयो भएन इतिहास मौन छ। तर उनको दोस्रो प्रयासले भने उक्त योजना असफल भएको अनुमान लगाउन सकिन्छ। यद्यपि उनको पछिको दोस्रो योजना पनि असफल नै भयो।

देवशमशेरको दोस्रो योजना अनुरूप कास्की र लमजुङ राज्यका समस्त कमारीहरूको मात्र अमलेख गर्ने थियो। यसरी अमलेख गरिएको कमारीहरूको मोल मुआब्जा वापत करिया मालिकहरूलाई तिनीहरूको कमारीको ऐनबमोजिम मोल (१२०।-रु.) को ३ प्रतिशतसम्म आयस्ता खान पाउने गरी जग्गा विर्ता दिने व्यवस्था मिलाइएको थियो।[६९]

यसरी कास्की र लमजुङमा रहेका करियाहरूमा पनि महिला करियाहरू मात्र अमलेख गरी तत्काललाई पुरुष करियाहरू मोचन नगर्नाको कारण सबै एकपटक अमलेख गरेमा करिया मालिकहरूको काममा बाधा पर्न जाने भै उनीहरूले विद्रोह गर्लान् कि भन्ने आशंका थियो भन्ने प्रष्ट हुन्छ।

यसरी कास्की र लमजुङमा रहेका महिला करियाहरूलाई अमलेख गर्ने योजना बनाएर देवशमशेरले ती राज्यहरूमा अमलेख हुने करियाहरूको लगत लिन अफिसर पठाएका थिए। तर, त्यहाँका करिया मालिकहरूले उनको यो योजनालाई स्वीकार गरेनन् र कमारीहरूको लगत पनि दिएनन्। यसरी करिदा मालिकहरूको विरोधबाट कास्की लमजुङमा रहेका कमारीहरू अमलेख गर्ने देवशमशेरको योजना सफल हुन सकेन।

यसरी आफ्नो योजना असफल भएपछि देवशमशेरले यस सम्बन्धमा अर्कै नीति अपनाए। 'कामको निम्ति करियाहरू चाहिन्छ भन्ने वहाना करिया मालिकहरूले प्रस्तुत गरेको हुनाले उनले करियाहरूलाई घरको मात्र काम गराउन पाइनेछ, बेचबिखन वा कसैलाई दिनलिन पाइने छैन र यसरी बेचबिखन गरेमा ता कसैलाई दिए लिएमा यसरी बेचिने वा दिइने करिया स्वत: अमलेख हुनेछ तथा वेच्ने र किन्नेलाई विगो बमोजिम दण्ड हुनेछ भनी १९५८ आषाढ १० गते एक ऐन जारी गरे।[७०]

यसरी जुन प्रकारले कास्की र लमजुङका मात्र कमारीहरूलाई अमलेख गर्ने कार्यको योजना गरे त्यो समस्त देशमा एकसाथ लागु गर्नुअघिको एउटा पूर्वाभ्यास थियो र आफ्नो राज्यको उदाहरण स्वरूप दिनको निम्ति सो कार्य गरेका थिए भन्ने कुरा प्रष्ट हुन्छ।

यसरी एकैचोटि देशबाट सो प्रथाको अन्त नगरी विस्तारै विस्तारै अन्त गर्ने योजना किन गरे त भन्ने हो भने "देशभरि व्याप्त रूपमा रहेको सो प्रथालाई एक

---

६९. ऐजन, पृष्ठ १३

७०. गोरखापत्र- (वर्ष ५७, संख्या ५४), वि.सं. २०१४ भाद्र ५ गते

हुकुमले नै समाप्त गर्न सम्भव थिएन। जुन कुरापछि चन्द्रशमशेरले गरेको तरिकाबाट पनि प्रष्ट हुन्छ। अत: उनले त्यस प्रकारको विस्तारै विस्तारै अमलेख गर्ने योजना गरेका थिए। तर १०४ दिन पछि नै उनको पतन भयो। जसले गर्दा उनको सपना पूरा भएन।

यसरी देवशमशेर आफ्नो छोटो ११४ दिनको शासनकालमा देशको सामाजिक स्थितिलाई सुधार्ने प्रयास गरी जुन प्रकारले कार्य गरे र दास प्रथा अन्त गर्ने प्रयास गरे। यसले नेपालको इतिहासको राणाकालीन प्रधानमन्त्रीहरूमा उनको नाम एक सुधारवादी प्रधानमन्त्रीको रूपमा लिन सक्दछौं। यद्यपि उनको चरित्र उपर प्रश्न चिह्न उठाउन सकिएता पनि ...।

देवशमशेर पछि चन्द्रशमशेर प्रधानमन्त्री र श्री ३ महाराज भए। यिनको पालामा धार्मिक तथा सामाजिक रीतिस्थितिमा पहिलाको भन्दा केही फरक देखिदैन। सो घरको रूपरंग बदल्न लगाए। कसैले आफूमा भएको गुण र धनको कुनै प्रदर्शन यद्यपि सयमा केही जनजागृति आउन थालिसकेको थियो। तर पनि यसले सामाजिक जनजीवनमा कुनै असर भने परेन र कुनै परिवर्तन ल्याउन सकेन। यसरी सामाजिक र धार्मिक नियम कानुन जस्ताको तस्तै नै रह्यो।

यद्यपि दास प्रथा र सती प्रथा यिनको नै समयमा यिनले नै अन्त गरेता पनि यिनले परम्परादेखि चल्दै आएको कट्टरपन्थी, भावना जातीय भावना, छुवाछूत माथिल्लो जात र तल्लो जातको भिन्नता अगाडिको भन्दा बढी रूपले रहेको थियो भन्न सकिन्छ।

किनभने चन्द्रशमशेर र उनको वरिपरि बस्ने कट्टरपन्थी ब्राम्हणहरू आफूभन्दा तल्लो जातिले केही रवाफ र फूर्ति गरे भने त्यसलाई सहन सक्दैनथे भन्ने कुरा हामी केही घटनाबाट थाहा पाउँछौं।

> "एकपटक चन्द्रशमशेरले कलकत्तामा बांगेमुडामा ज्यानमान भन्ने साहुलाई एउटी राम्री बाइजी (वेश्या) साथ लिई बग्गीमा चढेर जान लागेको देखे। उक्त ज्यानमान साहूलाई एक रजौटाको पोजिसनमा ठाँटिएर बग्गी आइरहेको देखे। चन्द्रशमशेर आगो भए। तर अर्काको मुलुक भएकाले चुप लागे। पछि ज्यानमानलाई वोलाइ बढेको नयारलाई ठोक, भन्दै पाँच सय कोर्रा हान्न लगाए। कोर्राको मारले छियाछिया घाउ पारी रगतले लत्र्याक लुत्रुक भएका ज्यानमानलाई खर्पनमा राखी घर

पुऱ्याउन लाए। हात खुट्टा वांगाटिंगा मुखमा जतातते घांउ भएका दुवै काखीले लौरो च्यापी ख्वाच्यांग ख्वाच्यांग हिंडिरहेको ज्ञानमानलाई कसैले के भएको भनी सोध्यो भने 'चन्द्रवात' लागेको भनी भन्थे।"[७१]

यस्तैगरी यमी अर्को घटनाको वर्णन गर्छन्, जसले पनि त्यतिखेर सानो वर्ग र जातको मान्छेले आफ्नो औगात भए पनि त्यसलाई वाहिर देखाउन हुँदैनथ्यो, जातको कारणले भन्ने कुरा प्रष्ट पार्दछ।

"वीरशमशेरको पालासम्म प्रजा वर्गको घरमा बज्र ठोकी चुन लगाउन पाईदैनथ्यो। तर उनले यस कुरामा स्वतन्त्र गरिदिएका थिए। पछि चन्द्रशमशेरको समयमा दमाई टोलदेखि कंकेश्वरी जाने वाटोमा एक धनी कसाईले अनेक वुट्टादारी खम्बा, झ्याल, वुर्जा राखी आस्मानी रंगले रंगाइकन तीन तले खुवै राम्रो घर वनाएका थिए। सो कसाईको घर नजिकै माहिला गुरुज्यू हेमराज शर्मा र कान्छा गुरुज्यूका महल पनि आस्मानी रंगका नै भएको हुँदा शायद उनीहरूले नै कसाई भएर हाम्रो देखासिकी गऱ्यो भनेर उजूर गरे होलान् र चन्द्रशमशेरले दश हजार जरिवाना गरी गर्दा यस्तो दशा हुन्थ्यो।"[७२]

यसवाहेक त्यतिखेर "न्याय पनि त्यस्तै किसिमले अर्थात् ठूलो जाति र सानो जातिको आधारमा मात्र हैन कि" धनी व्यक्ति भएको आधारमा पनि हुन्थ्यो भन्ने कुरा यमीजीले नै आफ्नो पुस्तकमा प्रष्ट पारेका छन्।[७३]

यसप्रकार त्यतिखेर पनि त्यस्तो ठूलो र सानोको भावना, जातीय भावना, इत्यादि नै थियो भन्ने कुरा प्रष्ट हुन्छ।

यस्तैगरी यो समयमा पनि अघि जङ्गबहादुरको समयमा नै झैं छुवाछूत, पानी चल्ने र पानी नचल्ने पनि यसमा छिटो हाल्नु पर्ने र नहाल्नु पर्ने गरी जुन जातीय विभाजन गरिएको थियो, कायम नै गरिएको थियो।[७४]

---

७१. धर्मरत्न यमी- नेपालका कुरा, (काठमाडौं, वुढाखेल, यमी प्रकाशन, वि.सं. २०१४), पृष्ठ १६६

७२. ऐजन, पृष्ठ १६७

७३. ऐजन, पृष्ठ १६६-१६७

यसबेलाको नियमअनुसार कोही मनसुवा हुनेले विवाह, ब्रतबन्धमा राजा प्रधानमन्त्री आदि माथिल्लो दर्जामा व्यक्तिलाई निमन्त्रणा गरी इज्जतपूर्वक खानपीन गराउनु पर्दथ्यो। नत्र उनीहरूको लागि रकम नै भाग दिने चलन थियो। जस्तो राजालाई ख. १०, कमान्डर इन चिफलाई ९, जर्नेललाई ख. ८, त्यस्तै रूपले भाग दिइन्थ्यो।[७५]

यिनको समयमा बनेको सो ऐनअनुसार ब्राम्हण जातबाहेक अरू कुनै पनि जातले फुफूकीछोरी, साली, जेठी सासू र छोरीकी साली जेठी सासू विवाह गर्नु हुन्थ्यो।[७६]

उक्त कानुनअनुसार नेपालमा ब्राह्मणबाहेक कुनै पनि जातिले आफूलाई जन्माउने आमालाई करणी गरेमा काटी मारिदिने र बहिनी, छोरीको करणी गर्ने ब्राह्मणलाई दामल गर्ने व्यवस्था थियो।[७७] जुन जङ्गबहादुरको ऐनमा पनि यही रूपमा नै मजाय गर्ने व्यवस्था गरिएको थियो।[७८]

यसरी के भन्न सकिन्छ भने जुन नियम कानुन अगाडि बनाइएको थियो, त्यही नै पछिका प्रधानमन्त्रीहरूले कायम नै गरेका थिए।

यसरी राणा प्रधानमन्त्रीहरू एकातिर जनतालाई धनको डर देखाएर शासन गर्दथे भने अर्कोतिर त्यस्तो नियम कानुन बनाउँथे। जस्तो "इलम भन्या जात जातको हैन, सरकारबाट करियाका कुराबाहेक सबैले सबै कुराको इलम बन्द व्यापार आफ्नो जात बचाइ जीविका गर्नु हुन्छ। यो जातले यो बन्द बेपार गर्नु नहुन्या गरे भनी पनि भात पानी काढ्न हुँदैन। यसमा जात जाने कुरा रहेछ भन्या फौजदारीबाट फैसला गर्नु।"[७९]

यसरी चन्द्रशमशेरले पुरानो नै रूपमा धार्मिक नियम कानुनलाई कट्टरतापूर्वक लागू गरेता पनि उनले आफ्नो समयमा पनि रहेको दुई कुरीति सती प्रथा[८०] र

---

७४. १९६१ सालमा बनेको मुलुकी ऐन- (चन्द्रशमशेरको पालामा बनेको ऐन) (नेपाल, राष्ट्रिय अभिलेखालय), पृष्ठ ७८६

७५. ऐंजन, पृष्ठ ८५

७६. ऐंजन, पृष्ठ ६८९

७७. ऐंजन, पृष्ठ ७३३

७८. १९१० सालको मुलुकी ऐन- माथि उल्लिखित पाद टिप्पणी नं. १६, पृष्ठ ५२७

७९. १९६१ सालमा बनेको मुलुकी ऐन- माथि उल्लिखित पाद टिप्पणी नं. ७४, पृष्ठ ३१३

८०. यसका लागि यसै शोधपत्रको "राणाकालीन नेपालमा नारीहरूको स्थान" शीर्षकमा हेर्नोस्।

दासदासी प्रथा पूर्णतया बन्द गरिदिएका थिए, जसलाई अगाडिका प्रधानमन्त्रीहरूले बन्द गर्ने प्रयास गरेका थिए। हुनत चन्द्रशमशेरले पनि एकैचोटि आफ्नो पहिलेका वर्षहरूमा नै यस प्रथालाई बन्द गर्ने आँट गर्न सकेनन्।

किनभने चन्द्रशमशेरले देवशमशेरको कार्यबाट उठेका समस्यालाई पनि ध्यान दिंदै थिए। त्यसैले उनले त्यो प्रथालाई अन्त गर्ने जुन उद्देश्य राखे, त्यसलाई सफल पार्ने योजना गोप्य रूपले बनाउन लागेर १९७१ सालको सम्पूर्ण अधिराज्यको जनसङ्ख्या लगत लिंदा करियाहरूको निम्ति भिन्दै फारम भरी भिन्दै महल खडा गरी लगत लिएका थिए। जसअनुसार त्यतिखेर करियाहरूको सङ्ख्या ४६, ०६४ थिए।[८१]

यसपछि उनले जङ्गबहादुरको नियमअनुसार नै अरू नियम कानुन पनि बनाए। जसअनुसार यदि कुनै दाजुभाइ कसैले सरकारी मूल्य तिरी कुनै पनि दासदासीलाई अमलेख गराउँछ भने पाउने भयो। त्यस्तैगरी दासदासीहरू विक्री गर्दा दलाली गर्न नपाइने नियम पनि बनाइ दिए। यिनले दासको मोल २५।- रु देखि १२०।- रु. निर्धारित गरिदिए। उनले यस्तो पनि नियम बनाए कि यदि कसैले आफ्नो मूल्य आफै तिरी अमलेख हुन चाहन्छ भने दासको मालिकले रोक लगाउन नपाउने भयो। यसैगरी चन्द्रशमशेरले एक आदेश जारी गरी दास दासीहरूलाई सरकारको अधीनमा राखी राखे। यसले दास मालिकले सरकारको नियम पालन गरेर मात्र बेचबिखन गर्न पाउने भए। उनले दासदासीलाई मुक्त भएपछि तराईका जिल्लामा स्वतन्त्ररूपले बस्न दिने व्यवस्था मिलाएका थिए।[८२]

चन्द्रशमशेरले १९७७ सालमा एक कानुन बनाएका थिए। जुन कानुनअनुसार विदेशमा ३ वर्ष बसी आएका करियाहरूले मालिकलाई ऐनबमोजिम मोल तिरेको खण्डमा अमलेख हुन पाउने र १० वर्ष बिताइ आएको छ भने केही नतिरी त्यसै अमलेख हुनेछ भनी व्यवस्था गरेका थिए।[८३]

यस्तैगरी सोही ऐनअनुसार बाबुआमाको सम्पत्ति र आफूले कमाएको सम्पत्तिमा पनि करियाहरूको हक कायम हुने व्यवस्था पनि गरिदिएका थिए।[८४]

---

८१. श्री ३ महाराजवाट करियाहरूलाई अमलेख गराउने वारेमा वक्सेको स्पीच, (काठमाडौं, नु. राममणि आ. दी. शान्ति निकेतन, १९८१ साल मार्ग (फिरिस्त ङ)

८२. पर्सिवल लन्डन- माथि उल्लिखित नं. ६३, पृष्ठ १६५

८३. १९७७ सालको मुलुकी ऐन (चन्द्रशमशेरको पालमा वनेको)- राष्ट्रिय अभिलेखालय, नेपाल, पृष्ठ १९६

८४. श्री ३ महाराजको करिया अमलेख गराउने वारेमा वक्सेको स्पीच- माथि उल्लिखित नं. ८१, (फेरिस्त ङ)

यी सव कार्यहरू र ऐन बनाउनाको भित्री उद्देश्य सो प्रथालाई नै अन्त गर्ने एउटा पृष्ठभूमि तयार गर्नु थियो।

१९८० सालमा गएर उनले आफ्नो योजना अनुरूप करिया मालिकको लगत तयार पार्ने विचार गरे। यसअनुसार उनले जनगणनाको आधारमा करिया मालिकको लगतको साथै पुनः करियाहरूको लगत लिए। यस जनगणनाअनुसार करियाहरूको सङ्ख्या ५१५१९ र मालिकहरूको सङ्ख्या १५७१९ पुगेको देखिन्छ।[८५]

यसरी १९७७ को र १९८० को करियाहरूको सङ्ख्या हेर्दा ५४५५ जना बढेको देखिन्छ। ३-४ वर्षको अवधिमा करियाहरूको सङ्ख्या त्यस प्रकारले बढ्न गएकाले पनि त्यतिखेर यो प्रथा कुन रूपमा र कस्तो स्थितिमा थियो अड्कल काट्न सकिन्छ।

यसरी सम्पूर्ण सङ्ख्या प्रष्ट भएपछि पनि करिया मोचन कसरी गर्ने भन्ने प्रश्न चन्द्रशमशेरको सामु उपस्थिति भएको थियो। तर, पनि यससम्बन्धी एक सार्वजनिक सभा गरी सामूहिक राय लिने विचार गरी मार्ग १४ गते शुक्रबार १९८१ का दिन एक आमसभा गरे र त्यसमा 'करिया सम्वन्धी' नराम्रो कुराहरूको वर्णन गरी त्यसको नराम्रा पक्षहरू प्रष्ट गर्दै यस कुरीति हटाउन सरकारलाई राय दिने र सहयोग गर्न अनुरोध गरिएको थियो।

उक्त भाषणमा उनले नेपालमा दासदासीहरूको सङ्ख्या र मालिकको सङ्ख्या (माथि उल्लिखित) बताई देशको जनसङ्ख्या ५५,७३,७८८ बताइ, यसका आधारमा सयकडा ९९ प्रतिशत व्यक्तिहरू स्वतन्त्र रहेको र बाँकी १ भाग मात्र दासदासी भएको कुरा पनि प्रष्ट गरेका थिए।[८६]

त्यसैले यस सङ्ख्याको आधारमा के भन्न सकिन्छ भने त्यतिखेर दास दासीहरू राख्ने व्यक्ति उच्च राणा वर्ग र उनीहरूको वरिपरि बस्ने निकटतम सामन्त परिवारका व्यक्तिहरू नै थिए। त्यसैले चन्द्रशमशेरले आफ्नो करिया मोचन गर्ने खास उद्देश्य प्रकट भई करिया मालिकहरूले अघि झैं विद्रोह गर्लान् भन्ने डरले 'उक्त भाषण तयार गर्दा पनि गोपनीयता कायम गरेका थिए र यो भाषण तयार गर्ने अफिसहरूलाई यो कुरा प्रधानमन्त्रीका निकटम व्यक्तिलाई पनि थाहा नदिनु भन्ने कडा आदेश दिएका थिए भनी चित्तरन्जन नेपालीले बताएका छन्।[८७]

---

८५. ऐंजन

८६. ऐंजन, पृष्ठ ३७

८७. चितरन्जन नेपाली- माथि उल्लिखित पाद टिप्पणी नं. ५१, पृष्ठ २४

यसले के प्रष्ट गर्दछ भने अगाडि देवशमशेरले यो कार्य गर्न थाल्दा त्यस्तै निकटम व्यक्तिहरूले उक्त कार्यको प्रष्ट रूपमा नभए पनि अप्रष्ट रूपमा विरोध गरेका थिए भन्ने कुरा ...।

यति गरेपछि पनि उनले करियामोचन गर्ने जनतासित राय मागी आफूले पनि ३ वटा सुझाउ प्रस्तुत गरे। जुन यस प्रकारको थियो,

१. सबैको सल्लाहले सकेसम्म नजिकको तारिख तोकी त्यस दिनदेखि नेपाल राज्यभरबाट दासत्व प्रथाको अन्त गर्ने।
२. दर्ता भएका र प्रमाण पुग्ने दासदासीको मोल उनीहरूका मालिकहरूलाई सरकारी ऐनअनुसार तिरिदिने।
३. तोकिदिएको दिनदेखि दासदासीले आफ्नो मालिकको घरमा ७ वर्षसम्म बस्ने र मालिकले पनि खान लाउन दिनु पर्ने ७ वर्षसम्ममा सरकारले रु. नतिरे व्याजसहित तिरिदिने।[८८]

चन्द्रशमशेरको यस भाषणको प्रतिक्रिया स्वरूप १५७१९ जवान करिया मालिकहरूमा केवल १२८१ जवानले विना मूल्य आफ्ना करियाहरू अमलेख गर्न मन्जुर गरे, १७९ जनाले ९ वर्ष मुनिका बालक करियाहरू अमलेख होस् भन्ने इच्छा व्यक्त गरे, ४९८ जनाले ऐनबमोजिमको मूल्यभन्दा बढी मूल्यको माग गरे र ४६७ जवानले करिया प्रथा राखी छोड्ने इच्छा व्यक्त गरे।[८९]

यसपछि भने चन्द्रशमशेरले समस्त रूपमा करियाहरू अमलेख गर्ने अन्तिम कदम उठाए र एक सरकारी अड्डाको स्थापना गरी १९८२ साल वैशाख १ गतेदेखि नेपाल अधिराज्यभर कुनै पनि व्यक्तिलाई दासदासी मानिने छैन तथा कसैले कसलाई दासदासी बनाउन सक्ने छैन भन्ने ऐन बनाइ जारी गरे। जसलाई माथि उल्लिखित तेस्रो सुझाउ पनि नलाग्ने भयो।

यसरी सरकारले सो प्रथा बन्द गरेपछि ५९८७३ जवान दासदासी अमलेख भएका थिए। जसमध्ये ५१७८२ जवानको निम्ति सरकारले ३६,७०,००० रु. खर्च गरेको थियो। ४६५१ जवान करियाहरूलाई उनीहरूको मालिकहरूद्वारा विना क्षतिपूर्ति अमलेख गरेका थिए। १९८४ जवानहरू कार्य गरिएको अवधिमा मरे, १३४२ जवान सो अवधिमा नै भागे र ११४ जवानले आफ्नो मोल आफैले नै तिरेका थिए।[९०]

---

८८. श्री ३ महाराजबाट करियाहरूलाई अमलेख गराउने बारेमा बक्सेको स्पीच- माथि उल्लिखित नं. ८१, पृष्ठ ५०

८९. पर्सिवल लन्डन- माथि उल्लिखित पाद टिप्पणी नं. ६३, पृष्ठ १७१

९०. ऐजन

सरकारले तिरेको रकममा एक करियाको मोल १५।- रु.देखि ७५/-रु. सम्म तिरेको देखिन्छ। यसरी सरकारले तिरेको उक्त ३६,७०,००० रु. मा सरकारको ढुकुटीबाट नै जसमा ५१ हजार ७ सय ८२ रु. मात्र खर्च गरेको कुरा २९ अगष्ट १९२६ को एक 'पायोनियर' भन्ने अङ्ग्रेजी पत्रिकाले बताएको थियो भनी लन्डनले आफ्नो पुस्तकमा सोही सारेका छन्।[९१] यसरी बाँकी रकम पशुपतिनाथको ढुकुटीबाट झिकी खर्च गरेको कुरा बालचन्द्र शर्माले शङ्का गरेका छन्।[९२]

यसरी अमलेख गरिएका करियाहरूलाई उनीहरूको पाखुरामा 'शिवलिंग' डामेर 'शिवभक्त' भनी नामकरण गरियो र उनीहरूको जीवीकोपार्जनको निम्ति भीक्षाखोरीमा जग्गा जमिन आवाद गरी बस्ने सुविधा प्रदान गरी त्यस ठाउँको नाम पनि अमलेखगन्ज राखियो।

यस प्रकारले नेपाली समाजमा रहेको अन्यायपूर्ण अमानवीय पूर्णरूपले रहेको कुरितीलाई सदाको लागि चन्द्रशमशेरले अन्त्य गरे जसले गर्दा-नेपाली समाज उनीप्रति ऋणी रहनेछ।

चन्द्रशमशेर पछि भीमशमशेर प्रधानमन्त्री र श्री ३ महाराज भएर यिनको समयमा पनि अगाडिको नै झै समाजमा जातीय भावना उच्च र नीचको साथै छुवाछूत भावना कायम नै रहयो।

तर समाजमा दिनपर दिन शिक्षितहरूको सङ्ख्या बढ्दै गएको र भारतमा शिक्षा लिएर फर्केका शिक्षित जंवानहरूलें त्यहाँ भएको सामाजिक सुधारसम्बन्धी राम्रो ज्ञान अनुभव पनि प्राप्त गरी फर्केका थिए। जसको प्रभाव नेपाली समाजमा पनि पर्न थालिसकेको थियो। अत: जोगवीर सिंह कंसाकार, माणिकमान तुलाधर, मानदास, चित्तधर, सिद्धिरत्नले समाजमा धार्मिक सामाजिक चेतना ल्याइ जातिभेदलाई अन्त गर्न, आडम्बर मत फैलाइ बाहुनलाई नढोग्ने चलन र नारा दिन थाले।[९३] सामन्त हिन्दू शासन पक्षपातपूर्ण निर्धोमाथि अत्याचारले भरिएको मनुस्मृति, भृंगसंहिता र रामायणको कानुनलाई आधारित बनाई ब्राम्हण वर्ग नै समाजको नाइके र धर्मका नाइके भएका समाजमा त्यसप्रकारको क्रान्तिकारी कदम अवश्य नै सही भएन, त्यतिखेर...।

---

९१. ऐजन, पृष्ठ १७१

९२. वालचन्द्र शर्मा- नेपालको ऐतिहासिक रूपरेखा, (वाराणसी, कृष्णकुमारी देवी, वि.सं. २०२६, तेस्रो प्रकाशन), पृष्ठ ३६४

९३. लेखकले दयावीर सिंह कंसाकारसंग लिएको अन्तर्वार्तावाट

त्यसैले त्यस समय यिनीहरूलाई भोटे धर्म (बुद्ध धर्मलाई भोटे धर्म, बुद्धलाई जाँडे देउता राणाहरूले भन्दथे रे ?) प्रचार गर्न खोजेको भनी पल्टनले कुल्चाएर मारपिट गरी देश निकाला गर्ने हुकुम दिए।[९४]

आखिर नेपाली समाजमा हुर्केका ती नवयुवाहरूमा जति क्रान्तिकारी विचार भएपनि परम्पराले उनीहरूलाई निहुरायो। उनीहरूले आफ्नो हार स्वीकार गरे र "त्यसो गरेको हैन यी बाहुनलाई ढोग्ने गरेका छौं भन्न कर लाग्यो।"[९५]

यिनी पछि जुद्धशमशेर प्रधानमन्त्री र श्री ३ महाराज भए। यिनको समय पनि अरू प्रधानमन्त्रीहरूको समयभन्दा कुनै कम थिएन। सामाजिक कुरीतिहरू त्यस्तै थिए, जस्तो अगाडि थिए। अन्धविश्वास उग्ररूपमा थियो, बढ्दै पनि थियो। यस्तो भएता पनि उनले केहीं सामाजिक कुरीति हटाउने प्रयास गरे।

उनले नेवारी समाजमा रहेको कुरीति चाड पर्वमा धेरै धन खर्च गर्ने, केटीलाई दीक्षा, मन्त्र दिंदा सुनचाँदी दान दिने व्यवस्था हटाएका थिए। यसैगरी १४ वर्ष भन्दामुनि केटी र १८ वर्षभन्दा कम उमेरमा केटाको विवाह गर्न निषेध गरेका थिए। यसै गरी ब्राम्हण जातिले जवर्जस्ती केटी खोसी विवाह गर्न नहुने नियम बसाले। तामांङ जातको जवर्जस्ती केटी खोसी विवाह गर्ने चलन बन्द गरिदिए यस्तै गरी जुद्धशमशेरले जुवा, तास जस्तो मानिसको खराबी लतलाई बन्द गर्नको निम्ति आवश्यक नियम कानुन पास गराए। जुन उनी भन्दा अगाडिका प्रधानमन्त्रीहरूले पूर्णरूपमा रोक्न सकेका थिएनन्। यस सम्बन्धीको नियम कानुनमा जुद्धशमशेर जङ्गबहादुरभन्दा धेरै अगाडि थिए। किनभने जुद्धशमशेरले वर्षमा सिर्फ तिहारको उत्सवमा ३ दिन मात्र अधिराज्यभर जुवा खेल्ने स्वतन्त्रता दिएका थिए। यस्तैगरी उनले डोटीमा (जिल्लामा) चलिरहेको देवकी प्रथा हटाउने पनि ठूलो प्रयास गरेको थिए।[९६]

यस्ता किसिमका सुधारहरू जुद्धशमशेरले गरेता पनि उनी स्वयं भने पूर्णरूपमा हिन्दूधर्मका कट्टर र परम्परावादी थिए। उनको अन्धविश्वास यति उग्ररूपमा थियो कि कुनै पनि विदेशी पाहुनाहरूलाई र अङ्ग्रेजहरूलाई भेट्दा वेग्लै कोठामा केही पनि सामानहरू नराखी भेट्थे। उनीहरूसँग हात मिलाए पछि त्यो हातले आफ्नो जीउको

---

९४. ऐजन

९५. ऐजन

९६. ईश्वरीप्रसाद- लाइफ एन्ड टाइम अफ जुद्धशमशेर जे. वि. आर- (नयाँ दिल्ली एसिया पव्लिसिङ्ग हाउस, ई. सं. १९७५), पृष्ठ १६७-२०८

कुनै भागमा पनि छुँदैनथे र त्यस हातले अरू कुनै पनि चीजवीजहरू पनि छुँदैनथे। पाहुनाहरू गए पछि नुहाउँथे र आफूलाई चोखो पार्दथे भन्ने कुरा बुढापाकाहरूले अझै पनि सुनाउँछन् नै।

पद्मशमशेरको समयमा यस्तो सामाजिक सुधार हुने ठूलो आशा गरिएको थियो। किनभने उनले नेपाली जनतालाई 'म राष्ट्रको नोकर हुँ' भनी २००४ सालमा वैधानिक कानुन दिने निर्णय गरी लागु पनि गरे। जसअनुसार नेपाली जनतालाई स्वतन्त्रता भन्ने कुरा केही प्रष्ट ज्ञान भयो। यस्तैगरी उनले मौलिक अधिकार पनि दिएका थिए। तर पनि उनको विचार उनैको भाषणले नै उनी धार्मिक र सामाजिक सुधार गर्न चाहदैनथे भन्ने प्रष्ट हुन्छ। उनी आफ्नो शासनकालभन्दा अगाडिका धार्मिक र सामाजिक नियम कानुनहरूलाई यथावत राख्न चाहन्थे भन्ने प्रष्ट हुन्छ जस्तै-

> "दुनियाँको हक र कर्तव्य दुबै हुन्छ औ दुवै आम भलाइका लागि व्यवहृत हुँन्छन्। कुनै देशको चलन र आवश्यकता पनि एक नाश हुँदैन, तसर्थ हाम्रो देशलाई सुहाउने, आवश्यकीय खासगरी धर्मको कुरामा वाहेक अरू विषयमा अरू मुलुकमा चलिरहेको भन्दा बढ्ता बन्देज हाम्रो मुलुकमा लगाउने सरकारको इरादा छैन।[९८]

यसबाट के प्रष्ट हुन्छ भने उनी पनि अगाडिका प्रधानमन्त्रीसरह नै सामाजिक, धार्मिक नियम कानुनलाई कट्टरतापूर्वक लागु गराउने पक्षमा नै थिए।

जेहोस नेपाली जनतालाई पहिलोपल्ट लिखित संविधान प्रदान गरी स्वतन्त्रता र मौलिक अधिकार कस्तो हुन्छ भन्ने कुराको ज्ञान दिने कार्यमा उनी अगाडि नै छन्। जसले गर्दा नै नेपाली नवयुवकहरूले राणा शासन खतम गर्न र आफ्नो अधिकार, कायम गर्न ठूलो संघर्ष गर्ने कार्यलाई अझ अगाडि बढाउन सके।

यसपछि मोहनशमशेरको समय-सामाजिक सुधार गर्नु भन्दा बढी राजनीतिक समस्या समाधान गर्न मै वित्यो। त्यसैले उनको समयमा पूर्णरूपमा समाज त्यंसरी नै चल्दै गयो जसरी अगाडि चल्दै गएको थियो।

यसरी यी सम्पूर्ण कुराहरूलाई ध्यान दिएर हेर्ने हो भने अघि र पछिसम्म पनि समाजमा ब्राम्हण वर्गको ठूलो इज्जत गरिन्थ्यो भन्ने प्रष्ट हुन्छ। वैदिक सभ्यताअनुसार यिनीहरू शारीरिक माया मोह छोडी शास्त्र अध्ययनमा जीवन अर्पण गरी अरू वर्गलाई

---

९८. नयराज पन्त- श्री ३ महाराज पद्मको भाषण- पूर्णिमा- वर्ष १०, अङ्क ४, (काठमाडौं इतिहास संशोधन मण्डल, वि.सं. २०३६), पृष्ठ २५६-२५७

उपदेश दिई 'मार्ग' दर्शन गर्नु नै प्रमुख काम हुन्थ्यो। त्यसकारणले पनि ब्राम्हणलाई सम्मानको दृष्टिले हेरिन्थ्यो र पवित्र भनिन्थ्यो। अरू वर्गकाले झै ब्राह्मण वर्गले जीविकोपार्जनका लागि परिश्रम गर्नु पर्दैनथ्यो। दान दक्षिणाको आम्दानीबाट नै खान लाउन पुग्थ्यो। पछि गएर भने ब्राम्हणले अरू काम गर्नु हुन्छ भन्न चलन चलेको देखिन्छ। जस्तो ब्राम्हणले हलो जोत्नु हुँदैन, जोत्यो भने भात नचल्ने राणाकालीन नियम थियो। तर, पछाडि गएर यस कुराको विरोध गरी ब्राम्हण वर्गले नै हलो जोतेको प्रमाण दिई २००५ सालमा 'गोरखापत्र'मा सम्पादकलाई एक चिट्ठी लेखेको पाइन्छ। जसमा 'ब्रह्मणले हलो जोत्न हुन्छ कि हुँदैन भनी प्रश्न गरी ऐनमा यससम्बन्धी कुनै लवज छैन, बरु धर्मशास्त्रमा 'आफूले जोतेर यज्ञ गर्नु' भन्ने लवज छ। राजा जनकले हलो जोतेको प्रमाण पनि पाइन्छ। इलाम, धनकुटातिरका कुनै कुनै गरिब ब्राह्मणले हलो जोतेको देखियो पनि कृषिशास्त्र पढेर आएका अङ्ग्रेजीवाज ब्राह्मणले त खुबै गौरव सम्झेर हलो जोतेको सहरमा नै देखियो। यी सबै कुरालाई आँखा अगाडि देख्दादेख्दै पनि उपाध्याय ब्राम्हणले हलो जोत्नु हुँदैन भन्ने कुरा यसरी निकालुँ ?[९८]

जे होस यस प्रकार सामाजिक तथा धार्मिक स्तरबाट उच्च भएका या मानिएका ब्राम्हण वर्गहरू कानुनबाट पनि स्वतन्त्र थिए, अवध्य थिए। जसले गर्दा क्रान्तिकारी आन्दोलनमा शिक्षित ब्राम्हण वर्गले नै विशेष स्थान ओगटेका पनि थिए। जस्तो यमी भन्छन्।

> 'दशरथ चन्द्र र धर्मभक्त, टंकप्रसाद आचार्य, रामहरि शर्मा, चूडाप्रसाद शर्मा, गुहेश्वरी स्थानमा गई पूजा गरी 'नेपाल प्रजा परिषद्' भन्ने गुप्त संस्था स्थापना गरे। सभापतिका लागि दशरथ चन्द र धर्मभक्त उम्मेदवार थिए। तर हिन्दू राज्यमा गाई र बाहुन नकाटिने जात भएकाले धेरै छलफलपछि टंकप्रसाद आचार्थ नै सभापति तानिए। यही क्रमबमोजिम पछिसम्म जुनसुकै संस्थामा पनि ब्राह्मणलाई नै सभापति वा नेता राख्ने दस्तुर भएर गयो।[९९]

यस वर्णनले यो कुरा पनि प्रष्ट गराउँछ कि त्यसबेलाको समाज धर्म प्रधान समाज थियो। नेपाल प्रजा परिषद् जस्तो राजनीतिक तथा क्रान्तिकारी संस्था खोल्नु पनि

---

९८. गोरखापत्र- भाग ९, अङ्क १२१, (२००५ साल माघ २९ गते)

९९. धर्मरत्न यमी- माथि उल्लिखित पाद टिप्पणी नं. ६७, पृष्ठ १९६

गुह्येश्वरीको पूजा गरी गर्नु पर्ने कुराले राणाकालीन समाजको चित्रण राम्ररी गरिदिएको छ। विना कुनै देवताको आराधना नगरी कुनै पनि कार्य प्रारम्भ गर्दैनथे भन्ने कुरा भनी राख्न परेन। राजनीतिमा समेत धर्मले स्थान पाउँदथ्यो भने अरू कुन क्षेत्र बाँकी थियो होला, जहाँ धर्मको अपहेलना गरिन्थ्यो ?

यस्तैगरी नेपाली जनताहरूमा पनि धार्मिक कट्टरता थियो र उनीहरूमा समेत सामाजिक सुधार या कार्यमा धन खर्च गरेर पनि पुण्य कमाउन सकिन्छ भन्ने विचारधाराको अभाव थियो। जस्तो 'चन्द्रशमशेरको पालामा एकजना धालासीको साहू ल्हासावाट वीसौं लाख कमाइ काठमाडौं फर्केका थिए। उनमा पनि नयाँ चेतनाले अङ्कुर जमाइ सकेकाले उनले गुभाजू अर्थात् बौद्ध पुरोहित वर्गलाई विना शुल्क बौद्ध धर्म सिकाउने बोर्डिङ्ग बनाउने चेष्टा गरी चन्द्रशमशेरकहाँ जाहेर गरे। सुधारको नामैले तर्सिने जातपात मूलेच्छेद गर्ने बौद्ध धर्मको विकास गर्ने कुराले चन्द्रशमशेर अरू तर्सेर उक्त धालासीको साहुलाई धन त कमाएर त ल्याइछस् साहु, अरू अरू नचाहिंदो कुरा किन गर्छस् ? चलिआएको दान दक्षिणा गरन।' भन्न बाध्य भए। विचरा राजाज्ञा भिरु धालासीको साहुले पाँच लाख जति दाम गुभाजू, बाँडाहरूलाई तीन तीन मोहर पटक-पटक गरी दान दिएर सिध्याए। उक्त रकम गुभाजूहरूको हातमा परि फास न फुस भएर गयो। यदि त्यो दान उक्त साहुको इच्छा मुताविक उपयोग भएको भए आजसम्म कति विद्वान् गुभाजू वर्गबाट निस्की समाजमा सुधार ल्याइ सक्थे होलान्।[१००]

उपर्युक्त कुरामा ध्यान दिन योग्य कुरा यो छ कि धालासीको साहु चेतनशील व्यक्ति भएर आफूले कमाइ ल्याएको धनबाट केही परोपकार कार्य गर्न खोजे तर उनले धार्मिक क्षेत्रमा नै खर्च गर्न खोजे। धार्मिक स्कुल खोल्ने विचार गर्नाको बदला अनाथहरूको वा गरिबहरूको उपकार गर्ने विचार गर्न सकेनन्। लेखकका भनाइअनुसार उक्त धार्मिक स्कुलले समाज सुधारको कार्यमा सहयोग गर्थ्यो भन्ने कुरा पनि विश्वस्त छैन। किनभने धर्मले परम्परा र चलनको समर्थन गर्छ र त्यस्ता संस्थाका प्रशिक्षार्थीहरू पनि कट्टर परम्परावादी भएर नै निस्कन्छन् न कि सुधारवादी- तर यो कुरा भने लेखकले ध्यान नदिएर एकतर्फि ध्यान मात्र दिएको प्रष्ट हुन्छ।

राणाकालीन समाजमा जातको महत्त्व यति थियो कि टंकप्रसाद आचार्य जस्ता क्रान्तिका अग्रदूत, नेताले समेत अवहेलना गर्न सकेनन्। टंकप्रसादको सम्बन्ध

---

१००. लेखकले दयावीर सिंह कंसाकारसँग लिएको अन्तर्वार्तावाट

प्रजापरिषद्सित रहेको देखिएकाले उनलाई कैदका साथै जातिच्यूतको सजाय दिइएको थियो। त्यसपछिको जेलको घटित घटनाको वर्णन गर्दै यमी भन्छन्-

> "टंकप्रसादको राणासितको त्यो टेकपछि जुद्धशमशेरलाई जागिरको कुरा र मुडेर ल्याएपछि अछूत भई बसेको देखेर हामीले स्वतन्त्रता र प्रजातन्त्र ल्याइयो।"
>
> कमारो बुद्धि छुटाउन धेरै समय लाग्ने देखे। झन् त्यसमाथि जेलका कैदी नाइके मुक्तिनाथ झा आई 'बाजे। कति दिन यसरी बस्नुहुन्छ ? पानीसम्म चलाइ पाउँ भनी एउटा बिन्ती पत्र लेख्नुहोस् न, म लगिदिने छु। बडा गुरुज्यूकहाँबाट पूर्जी आएपछि एक मोहर आठ-आठ पैसा तिरिदिनुस्" भने। साँच्चै विन्तीपत्र लेखिदिए। दुई दिनपछि श्री ५ र श्री ३ को गाथ-गद्दी ताके बापत मुडिएका यिनीहरूलाई पानीसम्म चलाइ पाउँ भनी विन्तीपत्र लेखेकाले एक मोहर आठ-आठ पैसा लिई यो पूर्जी पाएदेखि ४०/रु. विहे खर्च तिर्नुपर्ने मतवाला जातिसित मिलाइ दिनु भन्ने भएर गयो। गजब, झन् गजब। यसले दुनियाँ गजव हुनेछ।।। जसको नेतृत्वमा चारजनाले ज्यान दिए, तीसजनाले नारकीय जेल भोगे, साथै हामी उनकै गधा पच्चीसे राजनीतिमा फस्यौं र चार पाँच सय जति मानिसले थुनामा तारिखमा तीन-चार महिनासम्म दु:ख भोगे, जसको नेतृत्वको भविष्यमा पनि आशा गरिन्थ्यो, त्यस्ताले राणाले जात लिंदा विचलित भै राणालाई दाम तिरी बिन्तिपत्र लेखी पानीसम्म चलाउन चुकेनन्। नेपालको भाग्य नेपालीले कसो गरी ल्याउनु पर्छ भन्ने कुरा यसबाट प्रष्ट हुन्छ।[१०१]

उपर्युक्त वर्णन एक पक्षीय रहेको देखिन्छ। टंकप्रसाद मात्र उक्त कुराको लागि दोषी मान्नु पक्षपात हुन्छ। त्यसबेलाका समाज नै त्यस्तो थियो। त्यसैबेलाको समाजका सदस्यहरू नै त्यसबेला जेलमा काम गर्दथे, बन्दी जीवन बिताइरहेका थिए। यदि ती राजनीतिक बन्दीहरूले मात्रै भए पनि उनलाई संम्झाएर जातिच्यूत नभए झैं गरी व्यवहार गरिदिएका भए शायद टंकप्रसाद आचार्यले त्यसरी राणाको अगाडि झुकेर

---

१०१. राजेश गौतम- 'नेपालको प्रजातान्त्रिक आन्दोलनमा नेपाल प्रजा परिषद्को भूमिका", (काठमाडौं, लेखक स्वयं वि.सं. २०४५), पृष्ठ २१५-२१६

विन्तीपत्र लेख्ने थिएनन् कि ? स्वयं लेखक पनि त्यसबेला त्यस जेलमा थिए। उनले पनि टंकप्रसादलाई र अरू बन्दी साथीहरूलाई सम्झाएको देखिदैन। गरेको भए यमीजीले पक्कै पनि उल्लेख गर्थे।

यस्तैगरी जातको बारेमा कति कट्टरता नेपाली जनताले अपनाउँथे भन्ने कुरा स्पष्ट देखाउने अर्को घटना यहाँ प्रस्तुत गर्न सकिन्छ।

> "एउटा पूर्ण बौलाहा चापागाई बाहुन थुनिएको थियो। उनी ढलमा बगिरहेको भातका सिता टिप्दै खाने गर्थे। एकदिन हरिकृष्ण साहुले आफूले खाइ नसकेको अंजुलीभर त्यो बहुला बाहुनलाई दिए। त्यतिकैमा चूडाप्रसाद शर्माजी प्रजापरिषद् काण्डमा फसेका सदस्य थिए ले "बाहुनलाई जुठो ख्वायो" भनी हरिकृष्ण साहुको गर्धन समात्न पुगे। यसमा पनि सबै लागेर बल्ल छुट्याई दिनुपर्‍यो।"[१०२]

त्यसैबेलाको अर्को वर्णनबाट स्पष्ट हुन्छ कि नेवार समाजभित्र पनि जातपातको उचनीचको कारणले एकता थिएन।

> "जयस्थिति मल्लको पालादेखि नेवार समाजमा श्रेष्ठ गनिएकाहरूमा अर्ध श्रेष्ठ र पूर्ण श्रेष्ठ (छग: सेस्यो र वाग सेस्यो) रहेछन्। छग: सेस्यो माने पाँडे, थापा, राणा, चौतरीया भने झैं भारदार रहेछन्। वाग सेस्यो माने कारिन्दा, व्यापारी रहेछन्। वस यी दुईथरिमा भान्छाको कुरा लिई गडबड पर्दा हामी अश्रेष्ठ नेवार र अरू गै नछिनेको भए झण्डै कत्तिको टाउको फुट्ने थिए। वल्ल हाटहुट गरी मिलायौं। जति स्वर मच्चाइ "नेवार-नेवार एकै ठाउँ भनेथे, त्यत्तिकै ठूलो स्वर मच्चाइ भिन्नाभिन्नै पनि भए।"[१०३]

उपर्युक्त घटनाहरू नै राणाकालीन जातपात व्यवस्थाको परिचायिक हुन्। जनतामा उचनीचको भावना कतिको थियो भन्ने कुराको वर्णन नै अनावश्यक भइसक्यो। जबकि समाजका जागरुक व्यक्ति भएर नेतृत्व गर्ने भनी अघि सर्ने नेताहरू

---

१०२. ऐजन, पृष्ठ २३७

१०३. ऐजन

नै जातिपातिको भावनाबाट मुक्त हुन सकेका थिएनन् भने अरू वर्गको विचारधारा कस्तो होला ? यसको जवाफ शायद निम्नलिखित घटनाभित्र भेट्टाउन सकिन्छ,

> "१९९९ सालतिर हामीले भाग्ने कोसिस गर्‍यौं। भाग्ने कुरामा टंकप्रसादले विरोध गरे। प्रौढहरू र रामहरि उनीसित लागे। अरू जति भाग्नेतिर भयौं। आखिर पुष्करनाथ र गोविन्दप्रसादलाई पल्टाएर लिए। यस्तै आफ्नै खिचातानीमा भगाउने भीमबहादुर पोडे र गोपी च्यामे सुरुङ खन्दाखन्दै पक्रिए। गोपीच्यामे पिटाइ खाँदाखाँदा सोही कारणले मरे। भाग्ने कुरामा भित्र चेक गर्ने आफ्नै साथीहरू भए। अनि हामी भाग्ने कुराबाट निरासियौं। अनि मलाई लाग्यो साना जात भन्नेले कामबाट ज्यानसम्म दिए, ठूला जात भन्ने (टंकप्रसाद) ले जातसम्म दिन सकेनन्।"[१०४]

गोपी च्यामे. च्यामे नभई बाहुन वा क्षेत्री वा अरू कुनै उंच्च जातिको भएको भए उनको नाम सहिदहरूको नामावलीमा भेटाइने थियो होला। तर अपशोच त्यस्तो समाजमा गोपी च्यामेको जन्म भयो, जहाँ नाम कमाउन, ठूलो काम गर्न ठूलै कुलमा जन्मनु आवश्यक थियो। उनको बलिदानको कुनै कदर भएन। सहिद गोपी च्यामे भैं पनि जातिपाति रूपी राक्षसको उदरमा विलिन रहेको छ। कसलाई थाहा त्यस्ता कति गोपी च्यामे उक्त राक्षसले पचाइ राखेको छ। अभै पनि त्यो राक्षसको शल्यचिकित्सा गरी गोपी च्यामे जस्ता राजनीतिक तथा सामाजिक सहिदहरूको उद्धार गर्ने को ? भन्ने प्रश्नको समाधान खोज्नु नेपाली समाजमा बाँकी नै छ।[१०५]

---

१०४. ऐजन, पृष्ठ २४०

१०५. ऐजन, पृष्ठ २४२

राणाकालीन नेपालमा नारीको स्थान

हाम्रो देशमा राजनीतिक परिवर्तन बराबर भए पनि सामाजिक परिवर्तन व्यावहारिक रूपमा भएको देखिदैन। यद्यपि अंशुवर्मा, स्थितिमल्ल, महेन्द्र मल्ल, रामशाह आदि समाज सुधारक राजाहरूले केही सामाजिक सुधार गरे पनि पुरानो रीतिस्थितिलाई कायम गर्ने नीति लिएको पाइन्छ।[1] यसकारण हाम्रो नेपाली समाजमा मूल धार बदल्ने खालको सामाजिक परिवर्तन भएको हामी पाउँदैनौं। खाली कालक्रमले बाहिरी र भित्री राजनीतिक, आर्थिक आदि परिवर्तनले अज्ञात हुने परिर्वतन मात्र हाम्रो समाजमा भएको पाइन्छ।

नेपाली प्राचीन इतिहास हेर्ने हो भने नेपाली समाज लिच्छविकालदेखि नै वर्ण व्यवस्थामा आधारित भई अगाडि बढेको देखिन्छ। यसरी हरेक जातलाई आफ्नोआफ्नो प्रथालाई अँगाल्दै विधि व्यवहार चलाउने हक थियो। तर उक्त व्यवस्थाअनुसार समाजमा समानताको भावना भने थिएन। एकै अपराधमा ब्राम्हणले भिन्दै र शुद्रले भिन्दै सजाय पाउँथे। यसप्रकार पुरुष पुरुषमा नै समानता नभएको समाजमा पुरुष नारीवीचमा समानता नहुनु स्वभाविक नै थियो। "यस्तो भएता पनि अरू देशको दाँजोमा हेर्ने हो भने हाम्रो देशमा केही अंशमा स्त्री स्वतन्त्रता रहेको थियो।[2]

कुनै पनि समाजको विश्लेषण गर्दा त्यो समाजलाई कुन विचारधाराले प्रभावित गरेको थियो भन्ने कुरा पत्ता लगाउन आवश्यक हुन्छ। हाम्रो नेपाली समाजको उच्च र मध्यम वर्गलाई प्रभावित पार्ने विचारधारा वेद, धर्मशास्त्र, पुराण, शैव, बौद्ध, वैष्णव आदि अनेक धार्मिक सम्प्रदायका ग्रन्थहरूमा आधारित थिए। यसो हुँदा नेपाली समाजमा स्त्री वर्गको स्थाननिर्धारण हुनमा उक्त विचारधाराले काम गरेको पाइन्छ। तर, पनि व्यावहारिक रूपमा लिच्छविकालमा भारतमा भन्दा स्त्री स्वतन्त्रता केही रूपमा बढिरहेको देखा पर्दछ।[3]

---

१. धनवज्र वज्राचार्य- लिच्छविकालको अभिलेख, (काठमाडौं नेपाल, नेपाल एसियाली अध्ययन संस्थान, त्रि. वि., वि.सं. २०३०), पृष्ठ २९८

२. श्रीमती सत्यभामा मानन्धर- 'नेपालमा नारीहरू एक ऐतिहासिक अध्ययन', स्नातकोत्तर शोधपत्र, (नेपाल, त्रि.वि. इतिहास विभाग, वि.सं. २०३६, अप्रकाशित), पृष्ठ १३

३. एेजन, पृष्ठ १४

यद्यपि लिच्छविकालमा उच्च र मध्य वर्गमा 'सती प्रथा' प्रचलित थियो। तर पनि सती जानु अनिवार्य थिएन। अर्कोतिर वहुसङ्ख्यक साधारण जनतामा विधवा विवाह, पुन-विवाह पनि स्वतन्त्रता थियो। यी कुरालाई विधिपूर्वक कानुनी मान्यता दिइएको थियो।[४] यी मान्यताहरूलाई हेर्दा लिच्छविकालीन समयमा नारीहरूलाई दिइएको महत्त्वपूर्ण अधिकार मान्न सकिन्छ।

लिच्छविकालमा वालविवाह गर्ने प्रचलन भने देखिदैन, जबकि मध्यकालमा र आधुनिककालमा भने गर्ने चलन पाइन्छ।

पहिले नारीहरूलाई सार्वजनिक रूपमा शिक्षा दिने चलन थिएन। यस्तो हुँदा वहुसङ्ख्यक नारीहरू शिक्षाबाट वञ्चित रहे। यद्यपि नेपालको इतिहास हेर्ने हो भने उच्च वर्गका नारीहरूले राजपरिवारको नारीहरूको दाँजोमा केही व्यक्तिगत रूपमा शिक्षा प्राप्त गरेको पनि देखिन्छ। यसप्रकार प्राप्त गर्ने शिक्षाहरूमा खासगरी कला, शास्त्रीय, नीतिशास्त्र आदि नै प्रमुख थिए।

पृथ्वीनारायण शाहकी बहिनी पद्मावतीले त्यसप्रकारको शिक्षा प्राप्त गरी राजकाजमा समेत उल्लेखनीय भूमिका खेलेको र तिनको अध्यक्षतामा पञ्चहरूको कचहरी बसेको घटनाबाट पनि उक्त कुरा प्रष्ट हुन्छ।[५] तर बहुसङ्ख्यक नेपाली नारीहरू भने शिक्षाबाट वञ्चित नै हुन्थे। तापनि उनीहरूको जीवन धर्म ग्रन्थहरूबाट ज्यादै प्रभावित भएको हुन्थ्यो र त्यसप्रकारको कार्य गर्न र गराउन आर्थिक अनुदान पनि गर्दथे।[६]

मध्यकालमा पनि नारीहरूको महत्त्व लिच्छविकालको भन्दा कम भएको पाइदैन। लिच्छविकालमा नारीहरूको जुन स्थान थियो, त्यसमा केहीबाहेक सबै कुरामा नारीहरूको त्यही नै स्थान कायम नै रहेको पाइन्छ। तर पनि मध्यकालमा नारीहरूले एक कुरामा वढी सफलता प्राप्त गरेको देखिन्छ। त्यो हो 'राजनीतिको कार्य' जसमा त्यतिखेरका नारीहरूले महत्त्वपूर्ण भूमिका खेलेको देखिन्छ।[७]

यसप्रकार शाहकालमा आएर त्यो कार्य उग्ररूपले अगाडि बढ्न गयो। जुन कुरा चन्द्रप्रभा, राजेन्द्रलक्ष्मी, राजराजेश्वरी, सुवर्णप्रभा, ललितात्रिपुरी, साम्राज्यलक्ष्मी र

४. धनवज्र वज्राचार्य- माथि उल्लिखित पाद टिप्पणी नं. १, पृष्ठ ४३८-४४१

५. सत्यभामा- माथि उल्लिखित पाद टिप्पणी नं. २, पृष्ठ १७

६. धनवज्र वज्राचार्य- माथि उल्लिखित पाद टिप्पणी नं. १, पृष्ठ १-८

७. सत्यभामा- माथि उल्लिखित पाद टिप्पणी नं. २, पृष्ठ १९-२०

राज्यलक्ष्मी आदिका साथै अरू भारदारहरूका पत्नीहरूको कार्यले पनि प्रष्ट गर्दछ। यस्तैगरी लडाइँमा नारी वर्गले पनि भाग लिई देशको अस्तित्व र स्वतन्त्रता जोगाउने कार्य गरेको पनि हामीलाई कीर्तिपुर र नालापानीको युद्धले प्रष्ट गर्दछ।

यति हुँदाहुँदै पनि त्यसवेलाको सामाजिक बनोटले गर्दा कति कुरामा स्त्री वर्गको पृथक अस्तित्व नै नमानेको पनि हामीले नपाउने होइनौं। प्राचीनकालदेखि नै संयुक्त परिवारको प्रथाले स्थान पाएको थियो।[८] समाजमा व्यक्तिगतभन्दा परिवारको दृष्टिले गणना गर्ने चलन उहिले थियो। परिवारको कुनै व्यक्तिले राजद्रोह गरेमा वा हत्या, चोरी आदि ठूलठूला अपराध गरे सो अपराधी व्यक्तिहरूलाई मात्र हैन त्यसको पूरै परिवारलाई नै सजाय दिइन्थ्यो। यो चलन मल्लकाल र शाहकालमा पनि कायम नै रह्यो।[९] यसप्रकारको व्यवहारले सबभन्दा बढी दुःख पाउने व्यक्ति चाहिं नारी वर्ग नै हुन्थे। यसप्रकार 'निर्दोष' भइकन पनि सामूहिक सजाय पाउने व्यवस्था भने निश्चित पनि त्यस समयको नारी समाजको लागि एउटा अभिशाप नै थियो।

यसप्रकार सती प्रथा, बाल विवाह, पारपाचुके प्रथा, दासदासी प्रथा जस्ता नराम्रा कुरीति पनि कायम नै भएता पनि विधवा विवाह गर्ने जस्तो नराम्रो चलन पनि त्यतिखेर कायम नै थियो।

यसरी सामाजिक बनोट त्यसबेलाको संस्कार धारणा आदिले गर्दा स्त्री वर्ग एकातिर निकै शोषित, पछाडि परेका देखा परेका थिए भने अर्कोतिर नेपाली सांस्कृतिक विकासमा स्त्रीहरूको योगदान राजनीतिक उच्च स्त्री वर्गले खेलेको भूमिका आदिको विचार गर्दा तत्कालीन समाजमा स्त्री वर्गको पनि उल्लेखनीय स्थान रहेको थियो। सामाजिक इतिहासको दृष्टिले जुन कुराको उपेक्षा गर्न सकिदैन त्यसमा पनि नारी वर्गलाई ...।

यसप्रकार हेर्ने हो भने लिच्छविकालदेखि शाहकालसम्मको समाजमा नारी वर्गको स्थानमा एक रूपमा नै देखिन्छ। यद्यपि त्यस्ता कुरीतिहरू नै कायम नै भएता पनि 'नारी वर्ग' उपर कुनै कानुनी कारवाही भएको प्रमाण पाउन सकिएको छैन।[१०]

यसप्रकार कायम नै भएको कुरीति उपर राणाकालमा केही कानुनी रूपले मात्र परिवर्तन भएको थियो।

---

८. धनवज्र वज्राचार्य- माथि उल्लिखित पाद टिप्पणी नं. १, पृष्ठ २५५

९. पूर्णिमा- १४ पूर्णाङ्क, पृष्ठ ३५३-३५४

१०. सत्यभामा- माथि उल्लिखित पाद टिप्पणी नं. २, पृष्ठ २६

जङ्गबहादुरले १८४६ को अमानुषिक हत्याकाण्ड पनि जुन प्रकारले शक्तिशाली भए र राज्यमा आफ्नो शक्ति अनेकौं तरिकाहरूबाट बलियो र स्थायी रूप दिइसकेपछि १८५० जनवरी १५ तारिखका दिन वेलायत घुम्न गए र त्यहाँबाट १८५१ फरवरी ६ तारिखका दिन नेपाल फर्के।[११]

यसरी बेलायतबाट फर्केपछि त्यहाँ देखेका नयाँ कुरा र जोशमा जङ्गबहादुरले देशको सुधार गर्नपट्टि ध्यान दिए। यसप्रकार वि.सं. १९१० (ई. सं. १८५४) मा एक ऐन बनाइ समाजमा विद्यमान खराब रीतिहरूलाई हटाउने प्रयत्न गरेका थिए। उनले सो ऐनमा नारी वर्गको अवस्था सुधार गर्न सती प्रथा, बालविवाह, पाचुके प्रथा, विधवा विवाह आदिको सँगसँगै नारीसित सम्बन्धित अनेकौं विषयमा ऐन बनाए।[१२] यसरी ऐनमा यी कुराहरूको छुट्टैछुट्टै महल खडा गरी नारीहरूको अवस्था सुधार गर्नुको साथै उनीहरूको सुधार गर्नु र अधिकार दिलाउने कार्य कानुनी रूपबाट पहिलोपल्ट नेपालको इतिहासमा जङ्गबहादुरले नै गरे।

जङ्गबहादुरले नारीहरूको सुधार गर्न बनाएको ऐनमा सती, बालविवाह र विधवा विवाहसम्बन्धी महल नै मुख्य र महत्त्वपूर्ण मान्न सकिन्छ।

सती प्रथा जसलाई नेपाली समाजले स्वीकार गर्न नखोज्दा नखोज्दै पनि एक कलङ्कको रूपमा थियो। एक व्यापक रूपमा समाजले स्वीकार्न बाध्य भएको थियो। यो कुरा जङ्गबहादुरले त्यसलाई बन्द गर्ने प्रयत्न गर्दै लगाएको बन्देज कानुनहरूले नै प्रष्ट गर्दछ। एक इतिहासकारको भनाइले यो कुरा झन् पुष्टि हुन्छ। उनी भन्छन्, "नेपालमा सती जानु साधारण कुरो हो।"[१३]

यस प्रकारको कुरीतिलाई जङ्गबहादुरभन्दा अगाडिका शासकहरूले हटाउने प्रयास गरेता पनि सफल हुन सकेका थिएनन्। यद्यपि जङ्गबहादुरले हटाउने प्रयास गरी कानुनहरू बनाएता पनि पूर्ण रूपले रोक्न भने सकेनन्. नै ...। तर पनि जङ्गबहादुरको

---

११. डा. माधवराज पाण्डे- "हाउ जङ्गबहादुर इष्टाब्लिस राणा रुल इन नेपाल", कन्ट्रीब्युसन टु नेप्लिज स्टडिज, वर्ष १, अङ्क १, (नेपाल, नेपाल र एसियाली अनुसन्धान केन्द्र, वर्ष ......) पृष्ठ १

१२. श्री ५ सुरेन्द्रविक्रम शाहदेवका शासनकालमा बनेको मुलुकी ऐन १९१०, (नेपाल, श्री ५ को सरकार कानुन तथा न्याय मन्त्रालय, वि.सं. २०२२ ज्येष्ठ २९)

१३. ए. एफ. वि. ह्यामिल्टन एम. डी- एन एकाउन्टस् अफ द किंगदम अफ नेपाल, (न्यु दिल्ली, मन्जुश्री पब्लिसिङ्ग हाउस, दोस्रो प्रकाशन १९७१), पृष्ठ

सो प्रयत्नले सती प्रथा आंशिक रूपमा रहन गयो। त्यसैले उनका समकालीन एक लेखक भन्छन् कि,

> "समाजमा रहेको एक प्रकारको कुरीति प्रथाको विरोध कुनै भद्र व्यक्ति या परिवारको स्वास्नीमानिसले नै आफू जल्न (सती जान) नचाहेर, नखोजेर नगएर देखाउनु पर्छ। तब मात्र समाजमा रहेका अरू व्यक्तिहरूले त्यसको अनुकरण गर्छन् भन्ने थियो।"[१४]

शायद यही कारणले होला सन् १८५७ मा आफ्नो भाइ बमबहादुरको मृत्युमा उनका रानीहरूलाई सती जान रोकिदिए।[१५] सन् १८६३ मा कृष्णबहादुरको मृत्यु हुँदा पनि उनका रानीहरूलाई सती जान रोकिदिए।[१६] यस्तैगरी आफ्ना भित्रका पत्नीहरूलाई पनि सती जान रोके।[१७]

यसरी आफ्नो बुहारी र उच्च वर्गका नारीहरूलाई सती जान रोकेपछि जङ्गवहादुरले वि.सं. १९१० मा जुन ऐन बनाए त्यसले प्राचीन समयदेखि चल्दै आएको परम्परावादी नियमलाई परिवर्तन ल्याइदिएको पाइन्छ।

जङ्गबहादुरको ऐनअनुसार "११ वर्षभन्दा कम उमेर भएको विधवा सती जानु नपर्ने भयो। यस्तै गरी उच्च वर्गको लोग्नेमान्छे र नारीहरू मर्दा उनका कमाराकमारीहरूले सती जानु नपर्ने भयो। यही कानुनअनुसार छोरा मर्दा आमा सती हुने जुन चलन अगाडि थियो रोक लगाइयो। यस्तैगरी सती हुन लागेकी विधवा डराइ चितावाट भागी सती जान नमानेकोमा, सती पठाउन बल प्रयोग गर्नेलाई ठूलो रकम दण्ड गर्ने व्यवस्था पनि जङ्गबहादुरले सो ऐनमा गरेका थिए।[१८]

---

१४. एच. ए. ओल्डफिल्ड- स्केचफर्म नेपाल, भाग २, (दिल्ली कोस्मो पब्लिकेसन, ई. सं. १९७४), पृष्ठ ४००

१५. पद्मजंग राणा- लाइफ अफ महाराज सर जंगवहादुर राणा, (न्यु दिल्ली मन्जुश्री पब्लिसिङ्ग हाउस, ई. सं. १९७१), पृष्ठ १३५

१६. कन्चनमोयो मजुम्दार- पोलिटिकल रिलेसन विट्वीन नेपाल एन्ड इन्डिया, (नयाँ दिल्ली मुन्सीराम मनोहरलाल, ई. सं. १९७३), पृष्ठ २५१-२५२

१७. जया कार्की- नेपालमा सती प्रथा एक ऐतिहासिक अध्ययन, स्नातकोत्तरको शोध पत्र (त्रि. वि. इतिहास विभाग, २०३१ (अप्रकाशित), पृष्ठ ६१

१८. (क) १९१० को मुलुकी ऐन- माथि उल्लिखित पाद टिप्पणी नं. १२, पृष्ठ ४२१-४२५

यस्तैगरी १२ वर्षभन्दा कम उमेरको छोरा र ३ वर्षभन्दा कमको, दूध खाने गरेकी छोरी भएको खण्डमा विधवाले सती जान नपर्ने भयो।[१९]

तर यी माथिका सबै किसिमको अवस्थाबाट छुट्कारा पाएकी तल्लो जातकी विधवा सती जान चाहेना अलग्गै चित्ता बनाइ सती हुन पाउने व्यवस्था पनि त्यतिखेर थियो नै। तर १२ वर्षभन्दा माथि (कम) की विधवा सती जान टाउकामा पानी छरिसकेर पनि सती जान नचाहेमा पतिया लिन सक्ने व्यवस्था जङ्गबहादुरले गरिदिए। तर १२ वर्ष मुनिका (बढी) विधवाले उक्त अवस्थामा 'पतिया' लिन नसक्ने व्यवस्था पनि कायम नै गरेका थिए।[२०]

यसप्रकार तयार गरेको कानुनलाई जङ्गबहादुरले पुन: ९ वर्षपछि केही संशोधन गरी अगाडिको भन्दा कडा रूपले 'सती प्रथा' लाई बन्देज लगाउने प्रयास गरे।

जसअनुरूप अघि ११ वर्षको उमेरभन्दा कमकी विधवा सती जान पाउनेमा सो उमेर बढाएर १६ बनाई सोमुनि उमेर भएकाले सती जान नपाउने गराए। यस्तैगरी पोइल गएकी र गर्भवती विधवा महिला पनि सती जानु नपर्ने गराए।[२१]

यस्तैगरी सती जान डराई लागु पदार्थ सेवन गरी चितामा जाने विधवालाई तिनको आफ्नो छोराले आगो लगाएमा रु. १०।- र सौतेनी छोराले वा अन्य व्यक्तिले आगो लगाएमा रु. १००।- मात्र दण्ड गर्ने व्यवस्था गरे। यस अवस्थामा १२ वर्षभन्दा कमको छोरालाई आगो हाल्न लगाई सती जान बाध्य गर्ने व्यक्तिहरूसमेत कानुनको आँखामा बच्न सक्दैनथे।[२२]

यस्तो प्रकारको व्यवस्था गरे पनि जङ्गबहादुरको सो ऐनमा केही त्रुटि वा जानी जानीकन परम्परा पनि कायम गर्ने प्रयास गरेको, पाइन्छ जस्तो-

१६ वर्ष पुगेकी, १६ वर्षको छोरा भएको र ५ वर्षभन्दा कमी छोरी नभएकी विधवालाई सती जानबाट रोक लगाएको कुरा भने ऐनमा कतै उल्लेख गरिएको पाइँदैन। बल्की राजीखुशीसाथ सती जान चाहेमा जान दिनु भनी प्रष्टसँग भनिएको छ।

(ख) एम. एस. जैन- इनरजेन्स अफ ए न्यु एरिस्टोक्रेसी इन नेपाल (आग्रा, श्री राम मेहरा एन्ड कम्पनी ई. सं. १९७२), पृष्ठ १८८

१९. ऐजन

२०. ऐजन, पृष्ठ १८९

२१. मुलुकी ऐन १९१०- माथि उल्लिखित पाद टिप्पणी नं. १२, पृष्ठ ४२१

२२. एम. एस. जैन- माथि उल्लिखित पाद टिप्पणी नं. १८, पृष्ठ १८९-१९०

यहाँसम्म कि उसको कमारी स्वास्नी भएमा र माथिका सबै कुराबाट स्वतन्त्र भएमा ऊ पनि सती जान सक्ने व्यवस्था सो ऐनमा थियो।[२३]

यस्तैगरी सो ऐनले कुनै पनि विधवा जो सती जान सक्दछिन् र जसलाई ऐनले कुनै रोकटोक लाग्दैन थियो, त्यस्ता विधवा पनि आफ्नो १२ वर्षभन्दा कमको छोराले आगो हाल्न लगाइ सती जान सक्थिन।

यसबाट के प्रष्ट हुन्छ भने जङ्गबहादुरले पनि यो कलङ्कलाई पूर्ण रूपले बन्द गर्ने पूर्ण आँट भने गर्न सकेनन्। यसले जङ्गबहादुर पनि परम्परावादी थिए भन्ने प्रष्ट गर्दछ। यसप्रकार जङ्गबहादुरले पूर्ण रूपमा रोक्न नसक्नामा तत्कालीन धेरै कारणहरू छन्।[२४]

जसमध्ये मुख्य कारणमा यो भन्न सकिन्छ कि "समाजमा युगौंदेखि चलिआएको पुरानो धार्मिक परम्परामा आधारित सती प्रथालाई रोक्दा एक्कासि त्यहाँ विरोध हुने र विरोधीहरूद्वारा कडा विरोध हुने पनि देखि सचेत भएर उनले कडा व्यवस्था नगरेका हुन्। विरोधी गुट बलियो भएमा आफ्नो स्वार्थमा धक्का लाग्न जाने कुरा महसुस गरी उनले त्यति कठोरतापूर्वक सती प्रथालाई दमन नगरेको हुन सक्दछ।[२५] किनभने जङ्गबहादुरमा शैक्षिक योग्यताको कमी थियो र समाजमा परम्परालाई लिएर विरोध भएमा कसरी त्यसलाई सुल्झाउने भन्ने विषयमा भयभित भएर पनि उनले सती प्रथाजस्तो कुप्रथालाई हटाउन पूर्णतया: नचाहेको हुन सक्तछ। किनभने उनका विरोधीहरू निक्कै मात्रामा समाजमा अदृश्य रूपले रहेका थिए।[२६] जुन अस्वभाविक थिए।

तर जे भएता पनि सती प्रथा उनको जीवनकालमा कम हुन पुगेको थियो। जुन जङ्गबहादुरको आंशिक सफलता मान्न सकिन्छ।

जङ्गबहादुर समयमा नेपाली समाजमा प्रचलित अर्को खराब प्रथा 'बालविवाह' थियो। सानै उमेरमा बुढापाकाहरूसित विवाह गरिदिने चलन चलेको त्यो समाजमा

---

२३. मुलुकी ऐन १९१०- माथि उल्लिखित पाद टिप्पणी नं. १२, पृष्ठ ४२२ (नं. १०, ११, १२ र १४)

२४. जया कार्की- माथि उल्लिखित पाद टिप्पणी नं. १७, पृष्ठ ६६-६७

२५. ऐजन, पृष्ठ ६८

२६. जि. एफ. डि. जिमलेट- नेपाल एन्ड नेपलीज (लन्डन, एच. एफ. एन्ड जी., उथरवी, ई. सं. १९२८), पृष्ठ ४३

केटीहरू सानै उमेरमा विधवा हुन पुग्दथे। यसरी आफ्नो अधिकांश जीवन विधवाको रूपमा बिताउनु पर्ने वा समाजमा सामाजिकहरूको व्यवहारलाई सहन नसक्ने भएमा सती जाने चलनले गर्दा त्यतिखेरको नेपाली समाजमा एउटा नराम्रो स्थितिको सिर्जना भएको थियो।

त्यसैले जङ्गबहादुरको ध्यान यतापट्टि पनि गई आफूले बनाएको १९१० को मुलुकी ऐनमा केही धारा राखी यस प्रकारको कुरीति रोक्ने प्रयास गरेको देखिन्छ। तर पनि सती प्रथापट्टि उनको जुन प्रकारको कडा दृष्टि थियो त्यस्तै बाल विवाहपट्टि थिएन भन्ने कुरा उनले नै निर्माण गरेको कानुनहरू हेर्दा प्रष्ट हुन्छ।[२७]

तैपनि जङ्गबहादुरले त्यस प्रथा उपर केही कानुन बनाइ दिएका थिए। जसअनुसार २-१/२ वर्ष (३० महिना) भन्दा कमकी कन्यालाई विवाह गर्न रोक लगाइएको थियो। यसरी विवाह गरिदिने व्यक्ति वा अभिभावकको सम्पूर्ण सम्पत्ति सर्वश्व गरी त्यसको सयकडा दश सरकारी लाग्ने र बाँकी रकम विवाह गरिदिएकी छोरीलाई नै दिने व्यवस्था गरिदिए।

जङ्गबहादुरले ९ वर्षपछि सो ऐन र कानुन संशोधन गरी विवाह उमेर २-१/२ वर्षबाट बढाई ५ वर्षभन्दा बढी कायम गरे। यसरी ५ वर्ष नपुगेको केटी विवाह गरिदिएमा आवश्यक सजाय दिइने निश्चित व्यवस्था पनि गरे।[२८]

यस्तैगरी विवाह जानी जानी गर्ने केटाको अभिभावकले पनि केटीको बाबु सरह नै सजाय पाउने भयो। तर २-१/२ वर्ष (३० महिना) देखि ५ वर्ष बीचको कन्या वा सो उमेर नपुगेको कन्या झुक्याइ उमेर पुगेको छ भनी विवाह गरिदिने पुरोहितलाई १०।- रूपैयाँ र अभिभावकलाई २०।- रूपैयाँ दण्ड तिर्नुपर्ने व्यवस्था जङ्गबहादुरले गरिदिए।[२९]

तर वयस्क नै कति उमेरकालाई भन्ने ऐन पढ्दा प्रश्नचिह्न देखा पर्छ।

त्यस समयको विधवा विवाहसम्बन्धीतर्फ विचार गर्ने हो भने १९१० सालको ऐन बन्नु पूर्व विधवा नारीहरूको जीवन नै दुःखपूर्ण बित्दथ्यो। किनभने नाबालक उमेरमा नै वयस्क र बुढापाकाहरूसित विवाह गरिदिन्थे। जसले गर्दा सानो उमेरमा नै विधवा हुनु पर्ने वा जिउँदै मर्नु पर्ने (सती जानु पर्ने) स्थिति र अवस्था आउँदथ्यो। यसरी

२७. मुलुकी ऐन १९१०- माथि उल्लिखित पाद टिप्पणी नं. १२, पृष्ठ ४४४-४४५

२८. एम. एस. जैन- माथि उल्लिखित पाद टिप्पणी नं. १८, पृष्ठ १९१

२९. मुलुकी ऐन १९१०- माथि उल्लिखित पाद टिप्पणी नं. १२, पृष्ठ ४४४-४४५

त्यतिखेर विधवाहरूको सङ्ख्या ज्यादै ठूलो सङ्ख्यामा थियो। जसले गर्दा जङ्गबहादुरको ध्यान त्यसपट्टि गएको थियो।

यसरी जङ्गवहादुरले तिनीहरूसित सम्बन्धित कानुन बनाइ पुन: विवाह गर्न सक्ने अधिकार दिए। सो विधवा विवाहअन्तर्गतको कानुनअनुसार "११ वर्ष नाघेकी विधवाले विवाह गर्न चाहेमा विवाह गर्न सक्ने अधिकार प्राप्त गरे।[30] तर त्यसको साथमाथै ११ वर्ष नाघेकी विधवाले विवाह गर्न नचाहेर पनि विवाह गरिदिने अभिभावकलाई दण्ड गर्ने व्यवस्था पनि जङ्गवहादुरले सोही कानुनअन्तर्गत गरे। यस्तो गरेको खण्डमा आफ्नो सम्पूर्ण सम्पत्तिबाट हात धुनका साथै एक वर्षसम्म कैद गर्न सक्ने व्यवस्था पनि जङ्गबहादुरले नै गरेका थिए।"[31]

जङ्गबहादुरको माथिको कार्यहरू हेर्दा विधवा विवाहपट्टि उनको राम्ररी ध्यान गएको नै देखिन्छ। शायद पूर्ण रूपमा एउटाकी धर्मपत्नीको रूपमा रहिसकेकी नारीलाई पुन: विवाह गर्न अनुमति दिई अर्काकी धर्मपत्नी हुन सक्ने अधिकार प्रदान गरेता पनि भित्री हृदयले त्यस प्रकारको कुरा मान्न जङ्गबहादुरसमेत हिचकिचाएका थिए भन्न सकिन्छ। नत्र आफूले चाहेको सुधार कार्यमा अभिभावक वर्गलाई दण्ड दिने व्यवस्था गरी त्यस प्रकारको त्रुटि नगर्नु पर्ने थियो भन्न सकिन्छ।

पछि कानुन संशोधन गरी ११ वर्षको उमेरलाई १६ वर्ष बनाएका थिए।

यस्तैगरी काठमाडौं उपत्यकामा र त्यसदेखि बाहिर बस्ने नेवारहरूमा आफ्नै ढङ्गको सामाजिक स्थिति चलेको थियो जसको अवस्था कुनै पनि सामाजिक सुधार हुन नसकेकोले र कसैले पनि त्यसतर्फ ध्यान नदिएकाले ज्यादै नराम्रो अवस्था थियो।

सो सामाजिक स्थिति अनुरूप नेवार समाजमा रहेको कुरीति 'पाचुके' प्रथा नै भन्न सकिन्छ। यस प्रकारको पाचुके वा सम्बन्धविच्छेद अरू कुनै जातिमा चलेको थिएन। यो कार्य गर्न कुनै समयको आवश्यकता पर्दैनथ्यो। कुनै पनि अवस्थामा लोग्ने वा स्वास्नीले एक अर्कासित सम्बन्धविच्छेद गर्न सक्दथे। यस प्रकारको प्रथालाई केही हदसम्म केटीको माइतीतर्फका अभिभावक वर्गले पनि सक्रिय भूमिका खेल्दै यस प्रथालाई झन् नराम्रो स्थितिमा पुऱ्याएका थिए। लोग्ने विरामी भई नबाँच्ने भएमा स्वास्नीले तुरुन्त सुपारी फिर्ता गरी सम्वन्धविच्छेद गर्न सक्दथे। यो प्रथा यति सजिलो

---

३०. डेनियल राइट- हिस्ट्री अफ नेपाल (काठमाडौं, नेपाल एन्टीक्युटेड वुक पब्लिसर्स, पुन: प्रकाशन, ई. सं. १९७२), पृष्ठ ३३

३१. एम. एस. एस. चैन- माथि उल्लिखित पाद टिप्पणी नं. १८, पृष्ठ १९१-१९२

थियो कि मानिसहरूले यसलाई साधारण रूपमा स्वीकारेबाट नै प्रष्ट हुन्छ जुन कुरा डेनियल राइटले प्रष्ट गरेका छन्। उनी भन्छन्,

> "... आइमाईहरूले साधारण तरिकाबाट सम्बन्धबिच्छेद गर्न सक्दथे। प्रचलित चलनअनुसार केटीले केही सुपारी लोग्नेको तकियामुनि राखिदिएमा सम्बन्धबिच्छेद हुन सक्दथ्यो।"[३२]

यसप्रकार 'पाचुके' भएका कुनै पनि स्वास्नीमानिसले अर्कोसित विवाह गर्न सक्दथे। यो इच्छा विरुद्ध पनि हुन्थ्यो। अर्थात् सम्बन्धविच्छेद र पुन विवाह इच्छाविरुद्ध पनि हुन्थ्यो भन्ने कुरा एक नेवारी साहित्यका विद्वान्ले आफ्नो साहित्य (मतिना भन्ने नाटक) मा पनि प्रस्तुत गरेका छन्।[३३]

यद्यपि यस प्रकारको अवस्थालाई सुधार गर्ने र परिवर्तन ल्याउने प्रयास गर्दै भीमसेन थापाले पनि केही बन्देजहरू लगाएका थिए तर लागू हुन सकेको थिएन।[३४]

भीमसेन थापापछि जङ्गबहादुरको ध्यान त्यसपछि गएको थियो र उनले वि.सं. १९१० को मुलुकी ऐनमा त्यससम्बन्धी कानुन बनाएका थिए।[३५]

जङ्गबहादुरले सो कानुन बनाइ त्यसको चलन गराइ त्यस प्रकारको कुरीतिलाई केही हदसम्म नियन्त्रण गर्न सकेका थिए भन्ने कुरा डेनियल राइटको भनाइले प्रष्ट गर्दछ। उनी भन्दछन्-

> "... तर अब पहिलेको झैं जस्तो साधारण तरिकाले सम्बन्धविच्छेद हुन सक्दैनथ्यो।"[३६]

यसरी जङ्गबहादुरले पाचुकेसम्बन्धी कानुन बनाउनाको साथै त्यस समयका नारीहरूको स्थिति सपार्नको निम्ति अरू नियम कानुन पनि बनाए। जस अनुसार 'लोग्नेस्वास्नीको'[३७] विधवा अंश-धनको[३८] दाइजो पेवा[३९] आदिको भिन्दाभिन्दै नियम कानुन बनाइ दिएका थिए।

---

३२. डेनियल राइट माथि उल्लिखित पाद टिप्पणी नं. ३०, पृष्ठ ३३

३३. भाजु ईश्वरानन्द- दवु (काठमाडौं, नेपाल सम्वत् १०८९ वि.सं. २०२७ साल), पृष्ठ ९०-९२

३४. चित्तरन्जन नेपाली- भीमसेन थापा र तत्कालीन नेपाल, (काठमाडौं, रत्न पुस्तक भण्डार, २०२२ दोस्रो संस्करण), पृष्ठ २०१-२०२

३५. मुलुकी ऐन १२१०- माथि उल्लिखित पाद टिप्पणी नं. १२, पृष्ठ २४२-२४३

३६. डेनियल राइट- माथि उल्लिखित पाद टिप्पणी नं. ३०, पृष्ठ ३३

३७. मुलुकी ऐन १९१०- माथि उल्लिखित पाद टिप्पणी नं. १२, पृष्ठ १२४-१२७

यी तीन विषयमा जङ्गबहादुरले नियम कानुन हेर्दा 'लोग्ने स्वास्नीको' र दाइजो पंवामा नारीहरूलाई राम्रो अधिकार प्रदान गरी उनीहरूको सुरक्षा गर्न जङ्गबहादुरले सफलता प्राप्त गरेको देखिएता पनि विधवा अंश-धनको सम्बन्धी कानुन हेर्दा भने उनीहरूलाई राम्रो अधिकार प्रदान गर्न सकेको देखिदैन।

यसप्रकार समाजमा नारीहरूको स्थिति सपार्न उनीहरूलाई अधिकार दिलाउन अनेकौं सुधार गरी व्यवस्थित ढङ्गले त्यसलाई कायम गरी सती प्रथा जस्तोलाई आंशिक तुल्याइ आफ्नो समयमा आफ्ना भाइहरूको मृत्युमा उनका रानीहरूलाई सती जानसमेत रोक्ने जङ्गबहादुरको २५ फरवरी १८९६ मा मृत्यु हुँदा भने उनका रानीहरू सती गएका थिए।[४०]

यिनी पछि रणोद्दीप सिंहले जङ्गबहादुरले केही हदसम्म नियन्त्रण गरेको पाचुके व्यवस्थामा एक अर्को कानुन वनाइ त्यस उपर अरू बन्देज लगाउन सफल भए। किनभने लोग्नेलाई कुनै प्रकारको खबर नै नगरी उसको तकियामुनि सुपारी राखी सम्वन्धविच्छेद गर्ने चलन जंगबहादुर पछि पनि चलेको नै थियो। त्यसैले त्यसप्रकार खबर नगरी एकतर्फबाट मात्र सम्बन्धविच्छेद गर्ने स्वास्नी उपर मुद्दा हाल्ने अधिकार रणोद्दीप सिंहले लोग्नेलाई दिएका थिए।[४१]

यस सम्बन्धी जिमलेट भन्छन्,

> "२ वटा सुपारी लोग्नेको तकियामुनि राखी विना कुनै सूचना नदिइ लोग्नेको घर छोड्न सक्छे र विधवा नै नभइ अर्कोसित विवाह गर्न पनि सक्छे। ... तर अव यस्तो स्वास्नी उपर अड्डामा मुद्दा दायर गर्न सकिन्छ।"[४२]

यसले के प्रष्ट गर्दछ भने जङ्गबहादुरले बलजफ्ती वा केटीको मन नलागी नलागीकन पनि सम्बन्धविच्छेद गर्ने चलनलाई रोकेका थिए। जुन नारी पक्षबाट ठीक थियो। तर जङ्गबहादुरले लोग्नेले नचाहँदानचाहँदै पनि स्वास्नीले छोडेर जाने कुरालाई

---

३८. ऐजन, पृष्ठ १२८-१३०

३९. ऐजन, पृष्ठ १३२-१३६

४०. फ्रान्सिस टुकर खोरखा, स्टोरी अफ द गोरखाज् अफ नेपाल, लन्डन, कन्स्टेवल एन्ड कम्पनी लिमिटेड- ई. सं. १९५७), पृष्ठ १६०-१६१

४१. सत्यभामा- माथि उल्लिखित पाद टिप्पणी नं. २, पृष्ठ ३५

४२. जिमलेट- माथि उल्लिखित पाद टिप्पणी नं. २६, पृष्ठ २५२

भने ध्यान दिएका थिएनन्। तर त्यससम्वन्धी रणोद्दीप सिंहले ध्यान दिई कार्य पूरा गरेका थिए।

वीरशमशेरको समयमा सती प्रथाको सम्वन्धी कानुनमा संशोधन गरी त्यस कुरीतिलाई पूर्ण नियन्त्रण गर्ने प्रयास गरी घोषणा गरेका थिए।

> "... अब उप्रान्त सती हुन प्रधानमन्त्री र उनको अनुपस्थितिमा उच्च न्यायिक वा कानुन अधिकारीको स्वीकृति लिनु पर्ने गरियो।"[४३]

तर वीरशमशेरको यो कार्य खाली नाम मात्रको थियो भनेर भन्न सकिन्छ। किनभने उनको सो घोषणा अनुरूपको नियम उपत्यकाभित्र मात्र लागु हुन सक्दथ्यो। उपत्यका बाहिर र नेपालको कुनाकाप्चामा घट्ने त्यस्ता घटनाहरूसँग उनको नियम सम्बन्धित र त्यसमा लागु हुन सक्दैनथ्यो।

उक्त घोषणाको अलावा सती प्रथालाई रोक्ने प्रयास स्वरूप वीरशमशेरले अरू कुनै कदम भने चालेनन्। जसले गर्दा सती प्रथा कायमै नै रह्यो।

वीरशमशेरपछि देवशमशेर प्रधानमन्त्री भए। यिनले नारीसम्बन्धी कुनै सुधार र उनीहरूको भलो हुने कुनै कार्य गर्न सकेनन्। तर उनीपछि हुने प्रधानमन्त्री चन्द्रशमशेरले एउटा ठूलो सामाजिक सुधार गरे जसलाई १९ सौं शताब्दीको महत्त्वपूर्ण सुधार मान्न सकिन्छ।

चन्द्रशमशेर शिक्षित प्रधानमन्त्री भएकाले समाजमा रही आएको कुरीति उपर उनको ध्यान राम्ररी गएको थियो। यसको साथ उनी भन्दा अगाडिका शासकहरूले गर्न खोजेको सुधारपट्टि पनि उनको ध्यान गएको थियो। त्यसैले उनले समाजमा रहेको महान कुरीति दास-दासी प्रथा[४४] सती प्रथा उन्मूलन गर्न पट्टि पनि ध्यान दिए।

आफ्नो शासनकालको धेरै समय (झण्डै २० वर्ष) सम्म उनले सती प्रथा हटाउन नसके पनि अगाडिका शासकहरूले बनाएका कानुन र नियमलाई केही उही रूपमा र केही संशोधन गरी कडा रूपले लागू गराए।[४५] यसरी केही समयसम्म उनले मन नलागिकन पनि सती प्रथालाई स्वीकार गरे। गर्नु परेको थियो।

---

४३. कन्चनमोयां मजुम्दार- माथि उल्लिखित पाद टिप्पणी नं. १६, पृष्ठ २५२

४४. अगाडि हेर्नोस्

४५. मुलुकी ऐन वि. सं. १९४५ (चन्द्रशमशेरको समयमा वनेको), (नेपाल, राष्ट्रिय अभिलेखालय), पृष्ठ

तर १९७७ आषाढ २५ गते वृहस्पतिवार तदनुसार २८ जुन१९२० ई. का दिन एक घोषणा गरी सती प्रथालाई नेपालको सम्पूर्ण भागमा पूर्ण रूपले वन्देज लगाए। यसरी सो प्रथालाई अकानुनी घोषित गरी समाजमा रहेको एक कलङ्कलाई पूर्णतया मेटिदिए।[४६] यस्तैगरी, यस घोषणापछि पनि कसैले बलजफ्ती सती पठाउने कार्य गर्ने र पठाउने व्यक्तिलाई कडा कारवाही गर्ने र ज्यानमारासरह सजाय गर्ने नियम पनि बनाइ दिए।[४७]

यस प्रकारको महत्त्वपूर्ण सुधार गरेता पनि नेवार समाजमा प्रचलित पाचुके प्रथा जस्तो कुरीतिलाई उन्मूलन गर्नेपट्टि भने कुनै ध्यानै दिएनन्।

तर जुद्धशमशेरको समयना या सो समयसम्ममा भने यो पाचुके प्रथा स्वत: नै आफैं कम भएर गएको अनुमान लगाउन सकिन्छ। तर विवाहित आइमाईहरू भने अरू लोग्नेमानिसहरूसित पोइल जाने चलन भने खूब बढेको थियो। यस सम्बन्धमा एक लेखिका भन्छिन्,

> "नेपालमा विवाह सम्बन्धविच्छेद गर्ने प्रथा त्यतिखेर (जुद्धशमशेरको समयतिर) उत्तिको उचित थिएन। तर विवाहित आइमाईहरू अरू लोग्नेमान्छेसँग पोइल जाने चलन भने ज्यादै चल्ति थियो। ... वास्तविकमा यो चलन नै त्यतिखेर लोग्नेसित वैवाहिक सम्बन्धविच्छेद गर्ने एउटा बाटो भएको थियो।"[४८]

यस भनाइले प्रष्ट के गर्न सकिन्छ भने जुद्धशमशेरको समयतिर सम्बन्धविच्छेद गर्ने प्रथाले नयाँ रूप लिएको थियो- 'पोइल जाने'....।

यसरी राणाकालमा नारी सम्बन्ध चलेको अर्को अन्याय प्रथा 'बहु विवाह' थियो। राणाकालमा धेरैजसो धनी व्यक्तिहरूको धेरै सङ्ख्यामा स्वास्नीहरू राख्ने चलन थियो र राख्दथे पनि"...।[४९]

---

४६. (क) पर्सिवल लन्डन- नेपाल, (काठमाडौं, रत्न पुस्तक भण्डार, पुन: प्रकाशन, सन् १९७६), पृष्ठ १७२

(ख) जया कार्की- माथि उल्लिखित पाद टिप्पणी नं. १७, पृष्ठ ८२

४७. त्रि-रत्न मानन्धर- नेपालमा विवाह सम्वन्धविच्छेद एक ऐतिहासिक अध्ययन नेपाल, (२०३५ वैशाख), पृष्ठ ५५

४८. सुश्री सावित्री जंगम- नेपाली महिलाप्रति, रत्न श्री वर्ष ४, अङ्क २, सं. मदनदेव भट्ट, पृष्ठ ५१

४९. डेनियल राइट- माथि उल्लिखित पाद टिप्पणी नं. २०, पृष्ठ ३१

यस प्रकारको वहुविवाह प्रथामाथि कुनै पनि राणा शासकको ध्यान गएको पाउँदैनौं र गएको पनि थिएन। किनभने उनीहरू नै (राणा शासकहरू) यस प्रथाका मुख्य खम्बा थिए भन्ने कुरा इतिहास नै हाम्रो अगाडि प्रमाणित छ।

त्यसैले के भन्न सकिन्छ राणाकालमा त निर्वाध रूपमा मानिसहरूले बहु विवाह गर्दथे। त्यसको लागि राणा परिवार वढी उत्तरदायी रहेको देखिन्छ। जङ्गबहादुरको समयनम्ममा राणा परिवारको सङ्ख्या नगण्य थियो। वीरशमशेरले शासन सत्ता आफ्नो हात पारिसकेपछि आफ्ना दाजुभाइवाहेक अरू सबै जङ्गवहादुरका छोराहरूलाई त कसैलाई मारे र कसैलाई धपाए। जङ्गबहादुरका बन्धुहरूका छोराहरूलाई पनि टिक्न दिएनन्। धीरशमशेरका सत्र भाइहरूले बहु विवाह गरी राणा परिवारको यति विस्तार गर्न लागे कि राणाहरूको सङ्ख्या गन्न नसकिने भएको थियो। वास्तवमा आजकल जति पनि राणाहरू छन् ती प्रयास धीरशमशेरकै वंशज हुन्। यसरी शासक स्वयं वहु विवाहित भएको हुनाले समाजबाट यस कुप्रथालाई हटाउन सकिएन बल्कि ल्याइते र ब्याइते भनी छुट्टाइ तिनीहरूबाट जन्मेका छोरा छोरीहरूलाई ए, वी, सी, भनी तीन वर्गमा विभाजित गरी पारिवारिक कलहको वीउ रोपे। जसले गर्दा पनि राणा शासकको पतन हुनमा ठूलो मद्दत गऱ्यो।

यसप्रकार अनेकौं सुधारहरू 'नारी सम्बन्धी लिएर भएता पनि 'राणाकालमा' नारीहरूको स्थिति सुधिन र राम्रो हुन सकेको थिएन। सती प्रथा र दासदासी प्रथा रोकिनु वाहेक अरु प्रथा सम्बन्धित नियम कानुन बने पनि ती व्यावहारिक रूपमा कायम हुन सकेका थिएनन्।

यस प्रकार सुधारहरू भई उनीहरूको अवस्था कानुनी रूपले सुधिएता पनि उनीहरूको अधिकार कानुनी रूपले निश्चित गरिएता पनि राणाकालमा ती व्यवहारमा राम्ररी चलेनन्, लागु भएन। "यसरी नारीहरूको अस्तित्व राणाकालमा घर सिङ्गार्ने पुतलीको रूपमा थियो धेरैले उनीहरूलाई त्यस प्रकारको व्यवहार गर्दथे, जसले उनीहरू लोग्नेमान्छेका जुत्ता नै हुन् भन्ने प्रष्ट पार्दथ्यो।"[५०] नारीहरू आँखा भएर पनि अन्धो कान भएर पनि बहिरो, खुट्टा भएर पनि लगडो र मुख भएर पनि लाटो हुनु परेको थियो।[५१]

---

५०. सत्यभामा- माथि उल्लिखित पाद टिप्पणी नं. २, पृष्ठ ३९

५१. स्नेह सायमी- 'श्री ५ ऐश्वर्य र नेपालमा नारी जातिको उत्थान', गोरखापत्र, (कार्तिक २२, वि. सं. २०३४), पृष्ठ ३१ (विशेषाङ्क)

यसरी के भन्न सकिन्छ भने राणा शासनमा अगाडिका शासकहरूले जे सुधार गरे, त्यसमा पछिका शासकहरूले केही पनि परिवर्तन गर्न सकेनन्। चन्द्रशमशेरले सती प्रथा र दासदासी प्रथा रोक्नुबाहेक...। चन्द्रशमशेरपछिको समयमा त उनीहरूको स्थिति कानुन भए पनि पहिलेको जस्तै नै रहेको थियो। किनभने पुरातनपन्थी नरहरू नारीहरूलाई अधिकार दिई आफूसरह बनाउन चाहँदैनथे। "त्यसैले त लिंग भेदका आधारमा कानुनहरू बनेका थिए।"[५२]

लोग्नेमानिसहरू नारीहरूलाई स्वतन्त्रता दिन चाहँदैनथे भन्ने कुरा २००६ सालसम्म पनि थियो भन्ने तथ्य गोरखापत्रमा छापिएको एक सम्पादकलाई पत्र उल्लेख गर्न सकिन्छ।

> "स्वास्नीमानिस र लोग्नेमानिसको सम्बन्ध बढी गहिरो छ। लोग्ने छउन्जेल स्वास्नीमानिसले कुनै यज्ञ, ब्रत, उपवास गर्नु पर्दैन। केवल पति सेवाद्वारा नै उत्तम गति मिल्दछ। स्वास्नीमानिस सल्लाह गर्ने बेलामा लोग्नेका मन्त्रिणीसरह हुन्छन्, त्यस्तै कामकाजमा दासी, धर्मकार्यमा अर्धांगिंणी, क्षमा पृथ्वी, दयामा आमा, खेलवाडमा सखी बराबर छन्। यही नियमबमोजिम पनि सेवा गर्न सक्ने स्त्री जातिको दुवै लोक झकझकाकार हुन जान्छ।"[५३]

यो चिठी कुनै तेजमान भन्ने व्यक्तिले पठाएको रहेछ। समय २००६ साल वैशाख ३ गते अर्थात् राणा शासनको अन्तिम काल थियो। त्यसबेला पनि पुरातनपन्थी मानिसहरू समाजमा थिए भन्ने प्रमाण उपर्युक्त पत्रले पेश गरेको छ। उक्त पत्रमा लेखिएको कुरा हिन्दू धर्मका ग्रन्थहरूबाट उधृत गरिएको प्रष्ट छ। त्यस पत्रले यो कुरा बताउँदैन कि त्यसबेलाका नारीहरू उक्त नियमलाई पालन गर्दछन् बरु यो बताउँछ कि त्यसबेलाका नारीहरू उक्त सनातन नियमको उल्लङ्घन गर्न थालिसकेका थिए र त्यो पुरानो नियमलाई नै पुनस्थापना गर्नु पर्‍यो भन्ने आशयले उक्त पत्र लेखिएको थियो भन्न सकिन्छ।

त्यसबेलाका नारीहरू परम्परागत बन्धनलाई तोडी घरको कैदबाट फुस्की विभिन्न कार्य क्षेत्रमा उत्रिसकेका थिए। शिक्षा प्राप्त गर्न स्कुल जान्थे। किनभने त्यस

---

५२. सत्यभामा- माथि उल्लिखित पाद टिप्पणी नं. २, पृष्ठ ३९

५३. गोरखापत्र- भाग ५०, अङ्क २, (वि.सं. २००६ साल वैशाख ३)

समय पद्मकन्या हाइस्कुलको स्थापना भइसकेको थियो। आदि कुराहरू देखेर उक्त पत्र प्रेषकले नारी स्वतन्त्र भएर हिंडेको सहन नसकी गोरखापत्रलाई पत्र लेखेको हुनु पर्छ।

हुन पनि कट्टर सनातन धर्मावलम्बीले नारी स्वतन्त्रताको समर्थन कसरी गरोस्। त्यो पनि राणाकालीन समाजमा त मानिसहरू झन् कट्टर हुने भइहाल्यो। त्यसबेलाका कट्टरपन्थीहरूका लागि नारी त वच्चा जन्माउने मेसिन भन्दा बढी महत्त्व राख्दैन थियो। शासकहरूदेखि लिएर सबैले विना रोकटोक वहुविवाह गर्थे। स्वास्नीलाई जीवनसँगिनीको रूपमा हेर्ने क्षमता नै थिएन। उनीहरूको लागि नारी भोग्य वस्तु थियो, कुनै सम्पत्ति जस्तो। आमा बाबुले हेरेर छोरीको विवाह गरिदिन्थे। त्यसमा पनि राम्ररी बुझेर गरिदिने भए पनि ठीकै छ भन्न सकिन्छ। केही गरी छोरीले दुःख पाइ भने, कर्म त्यस्तै रहेछ भनी आफ्नो भूल लुकाउने वहना छँदै थियो। यो कुरा वर्तमानकालमा पनि केही अशिक्षित समाजमा सही नै रहेको छ, जब कि बालविवाह, बहुविवाह, अनमेल विवाहको विरुद्ध कानुन बनाइएको छ।

राणाकालमा विवाहको स्थिति कस्तो थियो र त्यस समयमा नारीहरूको विवाह जुन किसिमबाट बाबु आमाले गर्दथे भन्ने खुलस्त पार्ने एउटा अर्को पत्र गोरखापत्रबाट नै प्रस्तुत गर्न सकिन्छ।

> "बल्ल बल्ल २- वटी स्वास्नी मानिसहरूले बोकेझैं गरी कन्यालाई ल्याए। उनको उमेर हुँदो हो १५-१६...। बलिन्द्र धारा आँसुले पछ्यौरा निथुक्क थियो। यत्तिकैमा एक जना तुलेगोडे जस्तो उठी मंगलको टायममा पनि रुने भनी हप्काउन थाल्यो। त्यो रहेछ ह्याकुला खाने लमी। कुरा बुझ्दा त्यो केटीमाथि दिएकोमा टोपीदेखि जुत्तासम्म र जन्ती जाँदा वैलिनकाठ चढ्न पनि पाउने भएको रहेछ। लमीका पुस्ताइले लठ्िएका आमाबाबुले छोरीको भविष्य विचार गर्न सकेनन्। दुलहालाई लगाउन दिएको माला रीसले फ्यांक्ता एउटा किल्लामा अल्झियो उनी रुँदै हिंड्न। अब यो कामलाई स्वयम्वर भन्ने कि के ?"[५४]

त्यसबेला सबै विवाह जबर्जस्ती वा छोरीको इच्छालाई वास्तै नगरी गराइन्थ्यो त भन्न सकिन्न। पत्रमा उल्लिखित घटना अपवाद पनि हुन सक्छ। तर यो कुरालाई त मान्नै पर्ने हुन्छ कि विवाहमा छोरीको मत लिनु साधारणतया आवश्यक ठानिदैनथ्यो।

---

५४. गोरखापत्र- भाग ४९, अङ्क १२२, (वि.सं. २००५ फाल्गुण ५)

विवाहमा छोरीको राय लिनु आवश्यक छ, छैन भन्ने कुरामा चलेको विवादमा सम्पादकलाई लेखिएको पत्रहरूमध्ये एउटा यहाँ पनि प्रस्तुत छ :

> "जुङ्गे दाइले लेख्नु भएको वर खोज्ने कुरामा बाबु आमा र छोरीको झगडाको निरूपणमा, एउटी अवलाले छोरीको पनि राय लिनु बेस होला भनी लेखिने जो सत्य हुनाले चित्त बुझ्ने थियो। तर, त्यसको प्रतिवाद आएछ नि कृष्णप्रसादको। उहाँका हरेक पङ्क्तिले ती दुलहा खोज्ने युवतीलाई दोषी बनाएको छ। तर मेरो विचार तिनलाई निर्दोष पाएँ। उहाँले स्त्री जातिलाई कमजोर नाम राख्ने शेक्सपियरको भनाइलाई चरितार्थ पार्न खोज्नु (?) भएको रहेछ ...। यसमा उहाँसँग मेरो यसो भन्नु छ, स्त्री जाति हामी पुरुष जस्तो समाजलाई पक्षघात गर्न त कमजोर हुन्छन्। तर के हिन्दू नारीलाई शेक्सपियरको पछि लागेर पूर्णतया कमजोर नाम राख्न ठीक पर्ला ? उहाँले हिन्दू नारीको साहस, स्थिरता, शक्तिलाई कसरी विस्मृतिमा लिपिदिनु भयो ? ... परेको बखत नारी पुरुषभन्दा ज्यादै शक्तिशाली बन्न सक्छन् ... आखिर दोहोऱ्याएर म पनि छोराछोरीको पनि राय लिनु बेस होला भनेर "एउटी अवला बहिनीको समर्थन गर्छु।"[५५]

यस पत्रबाट स्पष्ट हुन्छ कि आमाबाबुले विवाहमा छोराछोरीको मत लिने चलन थियो। तर यो चलन ठीक छैन भन्ने कुरा केही जागरुक व्यक्तिहरूले अनुभव गरिसकेका थिए।

एउटा अर्को पत्र जसले बाबुको छोरीप्रतिको दृष्टिकोण छर्लङ्ग पार्ने भएको हुनाले यहाँ उल्लेख गरिन्छ।

> "बहत्तर महिनाको तल्लो हदबाट कन्याको विवाहको उमेरको तल्लो हद बाह्र वर्ष भयो। यसबाट समाजलाई धेरै फाइदा भई धर्म पनि कायम रह्यो। तर एउटा अर्कै समस्या आई पऱ्यो।"
>
> "छोरी सात वर्ष टेक्ने वित्तिकै विवाह गरिदिई मैतालु पठाउने वेलासम्म चुल्हामा चढाई तालिम पनि गर्थे, पालो पनि पाउँथे। अब त त्यसो हुन पाएन। ६ वर्ष बेसी पर्खनै पर्ने भयो। मनमा सन्तोष पनि भएन, फेरि पण्डित बाजे मुखिया साहेबले पनि ६

---

५५. गोर्खापत्र- भाग ४९, सङ्ख्या १२१, (वि.सं. २००५ साल माघ २९)

वर्ष वेसी हैरानी खप्नु पऱ्यो। महिनैपिच्छे पाँच सात दिन अरू काम छोडी धुँवामा रङ्गमगिएर आँसु चुहाउँदै, आँखा पर्पराउँदै स्वाँफ्वाँ गर्दै नाक पुच्छदै फू फू गरी, काँचो दाउरा ठोस्दै भान्सा ठीक गर्नु पऱ्यो।"

"गोरखापत्रमा कन्याले पकाएको दाल भात खान नहुने सवाल गरेको पनि यस्तै खण्ड परेर होला। गोरखापत्रमा सबै लुङ्ग केलाई हेर्दा पनि जवाफ दिएको देखिएन। १२ वर्षभित्रै विवाह गरिदिई चुल्हामा चढाउन नपाए पनि कन्या छोरी चुल्हामा चढाउन पाए विवाहको हतार पीर नमानी विवाह उमेर पुऱ्याएर गरिन्थ्यो होला। कन्या छोरी चुल्हामा चढाउँला भन्ने आशा गर्दा गर्दै हद पुग्ने पो हो कि ? जवाफ चाँडो पाए दाल भात खाइ अड्डामा पनि चाँडै पुग्न पाइन्थ्यो।"[५६]

सीधा अर्थ लगाउँदाखेरि यस पत्रको आशय स्पष्ट छ यो कुनै जागिरदार वावुको पत्र थियो र उनी आफ्नो १२ वर्ष नपुगेकी छोरीलाई चुल्हामा चढाउन चाहन्थे। तर, यसै पत्रलाई अलि केलाएर हेर्दा, कानुनले बालविवाहमा अवरोध खडा गरेका कुरा मन नपराएर, प्रत्यक्ष रूपमा विरोध गर्न नसकी एउटा समस्यालाई अगाडि सारेर उक्त कानुनले मर्का पाऱ्यो भन्ने कुरा देखाउन खोजेको जस्तो देखिन्छ। नत्र उनले प्रस्तुत गरेको समस्या ज्यादै नै कृत्रिम देखिन्छ।

महिनाको ७ दिन आफै चुल्होमा काम गर्नु पऱ्यो भन्ने जुन गुनासो छ त्यो त छोरी जसको छ, त्यसले मात्र महिनाको तीसै दिन चुल्होमा काम गर्न पर्ने हुँदैन, कसैको छोरी नै छैन भने चाहे वहत्तर महिना पुगेपछि विवाह गरिदिन पाउने होस् वा बहत्तर वर्ष पुगेपछि मात्र विवाह गरिदिन पाउने नियम बनोस्, कुनै फरक पर्ने थिएन। महिनैपिच्छे पाँच सात दिन जागिरदारले आफैले भात पकाइ खाइ अड्डा जानु पर्ने नै हुन्थ्यो। फेरि भात पकाउनु कुनै कठिन काम पनि होइन। त्यसकारण त्यो समस्या सबैको समस्या थिएन तथा ठूलो समस्या पनि थिएन।

उक्त समस्यालाई ठूलो पार्न पत्र लेखकले "काँचो दाउरा ठोस्दै भान्छा ठीक गर्नु पऱ्यो" भन्ने लेख्नु भएको छ। तर, दाउरा काँचो छ भने के आइमाईलाई दुःख हुँदैन होला त ? फेरि काँचो दाउरा थाहा पाइकन कसैले चुलोमा ठोस्ला ?

पहिलो छोरी सात वर्ष टेक्ने, बित्तिकै विवाह गरिदिई मैतालु पठाउने वेलासम्म चुल्हामा चढाइ तालिम पनि गर्थे पालो पनि पाउँथ्यो। अब ता त्यसो हुन पाएन त्यस कारण त्यो नियम भएन हटाउनु पऱ्यो भन्न खोजे भैं लाग्दछ।

---

५६. गोरखापत्र- भाग ४८, सङ्ख्या ५, (वि.सं. २००५ साल वैशाख ११)

माथि उल्लिखित सबै कुरालाई केलाएर हेर्दा यस्तो देखिन्छ कि राणाकालमा नारीको अवस्था प्राचीन युगको नारीको झैं थियो। तर, राणाकालको अन्तिम चरणमा आएर नारीहरूको लागि एउटा विद्यालय पनि खोलियो र त्यस्तै नारीलाई परम्परागत बन्धनबाट मुक्त गर्नु पर्‍यो भन्ने भावनाको जन्म पनि भइसकेको थियो।

तर पनि के भन्न सकिन्छ भने, आज प्रजातन्त्र प्राप्त भै सकेपछि, नेपालले अन्तर्राष्ट्रिय स्तरमा आफ्नो अस्तित्व कायम गर्दा त यहाँको सामाजिक बन्धनहरू परम्परावादी देखा पर्दछन् र अझ पनि नारी वर्गहरूलाई समाजमा निर्धक्क ल्याउन नचाहने पुरुष वर्ग देखा पर्दछन् भने त्यतिखेर त्यस्तो भयो भनेर केही अचम्म मान्नु पर्ने कुरा त छैन।

किनभने कानुनी रूपले तिनीहरूले त्यतिखेर पनि स्वतन्त्र पाएका थिए, तर व्यवहारमा प्रयोग भएको थिएन भने आज पनि त्यही रूपमा छ। अल्पसङ्ख्यक नारी वर्ग समाजमा निस्केर खुलेआम आफूलाई प्रस्तुत गर्न सक्नु बहुसङ्ख्यक नारीहरूको नै प्रतिनिधित्व गर्नु हो भनेर भन्न निश्चित पनि सकिदैन।

त्यसैले एक महिला लेखिका भन्छिन्-

> "२००७ सालको राजनीतिक परिवर्तन पछि नारी जागृति हाम्रो देशमा पनि फैलियो। जहाँ नारीहरूलाई शिक्षा दिनु अनुचित र अनुपयोगी ठानिन्थ्यो। त्यहाँका नारीहरूलाई पनि शिक्षा दिनु पर्दछ भन्ने आवाज उठ्न थाल्यो। यसै क्रममा केही कन्या स्कुलहरू पनि खोलियो। तर गाउँघरमा भने पुरानै रीति र रुढिवादीमा चल्ने मानिसहरूको सङ्ख्या बढी थियो र छ। नारी जातिमाथि ठूलो शोषण र अन्याय भै नै रहेको छ।"[५७]

वास्तविकमा लेखिकाको भनाइ हिजोको लागि पनि सत्य थियो र आजको लागि पनि त्यो तथ्य र सत्य नै देखिन्छ। किनभने नेपाली भन्नाको अर्थ सिर्फ उपत्यका मात्रै हैन, पूर्व मेचिदेखि महाकालीसम्मको भूमिलाई ध्यान दिनु पर्छ। उपत्यका र नेपालका केही प्रसिद्ध सहरले गाउँ र पाखाको नेतृत्व गर्न निश्चित पनि सकिदैन। नेपालीहरूमा बहुसङ्ख्यक सङ्ख्याले हिजो पनि पुरानो नीति र रुढिवाढीमा विश्वास गर्दथे, आज पनि गर्छन्, नै र अलपसङ्ख्याले हिजो पनि गर्दैनथे, आज पनि गर्दैनन् नै ...।

---

५७. श्रीमती सिंह- २०१६ सालपछिका नारीहरू, **महिला बोल्छिन्**, वर्ष ९, अङ्क ५, (वि.सं. २०२८ भाद्र), पृष्ठ ९

त्यसैले मैले भन्न खोजेको के हो भने सुधारको निम्ति हिजो पनि मुलुकी ऐन जस्तो लागु थियो। तर, व्यवहारमा भने नेपालीले नै प्रयोग हिचकिचाउँदथे र प्रयोग गर्दैनथे। त्यसैले नेपाली नारीको स्थान र अवस्था २००७ साल र २०१७ साल पछि पनि त्यस्तै नै छ, जस्तो २००७ सालभन्दा अगाडि थियो।

यस सम्बन्धी एक लेखिका भन्छिन्-

> "श्री ५ सुरेन्द्र विक्रमशाहको पालामा बनेको मुलुकी ऐनमा लोग्नेस्वास्नीको महल र प्रजातन्त्रपछिको मुलुकी ऐनमा व्यवस्थित लोग्नेस्वास्नीको सम्बन्धी महल हेर्दा स्वास्नी मानिसको अधिकारमा खास कुनै वृद्धि र परिवर्तन भएको र गरेको पाइँदैन।[५८]

त्यस्तैगरी विधवा स्वास्नीमानिसको सम्बन्धमा पनि त्यस्तै किसिमले प्रजातन्त्र अगाडिको स्थिति र पछाडिको स्थितिमा केही फरक नभएको कुरा उक्त दुवै मुलुकी ऐन हेर्दा प्रष्ट हुन्छ।

यद्यपि २०११ सालमा "नारी संरक्षण कानुन" जारी गरियो।[५९] यस्तैगरी २०११ सालमा नै नेपाल विवाह ऐन जारी गरियो।[६०] तर यसमा व्यक्त गरिएका व्यवस्थित गरिएका नियम कानुनहरू जङ्गबहादुरले बनाएका मुलुकी ऐनका विवाह सम्बन्धी ... नियम कानुनभन्दा केही फरक देखिन्न।

यहाँसम्मकी केही विद्वान्हरूले मूल्याङ्कनै नगरी भएका सुधारहरूको सम्पूर्ण जिम्मा र उत्तरदायित्व प्रजातन्त्रपछिका शाह राजाहरूलाई नै दिन्छन्। जुन यथार्थता हैन। किनभने जङ्गबहादुरले चलाएको शाह राणाको आपसआपसमा गरिने विवाह प्रथालाई परिवर्तन नगरेर, जनसाधारणसँग विवाह गर्न हिचकिचाउनेहरूबाट 'भारतका' जर्न चार्नकले वलजफ्ती सती पठाउन लाग्दाको दृश्य हेर्न नसकी त्यस विधवासित आफै विवाह गरी सती पठाउनबाट बचाएझै[६१] नेपालमा पनि विधवा समस्या समाधान गर्न र विधवाहरूलाई जनसधारणबाट स्वीकार्न प्रेरित गर्न एक विधवालाई विवाह गरेर

---

५८. सत्यभामा- माथि उल्लिखित पाद टिप्पणी नं. २, पृष्ठ ४२

५९. नेपाली नारी संरक्षण विधेयक- **नेपाल गजेट**, भाषा ४, (वि.सं. २०११/१२), पृष्ठ ८३

६०. ढुण्डीराज शर्मा- नेपाल विवाह विल २०११- **पार्लियामेन्ट र सल्लाहकार सभा**, (वि.सं. २०१६), पृष्ठ ३५४, परिशिष्ट १४

६१. डा. माधवराज पाण्डेको भनाइअनुसार

आफ्नो रानी वनाउने रणवहादुर शाहको समयदेखि यताको कुनै पनि शाह राजाहरू देखा परेका छैनन्, बाट के सुधार भयो भन्न सकिन्छ र ? त्यसैले त्यस्तो त्याग गर्न सक्नु पर्छ "परम्परालाई" त्यागेर, तब मात्र जनसधारणले पनि त्यसतर्फ आफ्नो ध्यान दिन वाध्य हुन्छन् र विना हिचकिचाहट विधवा नारीलाई स्वीकार्न तयार पनि हुन्छन्। यस्तो भएमा मात्र विद्वान्हरूको त्यो भनाइ सत्य देखिनेछ।

जेहोस् २०१२ सालको नागरिक अधिकार ऐनले सामान्य कानुनको प्रयोगमा स्त्रीपुरुषमा भेद नगरिने र सरकारी र सार्वजनिक सेवामा नियुक्ति गर्दा पनि लिंगभेद नगरिने समानताका विचारले कानुनी स्वरूप प्राप्त गर्‍यो। नेपाल अधिराज्यको संविधान २०१५ र नेपालको संविधान २०१९ ले अझ स्पष्ट र भव्यरूपमा यी विषयलाई संविधानमा नै स्थान दियो।[६२] तापनि सामाजिक व्यवहार सम्वन्धी कानुन २०२० साल श्रावण मसान्ततक वहाल रहेको मुलुकी ऐनमा असमान व्यवहार र मान्यताहरू कायम नै रहे।[६३]

यसरी २०२० भाद्र १ गतेदेखि मुलुकी ऐन लागु गरियो र जाति र लिङ्गको आधारमा असमानताको व्यवहारलाई कानुनी रूपले अन्त गरियो।

तर यस मुलुकी ऐनले नारी वर्गलाई अधिकार दिन सकेको छैन र थिएन भन्ने कुरा मुलुकी ऐनमा लागु भएको केही वर्षपछि संशोधन भएवाट नै पुष्टि गर्न सकिन्छ।

वि.सं. २०३२ मा भएको मुलुकी ऐनको सो (छैटौं) संशोधन अध्यादेश अनुरूप लोग्नेस्वास्नीको, स्त्री अंशधनको, विहावारीको समेत गरी १२ वटा महलहरूमा संशोधन गरिएको थियो। यसरी संशोधन गरिएका महलहरू सबै नारी वर्गहरूसित सम्बन्धित रहेका थिए।

यसरी संशोधन गर्नुपर्ने कारणले नै हामीलाई प्रष्ट गर्दछ कि प्रजातन्त्रपछि पञ्चायत व्यवस्था लागु भएपछि लिङ्गको आधारमा असमानताको व्यवहारलाई अन्त गरेपछि पनि नारी वर्गले पूर्ण रूपमा आफ्नो अधिकार प्राप्त गर्न नसकेको र उनीहरूको अधिकार सुरक्षित नभएको कुरा प्रष्ट हुन्छ नै।

मुलुकी ऐनलाई संशोधन गर्न आएको अध्यादेशले आफ्नो प्रस्तावनामा संशोधनको कारण यमी भन्छन्- "अन्तर्राष्ट्रिय नारी वर्षको उपलक्ष्यमा नारीहरूलाई वढी सुविधा प्रदान गर्न मुलुकी ऐनलाई तत्काल संशोधन गर्न आवश्यक भएको।"

यस संशोधनप्रति एक अधिवक्ता आफ्नो प्रतिक्रिया यसरी देखाउँछन्-

---

६२. नीरकुमार क्षेत्री- नेपाली महिला र कानुन, न्यायदूत, वर्ष ७, अङ्क २०, (काठमाडौं, वि.सं. २०३३ पुष-माघ), पृष्ठ १९

६३. ऐंजन

"... यस प्रकार अध्यादेशले ल्याएको संशोधनमा केही केही कुरामा बाहेक सामान्यत निकै नै सुधार भएको कुरालाई हामीले मान्नु पर्दछ।"[६४]

तर, यसरी नारीहरूको अधिकार र प्रगतिको लागि जेंजति गरिएता पनि नेपाली समाजको संस्कार नै तिनीहरूको स्वतन्त्रताको वाधक भइदिने हुनाले तिनीहरूलाई प्रदान गरिएको समानाधिकारहरू सिर्फ लिखित रूपमा मात्र नै रहन जाने र व्यवहारमा आउन नसक्ने प्रष्ट नै छ। अत: नारी वर्गलाई साँच्चै नै पुरुष वर्ग समान स्वतन्त्र बनाउने भए हाम्रो नेपाली समाजको संस्कार नै परिवर्तन गर्नुपर्ने अति आवश्यक देखिन्छ। अन्यथा हिजो झैं आज पनि 'नारी स्वतन्त्रता' सम्भव हुने छैन। नेपालमा नारी स्वतन्त्रता छ भनी विश्व जनमतलाई ढाँट्नु मात्र हुनेछ।

---

६४. अधिवक्ता वसन्तराम भण्डारी-"मुलुकी (छैटौं संशोधन) अध्यादेश, एक प्रतिक्रिया भ्वाइस अफ हिस्ट्री, भाग २, (नेपाल टी. यु. हिस्ट्री, एसोसियसन कीर्तिपुर, ई. सं. १९७६), पृष्ठ ७० (६५ वाट ७०)

उपसंहार

वि.सं. १९०३ को कोतपर्वदेखि २००७ सालसम्म १०४ वर्षको अवधिमा राणाहरूले सामन्तवादमा आधारित पूर्ण रूपले निरङ्कुश जहानिया एकतन्त्री शासन कायम गरेका थिए। त्यतिखेर देशमा कुनै पनि लिखित वा अलिखित संविधान थिएन। यद्यपि राणाकालको अन्तिम समयतिर यसको पनि पूर्ति हुन खोजेको थियो, तर पूरा हुन सकेन।

त्यतिखेर सरकारमाथि अङ्कुश लगाउने कुनै अंग थिएन। कार्यपालिका, व्यवस्थापिका र न्यायपालिका तीनै सरकारका अङ्गहरूमा प्रमुख श्री ३ महाराज थिए। यसरी सरकारका सबै अधिकार एकै व्यक्तिको हातमा केन्द्रिकृत भएको हुनाले तत्कालीन सरकारको प्रमुखको रूपमा रहेको श्री ३ महाराजको पद चुनौतिरहित पद थियो। श्री ३ महाराजको बचन कानुन हुन्थ्यो। जसको अपिल नेपालको कुनै पनि अदालतमा गर्न सकिंदैनथ्यो। त्यस्तै श्री ३ महाराजको कार्य वा निर्णयको चुनौती कसैले पनि गर्न सक्दैनथ्यो। उनको फैसला नै अन्तिम मानिन्थ्यो। त्यसैले यस समयमा के भनिन्थ्यो भने 'श्री ३ महाराजको हुकुम निर्णय सबै जिब्रोमा थियो। विभिन्न प्रकारको छाप त्यतिखेर भएता पनि "जिब्रोको छाप' (हुकुम) वडो डरलाग्दो हुन्थ्यो।" यस्तैगरी राणा प्रधानमन्त्रीलाई अझ बढी शक्तिशाली पजनी प्रथाले बनाएको थियो। जुन प्रथाले गर्दा श्री ३ महाराजमा निहित थियो। त्यसकारण प्रशासकहरूको मुख्य उद्देश्य शासकलाई रिझाइ विश्वास प्राप्त गर्नु हुन्थ्यो, न कि जनताको सेवा गर्नु ...। त्यसकारण सबै कर्मचारीहरू प्रधानमन्त्रीको दरबारको ढोका र आफ्नो अड्डाको उच्च राणा हाकिम (राणा जर्नेल)को दरबारको ढोका कुर्ने गर्दथे। जसबाट प्रधानमन्त्री र राणा जर्नेलको आँखामा त्यस कर्मचारी राम्रो दृष्टि पर्न जावोस् र आफ्नो जागिर थाम्न समर्थ रहून्। तर यसको विपरीत अड्डाको राम्रो कार्य गरी आफ्नो स्थिति राम्रो बनाउनेपट्टि उनीहरूको ध्यान भने जादैनथ्यो। त्यसैले अड्डाका कर्मचारीहरू जनताको सेवा गर्नु, अड्डाको कार्य गरी जनतालाई सुविधा दिनुभन्दा बढी राणा परिवारको सेवा गर्न र उनीहरूलाई नै खुशी गराउन चाहन्थे।

यसरी परम्परागत तरिकाले राज्यको रूपमा नेपाल रहेको थियो। नेपालका शासक परम्परागत सम्पूर्ण राजकीय अधिकारद्वारा सुसम्पन्न थिए। त्यसबेलाको नेपालमा आधुनिक युगको जनकल्याणकारी राज्यको कुनै पनि गुण विद्यमान थिएन। सरकारको मुख्य काम राजस्व उठाउनु र देशमा शान्ति सुव्यवस्था कायम गर्नु थियो।

नेपाली जनता सबै राजनीतिक अधिकारवाट वञ्चित गरिएको थियो। सर्वसाधारण जनताको स्थिति कुनै जमिन्दारको जमिन्दारीमा बसोवास गरिरहेको रैतिहरूको भन्दा भिन्न थिएन।

देशका राज्य प्रमुख श्री ५ महाराजाधिराज भएता पनि वास्तविक शासक श्री ३ महाराज नै थिए। श्री ३ महाराजले श्री ५ महाराजाधिराजलाई खेलौना झैं आ-आफ्ना अधिकारवाट वञ्चित गराई राज्यका सर्वेसर्वा भई देशको शोषण गर्दै आएका राणा प्रधानमन्त्री तथा श्री ३ महाराज एक राजनीतिक खलनायकको रूपमा देखा पर्दछ। तर पनि राणाहरूले राजालाई खुव मान मर्यादा गर्दथे। कुनै पनि ऐन सनद बनाइ देशमा लागू गर्नु परेमा राजावाट स्वीकृति गराउँथे।

राणाकालीन शासन निरङ्कुश र सामन्ती थियो। तापनि प्रशासकीय व्यवस्था देशमा लागू थियो। राणा शासनको अभ्युदय नहुन्जेलसम्म प्रशासकीय व्यवस्थामा जनमतको कदर थियो। तर पछि यो भने भएन। यसरी राणाहरू केही कामहरू आफू खुशीले गर्दथे, तापनि राजाको लालमोहर गराउँथे। उदाहरणमा १९९७ सालमा प्रजापरिषद्का व्यक्तिहरूलाई उनीहरूको खुशी र इच्छा अनुरूप मृत्युदण्ड दिएता पनि, त्यसमा श्री ५ त्रिभुवनको लालमोहर गराएका थिए। तर नीति निर्धारण गर्दा मुख्तियारको छाप लाग्नुका साथै कहिलेकाहीं उनीहरू इस्तिहार पनि प्रयोग गर्दथे। राणाहरूले कुनै कुराको निर्धारण गर्न आफ्नो नै छाप 'खड्ग निशाना' खडा गरेका पनि थिए। त्यसैद्वारा काम चलाउँदथे।

यसप्रकारको अधिकार लिएता पनि उनीहरूले किन राजतन्त्र र राजालाई यथावत् नै कायम गरिरहे त ? भन्ने प्रश्न उठ्न सक्दछ। यसको कारणहरू दुई वटा देखा पर्दछ।

पहिलो कारण अनुरूप ई. सं. १८५६ मा जङ्गबहादुरले राजाको सम्पूर्ण अधिकार प्रयोग गर्न पाउने लालमोहर पाएपछि, त्यसलाई आफूपछिका राणा प्रधानमन्त्री श्री ३ महाराजमा क्रमशः जाने गरेका थिए ले राजा नाम मात्रका हुन गएका थिए। त्यस लालमोहरले गर्दा राणा प्रधानमन्त्री, श्री ३ महाराजले कुनै पनि कार्य गर्दा राजासित सम्पर्क र सल्लाह राख्नु र गर्नु पर्दैनथ्यो। जसले गर्दा उनीहरू स्वतन्त्र रूपले कार्य गर्न सक्दथे। त्यसैले त्यस लालमोहरले नै गर्दा 'उनीहरूले राजाबाट केही अवरोध नआउने भएकोले राजालाई र राजतन्त्रलाई हटाउनु पर्ने आवश्यकता नै देखेनन् र यथावत् नै कायम राखे। तर पनि राजाको सम्मान राख्न कुनै लालमोहर

राजीखुशी नै गराउँदथे भने कुनै बलजफ्ती पनि गराउँदथे। जसको वास्तविकमा उनीहरूलाई कुनै आवश्यकता नै हुँदैनथ्यो।

यस्तैगरी दोस्रो कारण अनुरूप नेपालको धार्मिक परम्परा र विश्वास अनुरूप राजालाई 'विष्णुको अवतार' मानी सम्मान गरिन्थ्यो र आज पनि गरिन्छ नै। त्यसैले राजालाई खतम गर्दा त्यसको असर नेपाली समाजमा पर्न जाने र त्यसले गर्दा आफ्नो शासन पद्धतिमा पनि खतरा उत्पन्न हुन सक्ने सम्भावनालाई ख्यालगरी राजतन्त्र र राजालाई कायम नै राखेका थिए भन्न सकिन्छ।

त्यसैले राणा प्रधानमन्त्री र श्री ३ सरकार भएता पनि 'राजाको अधिकारप्रयोग गरी नेपालको राणा शासक' भएका थिए कहलाइन्थ्यो।

यस्तैगरी राणाहरूको शासनकाल सैनिक शासनजस्तै थियो। किनभने महाराज प्रधानमन्त्रीदेखि तल्लो रोलक्रममा कमान्डर-इन-चिफ हुन्थ्यो, जो सैनिक तथा सार्वजनिक कार्यालय दुवैको प्रमुख हुन्थ्यो। जङ्गी तथा निजामतीका ठूलाठूला पदमा राणाहरू मात्र नियुक्ति गरिन्थे। यसरी राणा शासकले नयाँ भारदारी प्रथाको सुरु गरे जसमा आफन्तहरूलाई नियुक्ति गर्ने गरेका थिए।

तर पनि राणाकालीन समयमा खुलेका ती अड्डा अदालतहरू, त्यतिखेर जस्तोसुकै रूपमा भएता पनि आजको प्रशासनिक रूपरेखा तयार गर्ने अड्डा अदालतको पृष्ठभूमिको रूपमा खडा भएका प्रारम्भिक रूप थिए भनेर भन्न सकिन्छ।

राणाकालको सुरु समयतिर नेपाली जनताहरूमा शिक्षाको कमी थियो। त्यसैले त्यसबेलाको समाज परम्परा अन्धविश्वासको कालो कुवामा रहेको थियो। राणा शासनकालमा पहिलो त स्कुलहरूको सङ्ख्या छँदै थिएन। तर, रणोद्दीप सिंह र वीरशमशेरको समयमा भने स्कुलहरूको सङ्ख्या बिस्तारै बढ्न गएको थियो। तर पछि देवशमशेरको समयमा स्कुलहरूको सङ्ख्या यति उग्ररूपमा छिटोछिटो बढ्यो, त्यसलाई पछि चन्द्रशमशेरले रोक्ने प्रयास गर्दा पनि असफल भएका थिए र बाध्य भएर 'शिक्षाको विकास गर्ने कार्यमा सहयोग गर्नु परेको थियो।'

जुद्धशमशेर र पद्मशमशेरको समयमा त शिक्षा विकास दिनपर दिन बढ्दै गएको थियो। पद्मशमशेरको समयमा त पहिलोपल्ट कन्याहरूका निम्ति पनि विद्यालय खोलिएको थियो। यसरी जनतामा शिक्षाको प्रचार हुँदै गयो।

यसरी थोरै भए पनि राणा कालमा शिक्षाको प्रचार भएको थियो। त्रि-चन्द्र कलेज जस्तो शैक्षिक संस्थाहरू खुलेका थिए। ती संस्थाका विद्यार्थीबाहेक भारतमा शिक्षा प्राप्त गरी फर्कने विद्यार्थीहरू पनि थिए। तिनीहरू त्यसबेला दक्षिणी एसियामा

आएको जागरणबाट प्रभावित थिए। विशेषगरी भारतीय जनआन्दोलनबाट प्रभावित थिए। डिल्लीरमण रेग्मी, विश्वेश्वरप्रसाद कोइराला जस्ता कैयौं क्रान्तिकारीहरूले त भारतको जनसंघर्षमा प्रत्यक्ष रूपमा भाग लिई प्रशिक्षित भएका थिए। त्यस्तै अरू उदाहरणमा माधवराज जोशी, शुक्रराज शास्त्रीलाई लिन सकिन्छ। तिनीहरू दयानन्द सरस्वतीको आर्य समाजद्वारा प्रभावित थिए। देशमा व्याप्त अन्धविश्वास हटाउने सर्वप्रथम प्रयत्न माधवराज जोशीबाट भएको थियो। त्यस कार्यलाई अझ अगाडि बढाउने कार्य उनकै सुपुत्र शुक्रराज शास्त्रीबाट भयो। गङ्गालाल पनि त्यसबेला त्रि-चन्द्र कलेजका विद्यार्थी नै थिए। यसरी शिक्षाको प्रसारले गर्दा जनजागरण बढ्दै थियो। शिक्षितहरूको सङ्ख्या बढ्दै थियो।

यसरी दिनपर दिन बढ्दै गएको शिक्षितहरूको सङ्ख्याले देशभित्रका नेपाली जनतामा जागृतिको भावनाको प्रचार गर्न थालिसकेको थियो। त्यही बेला नेपाली जनतालाई बढी राणाको विरुद्ध जागृत गर्न भारतबाट विभिन्न नेपाली पत्रपत्रिकाहरूको प्रकाशन हुन लागेको थियो। ती पत्रिकाको मुख्य काम राणा शासनको दोष र गल्तीहरू देखाइ पोल खोल्नु र जनताहरूलाई क्रान्तिको लागि आह्वान गर्नु थियो।

यस्तैगरी देशभित्रका शिक्षित वर्गहरूले गोप्य रूपमा राजनीतिक दलहरू पनि खोल्न थाले। जसले गर्दा पछाडि राणा शासनको अन्त पनि भयो।

यसरी २००७ सालको क्रान्तिको भूमिका तयार गर्ने काममा शिक्षाको ठूलो योगदान रहेको थियो। त्यसैले के भन्न सकिन्छ भने राणाहरूले नै शिक्षा दिई जुन प्रकारले शिक्षितहरूको सङ्ख्या बढाइ जनचेतना ल्याए त्यसले नै गर्दा राणा शासनको पतन हुन गएको थियो। त्यसैले त्रि-चन्द्र कलेज उद्घाटन गरी फर्केपछि व्यक्त गरेका उद्गार ठिकै थियो भन्न सकिन्छ।

यस्तो हुँदाहुँदै पनि अर्थात् चन्द्रशमशेरलाई आफ्नो देशमा शिक्षाको विकास गर्दा आउन सक्ने खतरा हुँदाहुँदै पनि किन त्यसको विकास गर्न पट्टि ध्यान दिए त भन्ने प्रश्न उठ्न सक्दछ ? यसको जवाफमा दुई कारण बताउन सकिन्छ।

त्यतिखेरसम्ममा नेपालीहरूमा दिनपर दिन शिक्षाको चाहना केही हदसम्म बढ्दै गइरहेको थियो। जसले गर्दा उनीहरू शिक्षा वा उच्च शिक्षा प्राप्त गर्न भारततिर जान थालेका थिए, गइरहेका थिए। यस प्रकारको बढ्दो भावनाले गर्दा नेपाललाई र राणा शासनलाई दुई प्रकारले असर पारेको थियो। पहिलो कारणमा नेपाली विद्यार्थीहरू त्यस प्रकारले भारतमा शिक्षा प्राप्त गर्न जाँदा नेपाललाई आर्थिक असर परेको थियो भने दोस्रो कारणमा त्यतिखेर भारतमा चलिरहेको राष्ट्रिय आन्दोलनमा वा स्वतन्त्रता

आन्दोलनको प्रभाव नेपाली विद्यार्थीहरूलाई पर्न सक्दथ्यो, परेको पनि थियो नै। जसले गर्दा राणा शासनलाई नराम्रो खतराको उतपन्न गर्न सक्दथ्यो। त्यसैले आर्थिक असर नपार्न र राष्ट्रिय आन्दोलन वा स्वतन्त्र आन्दोलनको प्रभाव नेपाली विद्यार्थीहरूलाई नपार्नको निम्ति चन्द्रशमशेरले स्वदेशमा नै उच्च शिक्षा दिने व्यवस्था गरेका थिए। तर पनि चन्द्रशमशेरको त्यो उद्देश्य पूरा हुन भने सकेन र नेपालमा नै भएको शिक्षाको विकासको साथै भारतबाट पर्न आएको प्रभावले गर्दा २००७ सालको क्रान्तिको कारणहरूमध्ये शिक्षाको विकास पनि एउटा मुख्य कारण हुन गयो नै।

यसरी उनीहरूले गरेको शिक्षाको विकासले उनीहरूको नै पतन गर्‍यो।

राणा शासनकालमा धर्मको ज्यादै महिमा थियो। वास्तवमा उनीहरूले धर्मको आडमा नै रहेर शासन चलाउन सकेका थिए। जनताहरूमा हिन्दू धर्मको नियम कानुन लगाएर आफ्नो शासनको शक्ति राणा शासकहरूले बढाएका थिए, मजबुत गराएका थिए।

राणा शासकहरू परम्परादेखि चलिआएको जातीय प्रथालाई कायम राख्न चाहन्थे र धेरै हदसम्म उनीहरू यस कुरामा सफल पनि भएका थिए। जातीय व्यवस्थामा ब्राम्हण सवैभन्दा ठूलो जात मानिन्थ्यो। त्यसभन्दा पछि क्षेत्री वर्ग आउँथे। क्षेत्री वर्गपछि तल्लो स्तरमा नेवार, राई, लिम्बू, मगर, थारू, थकाली आदि जाति पर्दथे। यिनीहरूभन्दा तल्लो तहमा पानी नचल्ने छोएमा छिटो हाल्नु नपर्ने जात मुसलमान, मदेशका तेली, कुसले, धोवी, कुलु म्लेच्छ गनिन्थे। यसभन्दा तल्लो तहमा छिटो हाल्नु पर्ने कामी, दमाई, सार्की, सुनार, गाइने, वादी, पोडे च्यामे र बुद्ध धर्माबलम्बीहरू खासगरी नेपालको उत्तरी भागमा बस्ने भोटे जातिहरूमा कमारा आदि गनिन्थे। यसरी राणाकालीन समयमा ऐनद्वारा नै जातीय व्यवस्था कायम गरिएको थियो कुनै पनि जात जातिको परम्परादेखि चलिआएको सामाजिक रीतिस्थितिको परम्परामा राणाहरूले कुनै प्रकारका वन्देजहरू लगाएका थिएनन्। बरु त्यसलाई कायम गराउन नै कटिबद्ध भएका थिए। यस वाहेक समाजमा रहेका केही कुरीतिको अन्त्य गराउन भने समय समयमा कानुन वने त्यसैले समष्टि रूपमा राणाकालीन समाज त्यही रूपमा नै रह्यो।

जङ्गवहादुरले कौशल खडा गरी ऐनको सङ्ग्रह गर्दा धार्मिक परम्परा र जातीयनालाई वढी जोड दिएका थिए। तर, पनि नेपालको इतिहासमा यो पहिलो लिखित ऐन थियो। यस ऐनद्वारा बालविवाह सती प्रथा जस्तो नारी जातिमा रहेको अमानवीय प्रथा हटाउन ठूलो प्रयास गरेका थिए। यसले विधवा विवाह र नारी जातिको सम्पत्तिसम्बन्धी हकको पनि सुरक्षा गर्न खोजेको (देखिन्छ) छ। यसलाई

त्यसबेलाको अन्धविश्वासले जकडिएको समाजको लागि एक क्रान्तिकारी कदम मान्नु पर्दछ। यस्तै गरी यस ऐनले बाधा र कमारा कमारी प्रथा हटाउन विभिन्न बन्देज लगाएको थियो। यद्यपि सो प्रथामा धेरै सुधार ल्याउन सके पनि बन्द गर्न भने उनी असफल नै भए।

यसरी जङ्गबहादुरले जङ्गी तथा निजामती विभाग खोल्नाका साथै पहिलादेखि चलिआएको प्रशासनिक संस्थामा धेरै सुधार ल्याएका थिए, गरेका थिए।

जङ्गबहादुरपछिका प्रधानमन्त्रीहरूले पनि समाजमा रहेका सामाजिक मान्यतालाई विभिन्न प्रकारले अगाडि नै झैं कायम गरेका थिए। तापनि चन्द्रशमशेरले युगौंदेखि चलिआएको सती प्रथा र कमाराकमारी प्रथालाई सदाका लागि निर्मूल गरिदिए। यिनले देशमा रहेको प्रशासनिक अङ्गलाई नवीकरण गरी आधुनिक ढङ्गले स्थापना गरेका थिए। जुद्धशमशेरले नेपाललाई पहिलोपल्ट आधुनिकीकरण गर्ने कार्यको योजना बनाइ, त्यसलाई चलाएका थिए भने पद्मशमशेरले नेपालमा पहिलोपटक लिखित संविधान लागु गरी जनतालाई मौलिक अधिकार प्रदान गरी देशमा नगरपालिकाको चुनाव पनि गराएका थिए। अन्तिम प्रधानमन्त्री श्री ३ महाराज मोहनशमशेरको पालामा सो राणा शासनको सदाको लागि अन्त्य भएको थियो।

यस प्रकार राणाहरूले नेपाली समाजलाई बाह्य संसारबाट अलग्याएर अन्धकारमा राखी एकतन्त्री तानाशाही शासन चलाएका थिए। उनीहरूको शासनकालभर नै जनताले राजनीतिमा भाग लिन पाएनन्। यद्यपि राणाहरूले ऐन कानुन त बनाएका थिए, तर कहिलेकाहीं आवेशमा आएर कानुनको अपहेलना गर्न पनि पछि पर्दैनथे। उनीहरू सर्वसाधारण जनतालाई केही गर्दैनथे। चाकरीवाजलाई मात्र आफ्ना नजिकका सम्झन्थे। उनीहरूको नीति व्यक्तिवादी भएको हुनाले देशको संस्कृतिको पुनरोत्थान गर्न केही वास्ता गरेनन्। कहिलेकाहीं मुर्ख्याइँले गर्दा असल र खराब व्यक्तिहरूको मूल्याङ्कन गर्न सक्दैनथे। यिनै कुराहरू राणा शासकका खरावी थिए। यसरी नै राणाहरू ठूलो पद पाउन अनैतिक काम गर्न पछि पर्दैनथे भन्ने कुरा प्रधानमन्त्री रणोद्दीप सिंहको हत्या र देवशमशेरको निष्काशनले नै प्रष्ट गर्दछ। जे भए पनि राणाहरू जनताले राजनीतिक कुरामा आरोप नगरून् भन्ने चाहन्थे। तर पनि देशलाई स्वतन्त्र रूपमा राखी अङ्ग्रेजको साम्राज्यवादी नीतिलाई पनि मैत्रीभावले विजय प्राप्त गरेर शासन गरेका थिए। यसमा पनि राणाहरूलाई श्रेय दिनु पर्दछ। माथि उल्लेख भएका केही कुराबाहेक राणा शासनकालमा पनि जनताका लागि सुधार कार्य नभएको हैन। तर उनीहरूले परम्परादेखि चलिआएको कुनै पनि संस्कृति तथा

मान्यतामा भने अवरोध ल्याएनन्, ल्याउन पनि चाहेनन्। जसले गर्दा अन्धकार र अन्धविश्वासले ग्रसित राणाकालीन समाजमा नै पुरातन कुरीतिहरू प्रचलित थिए। वाल विवाह, अनमेल विवाह, वहुविवाह, छुवाछूतको चलन आदि सामाजिक कुरीतिहरू निर्वाध रूपमा प्रचलित थियो। त्यति मात्र हैन कि कसैको जात लिने वा दिने जस्तो कामसमेत राणाकालको अन्तिम समयसम्म पनि सरकारले नै गर्दथ्यो।

हुन त कट्टर पुरातनपन्थी र अशिक्षित नेपालीहरूका लागि उपर्युक्त कुरीतिहरू आवश्यक तत्त्व थिए। प्रजातन्त्रको स्थापनापछि जन्मेको गोरखादलको नारा त 'सनातन धर्मको संरक्षण" थियो। तर, आधुनिक विचारधाराका मानिसहरू राणाको उपर्युक्त नीतिबाट सन्तुष्ट थिएनन्। उदाहरणका लागि माधवराज शास्त्री, शुक्रराज शास्त्री आदि आर्य समाजका सदस्यहरूलाई लिन सकिन्छ।

त्यसकारण राणाको सनातनपन्थी नीति पनि एउटा कारण थियो, जसले २००७ सालको क्रान्ति गराउन भूमिका तयार पारेको थियो।

राणा शासनको अन्त्य भएको पनि ४० वर्ष भयो। देशमा समयको परिवर्तनअनुसार नेपालको सामाजिक अवस्थामा पनि धेरै परिवर्तन भएको देखिन्छ। तर पनि व्यवहारमा भने राणाकालमा भएका सामाजिक रीतिस्थिति केही मात्रामा विद्यमान नै छन्। राणाकालमा भन्दा अहिले नेपालमा द्रूतगतिले शिक्षाको विकास भएको हुनाले समाजमा अन्धविश्वास हट्दै गएका छन्। सिद्धान्त रूपमा पहिलाको भन्दा नारीको स्थान तथा प्रतिष्ठामा साथै सुरक्षाको व्यवस्था भएको छ। कानुनी रूपले नारीलाई समान अधिकार भए पनि व्यावहारिक रूपमा भने अझै हाम्रो समाजमा नारीहरूमाथि पुरुषको दवाब हटेको छैन। आज भोलि प्रशासनिक दृष्टिकोणले जातिपाति छुवाछूतको व्यवस्था गैर कानुनी ठहरिन्छ। तापनि गाउँ घरमा यसको अझै बाहुल्य देखिन्छ। हाम्रो देशमा धार्मिक स्वतन्त्रता छ तापनि व्यावहारिक रूपमा भने लागु भएको छैन भन्दामा अत्युक्ति नहोला। अशुद्ध जाति मानिने कामी, दमाई, सार्की आदि हिन्दू भएता पनि देवालय मन्दिरमा अरू जाति जस्तो भित्र पसेर पाठ पूजा गर्न पाउँदैनन्। मुसलमानहरू गाई काटी खान्छन् तर नेपालमा यस्तो गर्नु हिजो पनि गैर कानुनी थियो, आज पनि छ नै। हिन्दू मन्दिर देवालयमा बाहिर ढोकामा नै "हिन्दूहरूको लागि मात्र प्रवेश" लेखिएका छन्। यी सबै कुराहरूलाई हेर्दा नेपालमा धार्मिक स्वतन्त्रता भए पनि केही कुरामा भने बन्देज अझै छँदैछ भन्न सकिन्छ।

यद्यपि राणाकालमा भन्दा आजभोलि केही सामाजिक कुरीति हटेर गएका छन् तापनि धेरैजसो सामाजिक रीतिरिवाज, चालचलन, धर्म परमपरा, जातिपाति, छुवाछूत तथा संस्कृति आदि विद्यमान छन् भन्नु केही गल्ती हुँदैन।

पुस्तक सूची

अप्रकाशित स्रोत

१. कार्की, जया- "नेपालमा सती प्रथा एक ऐतिहासिक अध्ययन" स्नातकोत्तरको शोधपत्र, (नेपाल, त्रि.वि. इतिहास विभाग, वि.सं. २०३१)
२. निरौला, जयनारायण- "राणाकालीन सामाजिक अवस्था" स्नातकोत्तरको शोधपत्र, (नेपाल, त्रि.वि. इतिहास विभाग, अप्रकाशित वि.सं. २०२६।
३. वडाकाजी, माणिकलाल- "राणाहरूको निजामति शासन प्रणाली" अप्रकाशित
४. मानन्धर, श्रीमती सत्यभामा- "नेपालमा नारीहरू एक ऐतिहासिक अध्ययन" स्नातकोत्तरको शोधपत्र, त्रि.वि. इतिहास विभाग, अप्रकाशित वि.सं. २०३६

डकुमेन्टस् र रिपोर्टहरू

१. श्री ५ सुरेन्द्र विक्रम शाहदेवको पालमा बनेको मुलुकी ऐन (१९१० साल) काठमाडौं, श्री ५ को सरकार, कानुन तथा न्याय मन्त्रालय, वि.सं. २०२२।
२. वि.सं. १९६१ सालमा बनेको मुलुकी ऐन- (चन्द्रशमशेरको पालमा बनेको) काठमाडौं, पशुपति छापाखाना (हाल राष्ट्रिय अभिलेखालयवाट प्राप्त)।
३. वि.सं. १९७७ सालमा बनेको मुलुकी ऐन (चन्द्रशमशेरको पालमा बनेको) काठमाडौं, पशुपति छापाखाना (हाल राष्ट्रिय अभिलेखालयवाट प्राप्त)।
५. वुच, एन. एम. एन्ड अदर्स- रिपोर्ट अफ द नेपाल एडमिनिस्ट्रेसन रि-अर्गनाइजेसन कमिटी- नयाँ दिल्ली, गभर्मेन्ट अफ इन्डिया, मिनिस्टर अफ एक्सटर्नल एफिसर्स, ई. सं. १९५२।
६. सर्वाङ्गीण राष्ट्रिय शिक्षा समितिको रिपोर्ट- काठमाडौं, नेपाल शिक्षा विभाग, श्री ५ को सरकार शिक्षा मन्त्रालय, वि.सं. २०१८।
७. हिम्सओर्थ, ई- द फिजीकल सिस्टम अफ नेपाल : ए रिपोर्ट टु हिज मेजिस्ट्रिज गभर्मेन्ट, काठमाडौं, युनाइटेड नेसनल, टेक्निकल एसिस्टेन्स अर्गनाइजेसन, ई. सं. १९५९ (साइक्लो स्टाइल कपी)।
८. श्री ३ महाराजबाट करियाहरूलाई अमलेख गराउने बारेमा वक्सेको स्पीच, सं. सु. राममणि आ.दी., काठमाडौं नेपाल, शान्ति निकेतन, वि.सं. १९९१ मार्ग।

नेपाली पुस्तकहरू

१. अर्याल, ईश्वरराज- **नयाँ नेपालको इतिहास**, काठमाडौं, रत्न पुस्तक भण्डार, १७ औं प्रकाशन, वि.सं. २०३५।

२. आचार्य, बाबुराम- **श्री ५ बडामहाराजधिराज पृथ्वीनारायण शाहको संक्षिप्त जीवनी**, भाग १, राजदरबार, नेपाल श्री ५ महाराजाधिराजको प्रेस सचिवालय, वि.सं. २०२४।

३. आचार्य, बाबुराम- **नेपालको संक्षिप्त वृत्तान्त**, काठमाडौं, प्रमोदशमशेर र नीरविक्रम प्यासी, वि.सं. २०२२।

४. आचार्य, दीक्षित, काशीनाथ- **भएका कुरा**, सं. नरेन्द्रमणि आ.दी., शान्ति निकेतन वि.सं. २०३१।

५. आचार्य, दीक्षित, रामणि- **पुराना सम्झना**, सं. केशवमणि आ.दी., काठमाडौं श्रीमती नलिनी देवी आ.दी., वि.सं. २०२९।

६. उपाध्याय, श्यामप्रसाद- **नेपालमा प्रशासनिक व्यवस्था**, काठमाडौं, साझा प्रकाशन वि.सं. २०२३।

७. गौतम, राजेश - **नेपालको प्रजातान्त्रिक आन्दोलनमा नेपाल प्रजा परिषद्को भूमिका**, ठमेल, काठमाडौं, राजेश गौतम, वि.सं. २०४६।

८. ज.ब.रा., पुरुषोत्तमशमशेर- **श्री ३ हरूको तथ्य वृत्तान्त**, वाराणसी, पशुपतिशमशेर ज.ब.रा., वि.सं. २०४७।

९. **जङ्गबहादुरको बेलायत यात्रा**, सं. कमलमणि दीक्षित, काठमाडौं, साझा प्रकाशन, वि.सं. २०३०।

१०. देवकोटा, गृष्मबहादुर- **नेपालको छापाखाना र पत्रपत्रिकाको इतिहास**, काठमाडौं, केशवप्रसाद लम्साल, प्रथम संस्करण, वि.सं. २०२४।

११. नेपाली, चित्तरन्जन- **भीमसेन थापा र तत्कालीन नेपाल**, काठमाडौं, रत्नपुस्तक भण्डार, दोस्रो संस्करण, वि.सं. २०१२।

१२. नेपाली, चित्तरन्जन- **रणबहादुर शाह**, काठमाडौं, श्रीमती मेरी राजभण्डारी, वि.सं. २०२०।

१३. पंगेनी, भविश्वर- **पाल्पामा प्रजातान्त्रिक आन्दोलनका सय दिन** (२००७), काठमाडौं, श्रीमती निमा पंगेनी, वि.सं. २०४९।

१४. पन्त, साम्वभक्त- **नेपालमा जन प्रशासन**, काठमाडौं, नैनादेवी पन्त, वि.सं. २०३३।

१५. पाण्डे, भीमवहादुर- **राष्ट्रभक्तिको झलक**, काठमाडौं, रत्नपुस्तक भण्डार, वि.सं. २०१४।

१६. पाण्डे, भीमवहादुर- **त्यसबखतको नेपाल**, भाग ५, ललितपुर नेपाल, साझा प्रकाशन, वि.सं. २०४२।

१७. वज्राचार्य, धनबज्र र श्रेष्ठ, टेकवहादुर- **नुवाकोटको ऐतिहासिक रूपरेखा**, कीर्तिपुर नेपाल, त्रि.वि. नेपाल र एसियाली अध्ययन संस्थान, वि.सं. २०३२।

१८. वज्रचार्य, धनवज्र- **लिच्छविकालको अभिलेख**, कीर्तिपुर नेपाल, त्रि. वि. वि. र एसियाली अध्ययन संस्थान, वि.सं. २०३०।

१९. **बाबुराम आचार्य र उनका कृतिहरू**, कीर्तिपुर, नेपाल र एशियाली अध्ययन संस्थान, त्रि.वि.वि., वि.सं. २०२९।

२०. भण्डारी, ढुन्डीराज- **नेपालको आलोचनात्मक इतिहास**, काठमाडौं, प्रकाशन, वि.सं. २०२७।

२१. यमी, धर्मरत्न- **नेपालका कुरा**, काठमाडौं, यमी प्रकाशन, वि.सं. २०१४।

२२. योगी, नरहरिनाथ- **दिव्य उपदेश**, पृथ्वीको अर्ती, वाराणसी, योग प्रचारिणी महासभा, सातौं प्रकाशन, वि.सं. २०१६।

२३. रेग्मी, डा. जगदीशचन्द्र- **शाहकालीन कला र वास्तुकला**, काठमाडौं, साझा प्रकाशन, वि.सं. २०३३।

२४. सम, बालकृष्ण- **मेरो कविताको आराधना**, काठमाडौं, नेपाल, राजकीय प्रजा प्रतिष्ठान, वि.सं. २०३३।

२५. स्वाँर, तारामान- **केही शैक्षिक संस्मरण**, काठमाडौं, अम्बिकादेवी स्वाँर, वि.सं. २०३७।

२६. शर्मा, गोपीनाथ- **नेपालमा शिक्षाको इतिहास**, नेपाल, श्रीमती हेमकुमारी शर्मा, वि.सं. २०४३।

२७. शर्मा, बालचन्द्र- **नेपालको ऐतिहासिक रूपरेखा**, वाराणसी, दूध विनायक, कृष्णकुमारी, वि.सं. २०३९।

२८. शर्मा, मेदिनीप्रसाद- **नेपालको आधुनिक इतिहास**, भाग १, विराटनगर नेपाल, जानुका प्रकाशन, दोस्रो प्रकाशन, वि.सं. २०३५।

२९. शास्त्री, हरगोविन्द- **मनुस्मृति**, वाराणसी, चोरम्वा संस्कृत सिरिज अफिस, वि.सं. २०११।

अङ्ग्रेजी पुस्तकहरू

१. अर्याल, कृष्णराज- **एजुकेसन फर द डेभ्लोप्मेन्ट अफ नेपाल**, काठमाडौं, शान्ति प्रकाशन, शान्ति सदन, ई. सं. १९७०।

२. अग्रवाल, एच. एन.- **द एडमिनिस्ट्रेसन अफ नेपाल**, न्यू दिल्ली, विकास पब्लिकेसन हाउस प्रा. लि., ई. सं. १९७६।

३. ईश्वरीप्रसाद- **द लाइफ एन्ड टाइम अफ महाराज जुद्धशमशेर, जङ्गबहादुर राणा अफ नेपाल**, न्यू दिल्ली, एसियन पब्लिसिङ्ग हाउस, ई. सं. १९७५।

४. उड, एच. वि.- **द डेभ्लोप्मेन्ट अफ एजुकेसन इन नेपाल**, वासिंगटन, डिपार्टमेन्ट अफ हेल्थ एजुकेसन एन्ड वेलफर अफिस अफ एजुकेसन, ई. सं. १९७६ (बुलेटिन नं. ५)।

५. उप्रेती, त्रैलोक्यनाथ- **फिनानसियल इलिमेन्टरी एजुकेसन इन नेपाल**, ओरिगन इन्डियन, नेपाल अमेरिकन एजुकेसन फाउन्डेसन, ई. सं. १९७२।

६. ओल्डफिल्ड एच. ओ.- **स्केच फ्रर्म नेपाल**, न्यु दिल्ली, कोस्मी पब्लिकेसन्स, भाग २, ई. सं. १९७४।

७. खत्री, टेकबहादुर- **द प्रोस्टेज स्ट्याम्पस अफ नेपाल**, काठमाडौं, शारदा कुमारी के.सी., दोस्रो प्रकाशन।

८. गुप्ता, अनिरुद्रप्रसाद- **पोलिटिक्स इन नेपाल**, बम्बई, एलाइड पब्लिसर्स प्राइभेट लिमिटेड, ई. सं. १९६४।

९. जिमलेट, जि. डि. एच.- **नेपाल एन्ड नेपलिज**, लन्डन, एच. एफ. एन्ड जी. उथरवी, ई. सं. १९२८।

१०. जैन, एम एस- **इमरजेन्स अफ ए न्यू एरिस्टोक्रेसी इन नेपाल**, आग्रा श्री राम मेहरा एन्ड कम्पनी, ई. सं. १९७२ अक्टोबर।

११. जोशी, वि. एल. एन्ड रोज, लिओ इ.- **डेमोक्रेटिक इनोभेन्सन इन नेपाल**, वर्कर्ली, युनिभर्सिटी अफ क्यालिफोर्निया प्रेस, ई. सं. १९६६।

१२. टुकर, फ्रान्सिस- **गोरखा : द स्टोरी अफ द गोरखा अफ नेपाल**,लन्डन कन्स्टेवल एन्ड कम्पनी लिमिटेड, ई. सं. १९५७।

१३. डब्लु कर्कप्याट्रिक- **एन एकाउन्टस् अफ द किंगदम अफ नेपाल**, न्यु दिल्ली, एशियन पब्लिसिंग सर्विस- पुनः प्रकाशन ई. सं. १९७५।

१४. डेभिस, ह्यासोल्डर- **नेपाल ल्यान्ड अफ माइस्ट्री**, लन्डन, रिडर युनियन, ई. सं. १९२३।

१५. थापा, नेत्रविक्रम- **ए सर्ट हिस्ट्री अफ नेपाल**, काठमाडौं, रत्न पुस्तक भण्डार, ई. सं. १९७३।

१६. थोमस, पि.- **हिन्दू रिलिजन कस्टम एन्ड म्यानर**, बम्बई टारापोरे, मेला, ई. सं. १९५६।

१७. **नेपाल शिक्षा**- सं. रुद्रराज पाण्डे र अरूहरू, काठमाडौं नेपाल, कलेज अफ एजुकेसन (कपिराइट) ई. सं. १९५६।

१८. नोर्दी, डब्लु ब्रुक र मोरीस, सि. जे.- **द गोर्खाज देयर म्यानर एन्ड कस्टम**, लन्डन, वोडले ई. सं. १९२८।

२०. पेटेज, लुसियानो- **मिडिभल हिस्ट्री अफ नेपाल**, इटाली रोमा इन्स्टिच्युट इटालियानो, ई. सं. १९४८।

२१. फ्रान्सिस, बुचानन्द हेमिल्टन एम. डि- **एन एकाउन्टस् अफ द किंगदम अफ नेपाल**, न्यु दिल्ली, मन्जुश्री पब्लिसिंग हाउस, दोस्रो प्रकाशन, ई. सं. १९७१।

२२. मजुम्दार, कन्चनमोयो- **नेपाल एन्ड द इन्डियन नेसनलिस्ट मोभमेन्ट**, कलकत्ता, फिर्मा के. एल. मुखोपाध्याय, ई. सं. १९७५।

२३. मजुदार, कन्चनमोयो- **पोलिटिकल रिलेसन्स विट्वीन इन्डिया एन्ड नेपाल**, १७७७-१९२३, न्यू दिल्ली, मुन्सीराम मनोहरलाल, ई. सं. १९७३।

२४. राणा पद्मजङ्ग- **लाइफ अफ श्री ३ महाराज श्री जङ्गबहादुर राणा अफ नेपाल**, नयाँ दिल्ली, मन्जुश्री पब्लिसिंग हाउस, ई. सं. १९७१।

२५. राणा, प्रमोदशमशेर- **राणा नेपाल एन इनसाइडर्स भ्यु**, काठमाडौं, नेपाल, श्रीमती आर. राणा, ई. सं. १९७८।

२६. रेग्मी, डिल्लीरमण- **ए सेन्युरी अफ फेमिली अटोक्रेसी इन नेपाल**, द नेपाल नेपाली नेसनल काङ्ग्रेस, दोस्रो प्रकाशन, ई. सं. १९५८।

२७. रेग्मी, डिल्लीमरण- **मोर्डन नेपाल**, भाग १, कलकत्ता, फिर्मा के. एल. मुखोपाध्याय, दोस्रो प्रकाशन, ई. सं. १९७५।

२८. रेग्मी, डिल्लीरमण- **नेपाल**, औम प्रकाश कपुर, नेपाल नेसनल कांग्रेस, ई. सं. १९४८।

२९. रोज, लिओ, ई.- **नेपाल स्ट्याजिटी फर सरभाइवल**, बम्बई, अक्सफोर्ड युनिभर्सिटी प्रेस, ई. सं. १९७१।

३०. लन्डन, पर्सिवल- **नेपाल**, काठमाडौं नेपाल, रत्नपुस्तक भण्डार, भाग १ र २ पुनः प्रकाशन ई. सं. १९७६।

३१. लेफ्टीनेन्ट जनरल टर्नर- **गोरखा इन नेपाल।**

३२. ल्युस्टाग, एरीका- **उइथ ए किंग इन द क्लाउन्ड,** लन्डन, छुटिचन्सन एण्ड कम्पनी लिमिटेड, ई. सं. १९५८।

३३. ह्यामिन्डर्फ, मन फुरर- **कास्ट एन्ड किन अफ नेपाल इन्डिया एन्ड सिलोन,** नयाँ दिल्ली स्टेरलिंग पब्लिसिंग, ई. सं. १९७८।

३४. **हिस्ट्री अफ नेपाल,** डेनियल राइट, काठमाडौं, नेपाल, एन्टीक्युटेड बुक पब्लिसर्स पुनः प्रकाशन, ई. सं. १९७२।

३५. सतीसकुमार- **राणा पोलिटी इन नेपाल,** बम्वई, पि. यस, जयसिंह, एसिया पब्लिसिंग हाउस, ई. सं. १९७६।

३६. शाह, ऋषिकेश- **एन इन्ट्रोडक्सन टु नेपाल,** काठमाडौं, रत्नपुस्तक भण्डार, ई. सं. १९७५।

नेपाली र अङ्ग्रेजी लेखहरू

१. आचार्य, बाबुराम- "नेपालमा शिक्षाको इतिहास", **नवीन शिक्षा,** काठमाडौं नेपाल, कलेज अफ एजुकेसन, वर्ष १, अंक ४, श्रावण वि.सं. २०१४।

२. श्रेष्ठ, केदारनाथ- "डेभ्लोप्मेन्ट अफ एजुकेसन अडर राणा रिजन", **एजुकेसन क्वार्टली,** काठमाडौं, कलेज अफ एजुकेसन भाग ११ (XI) नं. १, जुन ई. सं. १९६७।

३. गौतम, राजेश- "जङ्गबहादुरद्वारा स्थापित धर्मकचहरी" **रोलम्बा** (ललितपुर, जोशी रिसर्च इन्स्टिच्युट, भोलुम २, नम्बर ४, अक्टोबर-डिसेम्बर, सन् १९८२)

४. गौतम, राजेश- "मोतीराम भट्टको श्री ५ पृथ्वी वीर विक्रम र देवशमशेरसँगको सम्बन्ध", **इन्दु** (नेपाल, सं. सामनाथ पौडेल, वर्ष ६, अङ्क ५, वि.सं. २०४१ भदौ)

५. गौतम, राजेश- "त्रिचन्द्र कलेजको इतिहास" **जिओ सोभिनियर** (नेपाल, जिओलोजिकल क्लव, त्रिचन्द्र म. कलेज, सन् १९९६)

६. जङ्गम, सुश्री सावित्री- "नेपाली महिलाप्रति", **रत्नश्री,** सं. मदनदेव भट्ट, वर्ष ४, अङ्क २।

७. दीक्षित, कमलमणि- "ऐतिहासिक खेती", **कालो अक्षर,** काठमाडौं नेपाल, साझा प्रकाशन, वि.सं. २०२८।

८. थापा, कृष्णवहादुर- "ए नोट अफ स्लेभ सेलिंग एन्ड पर्चेजिङ्ग इन नेपाल', **भ्याइस अफ हिस्ट्री**, काठमाडौं, त्रि. वि., इतिहास विभाग, तेस्रो भाग, ई. सं. १९७७ (वि.सं २०३४)।

९. नेपाली, चित्तरन्जन- "नेपालमा करिया मोचनको इतिहास", **नेपाली**, ललितपुर, नेपाल, श्री दरवार, मदन पुरस्कार गुठी, अङ्क २० (साउन, भदौ, असोज), वि.सं. २०२१।

१०. पन्त, नयनराज- "श्री ३ महाराज रणोद्दीप सिंह", **पूर्णिमा**, काठमाडौं नेपाल, इतिहास संशोधन मण्डल, वर्ष ७, अङ्क १, पूर्णाङ्क २५।

११. पन्त, नयनराज- "श्री ३ महाराज पद्मको भाषण", **पूर्णिमा**, काठमाडौं नेपाल, इतिहास संशोधन मण्डल, वर्ष १०, अङ्क ४, वि.सं. २०३६

१२. पाण्डे, माधवराज- "हाउ जङ्गबहादुर इष्ट पब्लिसिंग राणा रुल इन नेपाल", **कन्ट्रीव्युसनस् टु नेपालीज स्टडिज**, काठमाडौं, नेपाल, त्रि.वि., वर्ष १, अङ्क ४।

१३. पौडेल, भूपहरि- "कवि कृष्णलाल अधिकारीका भाइहरूलाई अर्ती कविता", **मधुपर्क**, काठमाडौं नेपाल, गोरखापत्र संस्थान, वर्ष १२, अङ्क ८, पुस वि.सं. २०२८।

१४. विष्ट, डोरवहादुर- "हिन्दू राज्य र यसको सामाजिक स्तर", **नेपाल ए प्रोफाइल**, काठमाडौं नेपाल, ई. सं. १९७०।

१५. भण्डारी, अधिवक्ता वसन्तराम- "मुलुकी (छैटौं संशोधन) अध्यादेश, एक प्रतिक्रिया", **भ्याइस अफ हिस्ट्री**, काठमाडौं, नेपाल, त्रि. वि. इतिहास विभाग, दोस्रो भाग, ई. सं. १९७६।

१६. भूर्तेल, श्याम- "स्लेभरी इन इन्सेन्ट एन्ड मेडिभल नेपाल", **भ्वाइस अफ हिस्ट्री**, काठमाडौं नेपाल, त्रि. वि., इतिहास विभाग, पहिलो भाग ई. सं. १९७१।

१७. मानन्धर, त्रिरत्न- "नेपालमा विवाह सम्बन्ध विच्छेद एक ऐतिहासिक अध्ययन" **नेपाल**, काठमाडौं नेपाल, वैशाख वि.सं. २०३५।

१८. लेमी, वार्नर- "गभरमेंन्ट एन्ड पोलिटिक्स अफ नेपाल", **फ्यार इस्टर्न सर्भे**, न्युयोर्क, भाग २१, डिसेम्वर ई सं. १९५२।

१९. ल्युस्टाग, एरिका- "एरिकार श्री ५ त्रिभुवन", **श्री ५ त्रिभुवन स्मृतिग्रन्थ**, काठमाडौं नेपाल, त्रिभुवन स्मारक समिति, वि.सं. २०२७।